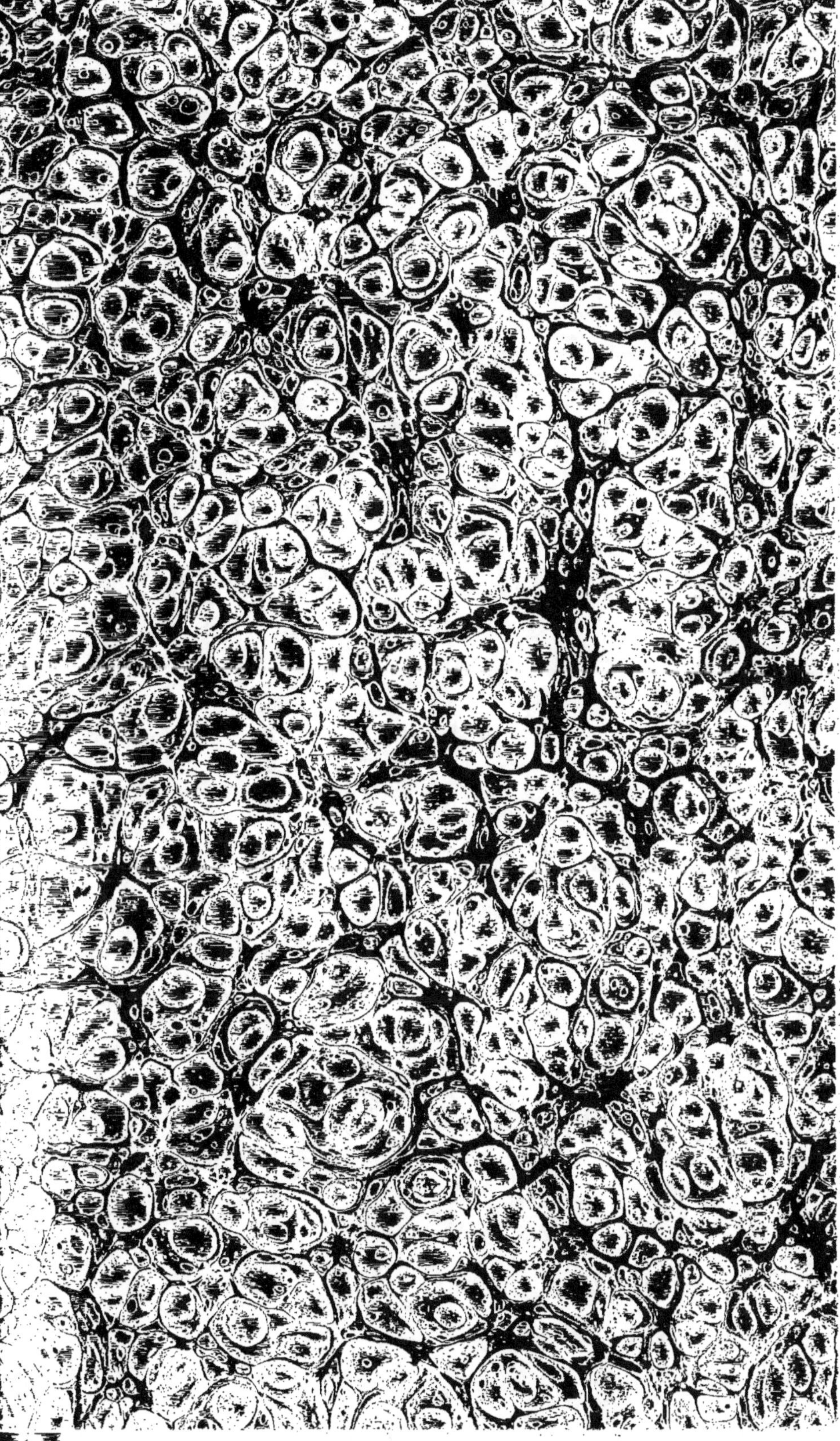

LE

POINT DE MIRE

—∞—

PARIS. — TYPOGRAPHIE MORRIS ET COMPAGNIE

64, rue Amelot

—∞—

LE
POINT DE MIRE

ÉMILE DE GIRARDIN

LOUIS LAZARE

TOME SEPTIÈME

PARIS

AU BUREAU DE LA BIBLIOTHÈQUE MUNICIPALE

PUBLICATIONS ADMINISTRATIVES

10, BOULEVARD DU TEMPLE

1865

LE POINT DE MIRE

Paris, le 18 juillet 1865.

A Monsieur Émile de Girardin.

Vers la fin de l'année 1864, vous avez publié dans le journal *la Presse* une série d'articles sur l'Administration Municipale de Paris.

Ces articles, comme tous ceux qui émanent de votre haute intelligence, ont eu un retentissement qui se prolonge encore.

Au moment où paraissait votre travail, j'avais à terminer un ouvrage dont la composition absorbait tous mes instants, et, bien malgré moi, je dus remettre à un autre temps l'étude des questions que vous souleviez alors.

Mon ouvrage achevé, j'ai repris à l'instant vos articles.

Plus mes idées se fixaient par la méditation, plus je sentais naître et se fortifier en moi une conviction en tous points contraire à celle que vous aviez exprimée.

Je viens donc aujourd'hui vous demander la permission et l'honneur de vous combattre.

Je ne me dissimule pas le reproche de témérité qu'on pourra m'adresser : d'oser affronter un écrivain considéré à juste titre comme le premier publiciste de l'époque.

V.I.

Mais il est un fait qui excuse ma témérité.

Dans le journalisme, ce sont les hautes questions politiques et sociales que vous élucidez d'ordinaire ; ce n'est qu'accidentellement, à de longs intervalles que vous vous occupez d'édilité parisienne.

Enfant de Paris, cette ville a été pour moi l'unique objet de mes études comme l'affection de toute ma vie.

Est-ce à dire pour cela que je conteste à votre talent cette faculté d'intuition supérieure peut-être à l'opiniâtreté de mes études ? Non. Mais enfin si j'invoque ma spécialité administrative, c'est qu'elle excuse ma hardiesse et qu'elle rapproche quelque peu la distance qui me sépare de vous.

Cette discussion peut être profitable à l'Autorité.

Jamais administration, d'ailleurs, n'a été et n'est encore plus chaleureusement controversée que l'Édilité actuelle.

Essayons de fixer l'opinion publique en lui faisant consacrer une vérité ; qu'elle émane de vous, qu'elle vienne de moi, qu'importe ?

Voici la reproduction textuelle de vos articles ; après nous discuterons.

Louis Lazare.

19 juillet 1865.

Monsieur Lazare,

Mes articles sont à vous, publiez-les. Je vous renvoie mon épreuve ; le temps de la lire me manque absolument, mais le temps de vous lire ne me manquera pas.

Cordialités.   E. de Girardin.

19 juillet 1865.

1864

—

LE POINT DE MIRE

I

20 décembre 1864.

M. Haussmann est le point de mire de tous les journaux, s'exerçant tous les matins à tirer sur lui comme s'ils tiraient à la cible. Il y a dix ans qu'il est ainsi attaqué à outrance. Aucune accusation, aucune articulation, aucune insinuation, tranchons le mot, aucune calomnie n'a été épargnée à M. Haussmann.

Si la presse est puissante, comment se fait-il non-seulement que M. Haussmann soit encore debout, mais que l'impopularité, les suspicions, les résistances, qui montaient plus haut que sa tête et semblaient devoir le submerger, soient maintenant expirantes à ses pieds comme des vagues qui n'ont plus la force de se soulever? Si la presse n'est pas un fusil uniquement chargé à poudre, si la presse est un fusil chargé à plomb ou à balle, comment M. Haussmann, ainsi visé et depuis si longtemps visé par les plus habiles tireurs, n'est-il pas tombé sous leurs coups?

A cette question voici la réponse : « Si M. Hauss-
» mann n'a pas succombé sous toutes les attaques
» auxquelles il a été en butte, c'est qu'il est doué de
» qualités peu communes et d'une rare supériorité. A
» sa place, un autre qui eût été faible ou peu capable
» n'y eût pas résisté. »

Nous certifions l'authenticité de cette réponse et nous nous en emparons pour en tirer la conclusion qu'on eût, dans ce cas, faussement attribué à la puissance de la presse ce qui eût dû être exclusivement imputé à la faiblesse de l'homme et à son manque de capacité, puisque l'homme fort et capable est demeuré entier. Loin de le diminuer et de l'affaiblir, les attaques n'ont réussi qu'à fortifier et à grandir M. Haussmann; non pas qu'elles l'aient fortifié et grandi directement, mais elles l'ont fortifié et grandi indirectement en le surexcitant et l'obligeant ainsi à produire toute la force qui était en lui et que, sans ces injustes attaques, il eût peut-être donnée d'une manière moins complète.

Mais admettons qu'il soit vrai que, favorables aux forts, les attaques de la presse sont funestes aux faibles, serait-ce aux gouvernements de se plaindre que la presse sarclât autour d'eux les herbes parasites et écartât des emplois publics les incapacités présomptueuses?

Nous nous souvenons d'avoir écrit en 1848 : « Tout

incapable est coupable. » Nous maintenons cet arrêt, et s'il était reconnu que la presse est l'agent le plus propre à en assurer l'exécution, qui serait plus intéressé que les gouvernements à ne pas l'affaiblir?

Quoi qu'il en soit, il est incontestable que le journalisme a été à M. Haussmann, Préfet de la Seine, ce que le serpent est à la lime dans la fable de la Fontaine :

> Pauvre ignorant! eh! que prétends-tu faire?
> Tu te prends à plus dur que toi...

En effet, le journalisme y a usé ses dents et perdu son venin!

Lorsque nous constatons que les hargneux détracteurs de M. Haussmann, en se déchaînant contre lui comme ils le font, se rapetissent et ne le rapetissent pas, est-ce à dire que, dans le grand nombre des choses qu'il a faites, il n'aurait commis aucune faute qu'il eût pu éviter, cédé à aucune considération qu'il eût dû écarter, et qu'il ne se soit pas plus d'une fois trompé? Non. Mais qui, à sa place, quoi qu'il fît, se fût moins souvent trompé, eût commis moins de fautes, eût cédé plus rarement aux considérations qui s'imposent ou qui vous enlacent? Qui donc est infaillible?

Est-on juste, est-on équitable, lorsqu'on met uniquement dans sa balance les petites choses qu'on blâme avec fracas, telles que, par exemple, certaines phrases de certain discours récent qui sera oublié dans quelques semaines, et que dans cette balance on ne met pas les grandes choses qui ne s'oublieront point et qui demeureront longtemps après qu'on ne se souviendra plus de telles expéditions réputées glorieuses, de telles questions réputées fondamentales, et même de tels articles signés Adolphe Guéroult, Auguste Nefftzer, Ferdinand de Lasteyrie, Léon Plée, Léon Say, etc.?

Est-on juste, est-on équitable lorsqu'on ouvre démesurément les yeux pour regarder un détail regrettable et qu'on les ferme hermétiquement pour ne pas voir tout ce que M. Haussmann, depuis dix ans, a eu l'audace d'entreprendre et la gloire d'accomplir?

Est-on juste, est-on équitable lorsqu'on ne lui tient pas compte de l'exiguïté primitive des moyens dont il disposait, relativement à la grandeur de la tâche qu'il se proposait?

Que lui reproche-t-on?

On lui reproche :

I. D'imprimer à tous les travaux de Paris une impulsion hâtive et de n'avoir d'autre loi que celle-ci : *Démolir, percer, construire, faire vite;*

II. De vouloir finir en dix ans des élargissements de rues, des percements de boulevards, des assainissements de quartiers, des reconstructions d'édifices municipaux, etc., qui n'avaient, dit-on, rien d'urgent et qu'il eût suffi d'opérer en cinquante années;

III. D'empiéter sur l'industrie privée en construisant des salles de spectacle et en se chargeant du service de la distribution des eaux;

IV. D'absorber les ressources de toutes nos institutions financières;

V. De centraliser à Paris des masses de cent cinquante à deux cent mille ouvriers;

VI. De conduire les propriétaires à une liquidation désastreuse ;

VII. De bouleverser les conditions économiques de toutes les classes d'habitants de la capitale, et de ne pas voir la portée de cette révolution économique et sociale, ayant pour cause une exécution trop brusque des travaux projetés ;

VIII. De faire violence à tous les intérêts particuliers dont la somme représente l'intérêt général ;

IX. D'ensevelir des rues entières ;

X. D'élever des remblais jusqu'à la hauteur du premier étage ;

XI. De creuser des fossés qui suspendent le rez-de-chaussée des maisons à dix mètres en l'air ;

XII. De se conduire avec Paris comme avec une ville prise d'assaut, dans laquelle on serait entré par la brèche après un siége en règle, et de la gouverner non *à la française*, mais *à la russe ;*

XIII. De traiter en mineure la capitale d'un Empire dont la Constitution a pour base le suffrage universel ;

XIV. De maintenir le tarif de l'octroi tel qu'il existait, au lieu de procéder à son abaissement progressif ;

XV. Enfin, d'ériger en système financier l'accroissement annuel des revenus au moyen de dépenses faussement qualifiées : DÉPENSES PRODUCTIVES.

Dans cette accumulation de reproches, au nombre de quinze, textuellement copiés, qu'y a-t-il de vrai et de fondé ?

C'est ce que nous allons examiner dans l'ordre de leur énumération :

I. Si, au lieu d'imprimer à tous les travaux de Paris une vigoureuse impulsion d'ensemble, M. Haussmann eût procédé lentement et successivement par quartier, quelles doléances, quelles plaintes, quelles accusations n'eussent pas justement fait entendre les quartiers qui n'eussent pas été les premiers désignés? Si, par exemple, il eût commencé par l'ouest de Paris, quelle n'eût pas été l'amertume des termes dans lesquels eussent réclamé l'est, le nord et le sud?

II. Parmi les élargissements de rues, les percements de boulevards, les assainissements de quartiers et les reconstructions d'édifices municipaux qui ont été opérés, quels sont ceux qu'il eût été louable d'ajourner? Que l'on sorte du vague, qu'on les désigne, qu'on les nomme! Si nous adressions un reproche à M. Haussmann, ce serait le reproche contraire à celui qu'on lui fait : ce serait de n'avoir pas débuté assez résolûment et assez promptement par les nombreux boulevards qui rayonnent autour de l'arc de triomphe de l'Étoile, — boulevards traversant des espaces non encore habités ou mal habités, — afin de faire le plein aux extrémités et le vide au centre, AVANT de procéder aux nombreuses expropriations que rendent chaque année plus impérieusement nécessaires l'augmentation de la circulation et la transformation qu'elle a subie depuis la création des omnibus, la mode des voitures à un cheval, et l'usage contracté par tous les fournisseurs quelque peu achalandés d'avoir chacun au moins une voiture suspendue qui transporte leurs fournitures au domicile des clients. Il y a quarante ans, si le Préfet

de la Seine de cette époque, pressentant le futur développement de la Ville de Paris, eût eu l'idée de tracer
à pleins jalons dans les plaines de Monceaux et de
Passy de larges boulevards qui eussent indiqué la direction de l'avenir à la population, croit-on qu'elle fût
allée se percher comme elle l'a fait sur les hauteurs
des rues escarpées qui se nomment la rue d'Amsterdam,
la rue de Clichy, la rue Blanche, les rues Saint-Georges et Fontaine-Saint-Georges, la rue Notre-Dame de
Lorette, la rue des Martyrs, etc., etc., rues si difficile-
ment accessibles aux voitures? A cette époque, qu'eussent coûté les achats de terrains et les déblais nécessités par ces boulevards? Presque rien. Attendre n'est
donc pas toujours ce qu'il y a de plus avantageux.
Notre opinion est que M. Haussmann est arrivé la Préfecture de la Seine au moins vingt ans trop tard, et que
le reproche qu'on lui fait d'aller trop vite lorsqu'il
s'agit de réparer le temps perdu est un reproche qui
ne peut lui être adressé que par des myopes qui ne
voient pas plus loin que leurs pieds et plus haut que
leur front, ou que par des culs-de-jatte. Si, au lieu
d'être entravé par les idées étroites et les petites jalou-
sies qu'il a rencontrées de la part de ministres qui
eussent dû au contraire le seconder, M. Haussmann
eût été largement compris et énergiquement soutenu,
s'il eût eu pleine liberté d'action sans limite arbitraire
de crédit, il eût fait plus vite encore et il eût eu raison,
car la Ville de Paris y eût gagné ce que lui ont fait
perdre la hausse continue des terrains et l'élévation
constante des prix d'expropriation.

III. Les théâtres que M. Haussmann a construits sont des salles de spectacles nouvelles, mais ce ne sont pas des théâtres nouveaux ; si l'industrie privée eût été en mesure de reconstruire sans retard les théâtres expropriés, il y a lieu de supposer que M. le Préfet de la Seine ne s'en fût pas chargé ; peut-être n'a-t-il eu que ce moyen d'écarter les demandes considérables de dommages-intérêts, basées sur des engagements contractés par les expropriés et qu'il ne leur eût pas été possible de tenir. C'est une supposition que nous hasardons, car si M. Haussmann n'a pas de défenseur plus intrépide que nous, il n'en a pas de moins intime, puisque nous ne lui avons parlé qu'une seule fois, et c'était à l'occasion de remercîments qu'il était venu nous faire pour quelques lignes qui portent la date du 27 mai 1863.

La Ville, qui est incomparablement le plus grand consommateur d'eau, avait à choisir entre ces deux systèmes : *acheter l'eau* ou *la vendre;* elle a préféré la *vente* à l'*achat,* tandis que pour l'éclairage au gaz, elle a préféré l'*achat* à la *vente.* Si la Ville eût procédé pour les eaux comme elle a procédé pour le gaz, une Compagnie eût-elle fait aux considérations d'hygiène et de santé publique leur part légitime, et eût-elle entrepris les travaux nécessaires à la dérivation et à la conduite à Paris d'une eau plus pure et plus saine ? Il est permis d'en douter, quand on sait à quelles plaintes infructueuses, pendant un demi-siècle, ont donné lieu, à Londres, sous forme d'innombrables *meetings,* les Compagnies qui avaient le privilége de la distribution

des eaux à domicile. Ce doute se fonde sur cette règle :
Lorsqu'un administrateur a attesté sa capacité par ses
œuvres, la présomption favorable est de son côté; elle
n'est pas du côté de la critique.

IV. S'il était vrai, ainsi qu'on l'en accuse, que
M. Haussmann absorbât les ressources de toutes nos
institutions financières, ce serait la preuve, et rien de
plus, que ces institutions n'ont pas un emploi à la fois
plus avantageux et plus sûr des fonds qui leur ont été
confiés, car autrement elles ne les appliqueraient pas à
des percements de rues. Elles n'y sont contraintes par
aucune loi, par aucun décret.

V. La centralisation à Paris de deux cent mille ouvriers est un lieu commun à l'adresse des trembleurs
qui, ayant vu la révolution de 1830 et la révolution de
1848, vivent dans la frayeur continuelle de voir éclater
une révolution nouvelle. Dans la bouche de glorifica-
teurs de toutes les révolutions, ce lieu commun paraît
étrange et devient piquant. Rassurons M. Guéroult.
Si une révolution nouvelle doit faire une explosion, ce
ne sera pas parce qu'il y aura à Paris deux cent mille
ouvriers qui travaillent et qui épargnent; ce sera plutôt parce qu'il y a en Europe sous les drapeaux trop
d'hommes qui ne travaillent pas et qui tarissent les
sources de la richesse publique en la détournant de
son cours. Là est le mal ! là est le danger ! Avec la
moitié de ce que l'Europe dépense follement en arme-
ments militaires qui n'empêchent pas les guerres et
qui appellent les révolutions, on doterait l'agriculture
de tous les chemins dont elle a besoin ; on relierait

entre elles toutes les lignes de fer par les embranche-
ments qui leur sont aussi indispensables que le sont
les veines aux artères ; on multiplierait sous toutes les
formes et à tous les degrés de l'échelle sociale les établissements d'instruction nécessaires ; on ferait servir
la puissance de l'emprunt à la réforme de l'impôt, etc.;
chaque État alors s'occuperait moins des affaires des
autres et s'occuperait plus des siennes. Les ouvriers de
Paris sont l'armée de la civilisation, et cette armée-là,
n'en déplaise aux rédacteurs de *l'Opinion Nationale*,
c'est la bonne, car c'est elle qui apprend aux ouvriers
des hameaux à mieux travailler et à mieux vivre.

VI. Nous nous souvenons d'avoir entendu jeter, il
y a quelques années, ce cri d'alarme : « On démolit
trop ! on ne construit pas assez ! Les habitants de Paris
sont menacés d'être obligés de loger et de coucher dans
la rue ! » Maintenant le cri que l'on pousse c'est celui-ci : « On construit trop ! » Cela est faux (1) ; mais
cela fût-il vrai, que la conséqnence n'en serait pas de
« conduire les propriétaires à une liquidation désastreuse ». Il y aurait baisse dans le prix des loyers,

(1) « Du 1ᵉʳ octobre 1863 au 30 septembre 1864, il a
été construit à Paris 3,098 maisons; il en a été démoli
1,383, dont 271 par suite d'expropriation et 1,112 de la
libre volonté de leurs propriétaires.

» Malgré l'accroissement du nombre des logements,
celui des vacances, loin d'augmenter, a subi une diminution. »

(*Mémoire du Préfet de la Seine au Conseil général du département de la Seine. (Session de 1864.)*

voilà tout ! Et de cette baisse résulterait un simple déplacement. Le locataire des anciens quartiers mal percés, mal aérés et escarpés, les quitterait pour venir se
loger dans les nouveaux quartiers mieux percés, bien
aérés et plus facilement accessibles (1) ; le logement
qu'il laisserait ainsi vacant descendrait d'un ou de plusieurs degrés à l'échelle des locations et tomberait à
la portée des petits ménages, qui pourraient ainsi se
rapprocher des centres d'approvisionnements et d'oc-
cupation. Serait-ce un « désastre » et ne serait-ce pas
plutôt un progrès ? Ramenons cette exagération à la
vérité stricte : les propriétaires qui, au lieu de tirer
5 pour cent de leur argent employé en construction ou
en achat de maisons, n'en tireraient plus que 4 pour
cent, ne feraient que subir la condition qui a été faite
aux rentiers lorsque l'État les a successivement réduits
de 5 à 4 1/2, de 4 1/2 à 4 et de 4 à 3 pour cent. Si
l'argent avait prêté l'oreille à tous les conseils de la
pusillanimité, où en serait l'Angleterre, où en seraient
ses mines de charbon dans lesquelles tant d'argent a
été enfoui avant qu'on ait réussi à en extraire la houille
qui alimente la vapeur et le gaz ?

VII. La population de Paris s'est accrue, le prix des
denrées et le taux des salaires ont augmenté ; ce sont

(1) « La tendance de toutes les classes à se porter vers
le nouveau Paris a déjà arrêté la hausse des loyers dans
les quartiers du centre ; elle commence maintenant à les
y faire baisser. »
*(Mémoire du Préfet de la Seine au Conseil général du départe-
tement de la Seine. (Session de 1864.)*

là des faits incontestables; mais où voit-on là une
« révolution économique et sociale' produite par une
exécution trop brusque des travaux entrepris à Paris» ?
Est-ce que la hausse du prix des denrées et du taux
des salaires est un fait particulier à Paris et même à
la France? Est-ce que ce n'est pas un fait général qu'on
peut constater dans toutes les villes de l'Europe, petites et grandes, auxquelles les chemins de fer sont
venus ouvrir des débouchés inespérés par l'extension
du marché commun? Autrefois, l'Europe était un
camp; elle tend de plus en plus à devenir un marché
dont les rayons innombrables seront partout, et dont
Paris et Londres seront le centre. Il y a quarante ans,
M. de Salaberry, député, laissait tomber de la tribune
législative ces paroles pleines d'effroi : « *La France
produit trop* » ! A cette époque, la production était en
avance sur la consommation : maintenant c'est la consommation qui de toutes parts est en avance sur la
production. On ne consomme pas trop, mais on ne
produit plus assez. Comment s'exprime l'accroissement de bien-être? n'est-ce pas par un accroissement
de consommation? Pareille à l'époux qui se plaint que
la mariée est trop belle, *l'Opinion Nationale* se plaint
que l'ouvrier est trop heureux.

VIII. Les propriétaires qui crient le plus haut contre
l'expropriation sont le plus souvent ceux qui l'appellent tout bas de leurs vœux les plus ardents, ou ceux
à côté de qui elle passe sans les toucher. Nous avons
observé qu'en matière d'expropriation l'envie fait jeter
plus de clameurs que la crainte. Ne sont pas expropriés

tous ceux qui le souhaiteraient. Rayons donc ces grands mots sur « la violence faite à tous les intérêts particuliers dont la France représente l'intérêt général. »

IX. X. XI. Si l'on ensevelit des rues entières, si l'on élève des remblais jusqu'à la hauteur du premier étage, si l'on creuse des fossés qui suspendent le rez-de-chaussée des maisons à six mètres en l'air, à qui la faute ? Ne faut-il pas l'imputer d'abord aux prétentions exagérées de propriétaires, aveugles ou avides, qui remontent et ralentissent le cours de l'intérêt général au lieu de le descendre et de l'accélérer, et ensuite à la défectueuse assiette de la loi sur les expropriations ? Si la loi sur les expropriations était ce qu'elle devrait être et ce qu'elle sera un jour, elle n'aurait pas pour base l'estimation des jurys d'expropriation, mais la déclaration de l'imposé. Elle se bornerait à dire au propriétaire préempté : Vous avez déclaré au percepteur que votre maison ou que votre terrain valait telle somme ; c'est vous-même qui avez fait cette évaluation sur laquelle votre contribution a été assise ; voici le montant de cette évaluation, plus dix pour cent à titre d'indemnité de déplacement. Allez ailleurs en faire le remploi. » Il y a trois écoles en présence : l'école des critiques ignorants qui pensent qu'on peut faire une omelette sans casser d'œufs ; l'école des brouillons impuissants qui cassent les œufs sans faire l'omelette ; et enfin l'école à laquelle appartient M. Haussman, qui casse les œufs, mais qui fait l'omelette et qui la fait bien. Nous osons l'avouer, c'est cette dernière école qui a toutes nos sympathies et qui les a toujours eues.

XII. Est-il vrai que les propriétaires de maisons et de terrains à Paris eussent gagné à conserver notre ancien collègue M. Berger et à n'avoir pas M. Haussmann pour Préfet de la Seine? A cette question, s'il y a des propriétaires qui répondent qu'ils y ont perdu et qu'ils n'y ont pas gagné, qu'on les prenne au mot et qu'on leur achète leur maison ou leur terrain ce qu'ils l'eussent vendu avant 1853 ! Qu'on interroge leurs locataires et qu'on demande à ceux-ci leurs quittances de loyer !

XIII. Disons-le hautement, si, comme on l'insinue, un Conseil Municipal élu avait empêché M. Haussmann d'entreprendre et d'accomplir ce qu'il a entrepris et accompli, cet empêchement serait la justification de la loi du 5 mai 1855. Nous avons pour règle et pour habitude de juger de la valeur d'un homme ou d'un gouvernement par ses œuvres, de l'utilité d'une institution par ses résultats, de la solidité d'un édifice par sa durée, et de la bonté d'un arbre par ses fruits. Les fruits de la loi du 5 mai 1855 ont été bons.

XIV. Les démolisseurs du budget de la Ville de Paris ne demandent pas la suppression des octrois, ils en demandent l'abaissement. La suppression des octrois, lorsqu'on rattache cette suppression à une révision générale de l'impôt, est une idée juste et facilement réalisable; mais l'abaissement du tarif des octrois que prônent le *Journal des Débats* et *le Temps*, en abritant cet abaissement sous l'honorable nom de

M. Gladstone, serait une idée fausse et subversive ; la Ville y perdrait et le consommateur n'y gagnerait pas. Ce serait une demi-mesure, et, ne nous lassons pas de le répéter, toute demi-mesure est une fausse mesure.

Il ne nous reste plus à répondre qu'au dernier des quinze chefs d'accusation que nous avons relevés et dont l'énumération précède ; répondons-y en finissant :

XV. Constatons que si M. Haussmann n'a pas abaissé le tarif des octrois, il ne l'a pas élevé non plus, et que, sans l'élever, il lui a fait produire une somme qui dépasse maintenant 86 millions et qui, en 1860, il y a quatre ans, n'arrivait qu'à 73 millions. Les ressources ordinaires de l'octroi n'ont subi d'autre modification que celle résultant de leur progression naturelle. Cette progression constante des revenus de la Ville, jouant le rôle alternatif de cause et d'effet, est ce qui a permis à M. Haussmann d'accomplir les prodiges qui ont fait de lui le premier administrateur et le meilleur financier du règne actuel.

Dans un siècle, parmi tous les ministres qui, en France, se sont succédé aux affaires depuis cinquante ans, il y en aura beaucoup dont on ignorera complétement l'existence, parce qu'ils n'auront laissé aucune trace durable de leur passage ; mais le nom de M. Haussmann lui survivra ; ce nom demeurera glorieusement attaché à des œuvres impérissables : ce nom est tout un système.

Ah ! si, au lieu de guerres glorieuses mais stériles, et d'expéditions aussi coûteuses que lointaines, on eût appliqué à la transformation de la France les revenus de la France, comme le Préfet de la Seine a appliqué à la transformation de Paris les revenus de la Ville de Paris s'accroissant chaque année ; si l'on eût *hauss- mannisé* la France, notre pays ne jouirait pas seulement de la plus grande prospérité, il jouirait aussi de la plus grande liberté, car l'une engendre naturellement l'autre, et la liberté qui naît de la prospérité a cet avantage qu'elle est aussi durable qu'est précaire la liberté qui surgit d'une révolution.

II

21 décembre 1864.

Nous avons dit que le nom de M. Haussmann était à lui seul tout un système.

Quel est ce système ?

C'est celui qui consiste à accroître par des dépenses judicieuses les revenus annuels des villes, des départements, et finalement de l'État (1).

(1) « Les travaux de Paris ont assuré à l'État un accroissement de revenu considérable. M. le ministre Magne, parlant au nom de l'État dans la séance du Sénat du 26 février 1862, ne l'évaluait pas à moins de 45 millions, et l'honorable M. Devinck, rapporteur du Comité des finances du Conseil Municipal, le portait, en 1863, d'après des documents irrécusables, à 54 millions. »

(Mémoire du Préfet de la Seine au Conseil Municipal de Paris.) (Session de 1864.)

Il y a dix ans, avant que l'expérience en eût été
faite et qu'elle eût été couronnée de succès, ce système
aurait été dédaigneusement qualifié de chimère par
l'ignorance doctorale qui trouve plus facile de nier que
d'apprendre, mais ce dédain n'est plus possible en
présence des chiffres suivants :

Excédant progressif des recettes ordinaires de la Ville de Paris
sur les dépenses de même nature :

1852....................	17,537,195 francs.
1859....................	35,937,163 —
1863....................	40,751,625 —
1864....................	47,500,000 —

De 1860 à 1864 inclusivement, les revenus de la
Ville, toujours sans aggravation de taxes ni création
de taxes nouvelles, se sont élevés d'eux-mêmes en
moyenne chaque année de 5,750,000 francs, augmentation qui eût assuré le payement régulier des intérêts
d'un emprunt de plus de cent millions.

Lorsque les augmentations de revenus sont con-
stantes, lorsqu'elles sont la conséquence naturelle de
l'accroissement continu de la prospérité, CAPITALISER
ces augmentations de revenus, les convertir en annuités d'emprunt : voilà le système de M. Haussmann,
et, quoi qu'en dise la routine se décorant faussement
du nom de prudence, ce système est juste.

En résumé et en définitive, qu'est-ce que l'emprunt
contracté dans ces conditions ? C'est le contre-poids
nécessaire de la dette, c'est la juste répartition du fardeau.

En d'autres termes : l'emprunt est l'impôt mis à la charge de l'avenir, en décharge du présent, pour faire équilibre à la dette, qui est l'impôt du passé à la charge du présent.

Que l'on applique judicieusement ce système à toutes celles des villes et des communes de France qui ont, à l'état latent, des facultés de consommation et des besoins d'activité dont elles ne se doutent pas dans leur engourdissement, et l'on fera refluer la civilisation du centre aux extrémités et l'on vivifiera la France, et l'on augmentera à la fois le crédit de la France par sa richesse et sa richesse par son crédit!

La vie, c'est-à-dire le travail, c'est-à-dire le mouvement, ne se concentrera plus sur quelques points exclusivement; elle sera partout !

Des idolâtres du passé crieront que la France se ruine et court à sa perte. Qu'importent les cris qu'ils pousseront, si la France, au contraire, s'enrichit et donne à l'esprit destructeur de révolution l'esprit transformateur de civilisation pour tombeau !

Si l'élan imprimé par M. Haussmann à la Ville de Paris, élan qui s'est traduit par une augmentation constante de revenus sans aucune augmentation de taxes, avait été imprimé à toute la France, que fût-il arrivé? il serait arrivé que beaucoup de villes, s'arrachant à leur torpeur, eussent cherché par quelles dépenses productives elles auraient pu accroître leurs revenus, afin de capitaliser, tous les trois ou quatre ans, cet accroissement de recettes qui leur eût ainsi permis de se transformer rapidement et de lutter plus

efficacement contre la centralisation attractive qui tend
à leur enlever, dès qu'il se distingue, tout homme né
dans leurs murs. Il serait arrivé que beaucoup de
villes eussent contracté des emprunts successifs, mais
sans que ces emprunts les grevassent d'aucune contribution nouvelle, d'aucune surtaxe, d'aucuns centimes
additionnels.

« *Épargner vaut mieux qu'emprunter* », nous ob-
jecte l'école à laquelle appartiennent le Conseil d'État,
la majorité des ministres, la majorité des sénateurs, la
majorité des députés, la majorité des journalistes et
même la majorité des économistes.

Emprunter vaut mieux qu'épargner, répondons-
nous, toutes les fois que l'emprunt a pour objet des
dépenses productives. Et nous ajoutons : Est productive toute dépense judicieuse. En ralentissant l'essor de
la Ville de Paris et celui des autres villes qui eussent
été tentées de la suivre, — l'État, fût-il allé jusqu'à
accorder, dans une certaine mesure et à de certaines
conditions, sa garantie d'intérêt aux emprunts que ces
villes auraient contractés, — qu'a-t-on fait? A-t-on
laissé à la disposition de l'agriculture, du commerce et
de l'industrie l'épargne en quête de placement? Non ;
on a laissé l'épargne prendre tous les chemins dé-
tournés qui n'ont pas manqué de s'offrir à elle pour
se l'approprier : chemins de l'Italie, de la Turquie, de
l'Espagne, du Mexique, etc. En décourageant les emprunts à l'intérieur, on a, par le fait, sans le vouloir et
peut-être sans le savoir, encouragé et facilité les emprunts à l'extérieur, emprunts sous forme d'obliga-

tions. Citons un exemple qui fasse bien comprendre notre pensée. L'Italie a ouvert en France un emprunt de cinq cents millions; cet emprunt y a été couvert : sait-on ce qui est arrivé? Il est arrivé que cet emprunt a agi exactement comme drainage de nos métaux précieux et que la France a eu EN MOINS cinq cents millions de numéraire; il est vrai qu'elle a eu EN PLUS l'intérêt qui lui est annuellement payé à raison de 5 francs par chaque somme de 70 francs empruntée. Mais est-ce là une opération dont la France ait à s'applaudir? Nous n'hésitons pas à répondre négativement. C'est l'opération inverse de celle de M. Haussmann capitalisant ses accroissements annuels de revenu afin de faire contribuer l'avenir par l'emprunt à la prospérité du présent et à l'allégement du passé. Devons-nous l'avouer? nous sommes d'avis que chaque État commence par se prêter tous les capitaux dont il peut avoir l'utile emploi. Ce qu'on a dit de la charité, nous l'appliquons au crédit et nous disons : « Crédit bien ordonné commence par lui-même. » Nous n'avons de goût, sous aucune forme, pour les expéditions lointaines et les interventions étrangères, même alors qu'il ne s'agit que de notre or et de notre argent, et qu'il ne s'agit pas du sang des fils de nos laborieux cultivateurs et de nos pauvres artisans. Si cette doctrine, qui paraîtra étroite, mais que nous croyons juste, avait été la règle de conduite de tous nos ministres des finances depuis 1853, le grand-livre de notre dette publique fût resté systématiquement ouvert en permanence; mais l'épargne française, au lieu de servir aux chemins de fer autrichiens, aux chemins de fer russes, aux chemins de fer suisses, aux chemins de fer italiens, aux chemins de fer espagnols, eût servi à compléter notre réseau de chemins de fer français, auquel il manque encore tant de mailles, lacunes fâcheuses par lesquelles passe et s'échappe notre numéraire pour aller en Égypte et ailleurs, ainsi que nous l'expliquerons plus loin ; l'épargne eût servi à constituer la *Société générale des chemins de fer, des houillères et des minerais de France réunis*, dont nous avons esquissé le projet en 1853 ; elle eût servi à agrandir où à achever nos ports de commerce, insuffisants ou inachevés ; elle eût servi à transformer nos villes chlorotiques où la vie ne circule pas, où manquent le travail et le mouvement ; elle eût servi enfin à décentraliser la civilisation et à généraliser le bien-être. C'était là, selon nous, l'élan qu'il fallait donner et que M. Haussmann eût certainement donné (1) s'il eût

(1) A l'appui de nos paroles, citons ce passage du dernier rapport de M. Haussmann au Conseil général de la Seine :

« Le Conseil d'État est saisi, et tout porte à croire que » nous verrons bientôt s'ouvrir pour les dépenses dépar-
» tementales UNE ÈRE D'AFFRANCHISSEMENT DES GÊNES DU PRÉ-
» SENT ET DU PASSÉ, et qu'une loi nouvelle, modifiant le » cadre actuel des budgets départementaux, accomplira » une réforme déjà trop longtemps attendue et digne des » plus vives sympathies du gouvernement. »

Et cet autre passage :

« Ces faits viennent tristement confirmer les appréhen-
» sions causées dès longtemps à mon administration par » L'INSUFFISANCE ÉVIDENTE DES RESSOURCES ATTRIBUÉES DANS LES » LOIS ANNUELLES DE FINANCES AUX DÉPENSES ORDINAIRES DES » DÉPARTEMENTS. »

été appelé, avec les attributions et les pouvoirs nécessaires, à succéder à Sully dans les charges de grand
voyer de France, de surintendant des bâtiments, etc.
Ce n'eût pas été M. Haussmann, assurément, qui eût
considéré comme peu important et pas urgent de terminer ce qu'on a appelé le troisième et le quatrième
réseau des chemins de fer français. Que ce troisième
et ce quatrième réseau fussent peu productifs pour les
Compagnies auxquelles ils ont été ou seront imposés,
ce n'est pas là une considération qui l'eût arrêté. Il ne
se fût pas reposé mollement après l'exécution du premier et du deuxième réseau; il se fût demandé si la
prospérité de la France n'était pas fortement intéressée
à ce que le troisième et quatrième réseau fussent achevés? Et se répondant affirmativement, comme cela
n'est pas douteux, il eût agi en conséquence, sans
marchander parcimonieusement aux Compagnies la
garantie d'intérêt ou les subventions nécessaires, et en
faisant appel au crédit en temps opportun, c'est-à-dire
lorsque les capitaux affluaient de toutes parts, comme
de **1852** à **1857**.

Au lieu de les laisser insoucieusement émigrer, il
eût tout fait pour les retenir, et il eût bien fait. Ne
voir que les grandes voies ferrées du premier et du second réseau et traiter avec dédain les chemins de fer
du troisième et quatrième réseau, c'est commettre une
profonde et funeste erreur ; c'est ne pas se rendre
compte de l'importance de ces deux derniers réseaux
aux points de vue culminants du développement de la
production et de la consommation intérieure, de notre

commerce extérieur et de notre industrie nationale, appelée à jouer, relativement à l'exportation et à l'importation du numéraire, un rôle dont on ne semble pas se douter.

Le libre échange est la réalisation de ce principe économique :

« Les produits s'échangent contre les produits. »

Lorsque, par exemple, la France a besoin de coton pour alimenter ses filatures, que fait-elle? la France va le demander à l'Égypte, pour ne parler que de ce pays. L'échange-t-elle? Non ; ou, si elle l'échange, c'est contre cette marchandise qui se nomme or et argent. En d'autres termes plus usuels, elle ne l'échange pas, elle le paye. Or, quand elle paye en métaux précieux le coton dont elle a besoin, que fait-elle et qu'arrive-t-il? Elle ouvre au numéraire emprisonné les portes des caves de la Banque de France éperdue, laquelle n'a rien alors de plus pressé que d'élever en toute hâte le taux de l'escompte et de restreindre le chiffre des bordereaux. C'est ce qui ne fût pas arrivé, c'est ce qui n'arriverait pas, si, au lieu d'échanger le coton de l'Égypte contre cette marchandise nommée numéraire, la France l'avait échangé et l'échangeait contre cette autre marchandise nommée houille ; or, pour qu'il en fût et qu'il en soit ainsi, qu'eût-il fallu et que faudrait-il? Il eût fallu et il faudrait que la France, par des bouts de chemins de fer, mît en communication avec la mer les mines de houille qu'elle possède sur le littoral de la Méditerrannée et nommément Graissessac. C'est ce qui aurait dû être effectué depuis longtemps.

Le retard qu'on y a mis a été aussi préjudiciable à la France qu'il a été profitable à l'Angleterre, puisqu'il a permis à notre voisine et rivale d'écouler ses charbons sur un marché d'où les nôtres auraient dû les exclure, en raison de l'avantage que nous donnait la proximité plus grande entre le lieu de production et le lieu de consommation. Cette question, que nous effleurons ici incidemment et en passant, est plus grosse qu'elle ne le paraît avant d'avoir été approfondie. C'est le vif de cette inextricable question de la Banque de France qu'on débat dans le vide, mais au fond de laquelle on ne va pas. Lorsque nous entendons la Banque de France se vanter des « *achats de numéraire* » qu'elle a faits, ou lorsque nous écoutons les reproches qu'on lui adresse sur l'insuffisance de ces achats, il nous semble entendre ces médecins qui, ne sachant pas de quoi souffre le malade qui les a fait appeler, lui disent doctoralement : « C'est une névralgie. » Grossière est l'erreur de croire et de prétendre qu'on achète ou qu'on puisse acheter du numéraire avec des acceptations, alors même qu'elles sont signées Rothschild. On peut ainsi, non pas *acheter*, mais *louer* du numéraire pour deux ou trois mois; nous disons *louer*, car à l'échéance de ces acceptations tirées d'un pays sur un autre, acceptations qu'il faudra payer, le numéraire s'en retournera comme il était venu, mais non sans frais d'aller et retour. Il n'y a qu'une manière durable et sérieuse d'*acheter* du numéraire, c'est de le payer en une autre marchandise; or, dans ce cas-là, on ne l'achète pas, on l'échange. Mauvais échange! car, sous le règne de

la liberté du commerce, nul pays n'a intérêt à appau-
vrir de numéraire celui avec lequel il est en relation
d'affaires. Maintenant, ce à quoi tout peuple clairvoyant doit s'appliquer, c'est à connaître exactement
quels sont les produits qu'il y a lieu de demander,
soit à son agriculture, soit à son industrie, soit à son
commerce, en échange des matières dont cette même
industrie et ce même commerce ont impérieusement
besoin sous peine de dépérissement et de crise. A l'extérieur comme à l'intérieur, le numéraire ne doit servir
qu'à acquitter des soldes. Qu'on le sache! lorsque le
numéraire sert à payer des totalités de prix, lorsqu'il
est employé comme produit en échange d'un autre
produit, lorsqu'il est une marchandise offerte contre
une autre marchandise demandée, il est le signe pré-
curseur d'une crise monétaire et le témoignage accu-
sateur d'un grand trouble économique. C'est ce que
les Anglais, agissant empiriquement, mais judicieusement, quoique avec cruauté, ont parfaitement compris
lorsque, à coups de canon, ils ont contraint les Chinois à devenir consommateurs d'opium. Il n'y avait
pour les Anglais que cette alternative : ou de cesser
d'être consommateurs de thé ou de forcer les Chinois de
devenir consommateurs d'un produit différent, mais
équivalent, qui pût leur être donné en échange. Si, au
lieu d'empoisonner les Chinois avec de l'opium, les
Anglais avaient pu les chauffer avec de la houille, il
n'est pas douteux qu'ils n'eussent mieux aimé les
chauffer que les empoisonner. Mais que fût-il arrivé si
les Chinois, plus aguerris, avaient été assez forts pour

résister et pour imposer aux Anglais cette condition :
« Ou vous n'aurez plus notre thé ou vous nous le
payerez en numéraire »? Combien de temps, sans voir
entièrement disparaître son or, l'Angleterre aurait-elle
pu payer en souverains et en schellings la boisson
dont elle a contracté l'impérieuse habitude? Qu'eût fait
et que fût devenue la pauvre Banque d'Angleterre
promptement mise à sec? Vaincue, elle eût élevé et
surélevé le taux de ses escomptes, mais cette élévation
n'eût servi qu'à rendre son impuissance plus évidente
et son désespoir plus lamentable. A notre avis, le gouvernement français, quoiqu'il ait **M.** Rouher pour ministre d'État, ne se préoccupe pas assez sérieusement
de chercher contre quel produit, contre quelle marchandise, autre que les métaux précieux, la France se
procurera en Égypte et aux Indes le coton qui lui est
nécessaire sous peine de crise industrielle et de déchéance commerciale.

Ce que c'est que la routine! Dès qu'une mauvaise
récolte fait craindre une disette de grains, l'alarme est
dans tous les esprits. On suppute aussitôt avec effroi
les trois ou quatre cents millions qu'il faudra pour
combler l'insuffisance présumée. Comment se traduit
une mauvaise récolte de céréales ? — Par des achats de
blé à l'étranger. Eh bien, en fin de compte, quelle différence y a-t-il entre des exportations de numéraire
ayant pour cause des achats de blé ou ayant pour
cause des achats de coton? — Aucune. Et cependant,
dans le premier cas, il y a éveil et inquiétude, et, dans
le second cas, infiniment plus grave puisqu'il est nor-

mal et n'est pas accidentel, il y a insouciance et immobilité.

Les vifs débats provoqués par la question du numéraire et des bandes sont un premier AVERTISSEMENT donné à la France! Qu'elle n'attende pas le second, qui pourrait être terrible! Qu'elle ne tarde point plus longtemps à se mettre au pas du libre échange, régime nouveau dont il serait dangereux d'ignorer les conditions impérieuses! Il faut le prévoir! la crise monétaire de 1864, attestée par le taux de l'escompte de la Banque de France et de la Banque d'Angleterre, sera de plus en plus grave chaque année, si on ne fait pas ce qui est nécessaire pour l'atténuer. Ce qu'il y a à faire, nous l'avons dit et nous le répétons, c'est de retenir, *à tout prix*, notre numéraire à l'intérieur en le faisant servir au plus prompt achèvement possible de nos chemins de terre, de nos chemins de fer et de nos ports, à l'entier affranchissement de nos canaux, à l'assainissement et à l'embellissement de nos villes étiolées, arriérées et assoupies. Il est temps de mettre fin à ce drainage de notre numéraire, drainage qui risquerait de nous laisser complétement dépourvus des moyens d'acquérir le coton et la soie que nous mettons en œuvre. L'Italie, nous le savons, aura besoin d'emprunter encore un milliard. Qu'elle l'emprunte aux Italiens! Il est reçu de dire : « Rome aux Romains et l'Italie aux Italiens; » nous disons, nous, par imitation : « Le numéraire français au territoire français, mais en imprimant au numéraire français sur le territoire français la circulation la plus active ». CIRCULATION! tout est dans ce mot;

dont la puissance n'est encore qu'imparfaitement comprise, quoique cette puissance soit attestée par un fait
que l'on a peine à s'expliquer. Ce fait, c'est l'inexpli-
cable prospérité dont jouissent les États fédéraux
d'Amérique, malgré la guerre de trois années qui leur
a déjà coûté près de neuf milliards de francs (1). Sans
doute, si la France avait à repousser une agression ou
à venger un outrage, elle aussi saurait trouver en
elle-même, dans son patriotisme, dans son génie, dans
son activité, des ressources INÉPUISABLES... Qu'elle les
applique donc à la paix! C'est le moyen le plus certain de les doubler, de les tripler, de les quadrupler en
cas de guerre. Plus la France aura compté d'années de
pleine prospérité due au progrès de son agriculture,
aux perfectionnements de son industrie, aux efforts de
son commerce, au complétement de toutes ses voies de
communication et de transport, à l'abaissement, sinon
à la suppression des droits qui enrayent la consommation, enfin à l'usage judicieux de la puissance de l'emprunt, et plus la France, en cas de guerre générale,

(1) « Les ressources matérielles sont plus complètes et
» PLUS ABONDANTES que jamais : les ressources nationales
» ne sont donc pas épuisées ; il y a plus, elles sont INÉ-
» PUISABLES.

» Au 1ᵉʳ juillet dernier, ainsi qu'il appert des registres
» du Trésor, la dette publique montait à

1,740,690,489 dollars (8,703,452,445 francs).

» UNE DETTE QU'ON SE DOIT A SOI-MÊME NE PEUT DEVENIR UN
» POIDS BIEN LOURD. »

(*Message du président Lincoln au Congrès. 6 décemb. 1864.*)

sera en mesure de supporter de grands et de longs sacrifices sans trop en souffrir.

Ce qui a fait de nous un défenseur ardent de M. Haussmann, c'est que, de tous les fonctionnaires de l'Empire de 1852, il est à nos yeux la personnification la plus persévérante et la mieux caractérisée de la paix féconde et glorieuse : cela nous suffit. Nous n'ignorons pas que M. Haussmann est peu sympathique à l'extension en France des libertés politiques et particulièrement du régime parlementaire, sous lequel, en effet, on agit moins qu'on ne discute, mais nous ne nous arrêtons point à ses proclamations de 1863 aux électeurs de Paris. M. Jourdain faisait de la prose sans le savoir. M. Haussmann fait de la liberté sans le vouloir. Il faut qu'il en prenne son parti et qu'il s'en console. Mais il n'est pas en son pouvoir d'empêcher que la liberté ne soit contenue en germe dans la paix... Et qui féconde la paix fait éclore la liberté.

Telle est, à cet égard, notre conviction, que nous verrions, sans aucune crainte et sans aucune défiance, se former un ministère où M. Haussmann occuperait la place que lui assigne son aptitude attestée par ses actes, ministère qui ne tarderait pas à se nommer : *le ministère Haussmann.*

Résumons-nous :

L'Empire est un gouvernement personnel et d'action.

Il faut qu'il agisse, car les gouvernements qui ne laissent pas la liberté de tout dire se privent de la liberté de ne rien faire. Il n'y a pour eux qu'un moyen d'échapper à la nécessité impérieuse et implacable de faire, c'est de se réfugier dans l'irresponsabilité, c'est-à-dire dans la liberté ; mais s'ils ne s'y réfugient pas, il faut alors qu'ils agissent, qu'ils agissent encore, qu'ils agissent toujours !

Le nom de M. Haussmann est un système, avons-nous dit en commençant ; nous le répétons en finissant.

Hors ce système pleinement réalisé, hors ce système largement étendu de la Ville de Paris à la France tout entière, nous n'apercevons dans l'avenir que la paix languissante et stérile.

On ne peut renoncer à la fois à la liberté et à la gloire.

Si l'Empire persiste à mieux aimer donner à la France la gloire que la liberté, et qu'il ait la sagesse de ne plus vouloir demander la gloire à la guerre, il ne lui reste alors à la demander qu'au CRÉDIT.

III

23 décembre 1864.

Nous pensions n'avoir laissé sans réponse aucun des injustes reproches adressées à l'Aministration de M. Haussmann, Préfet de la Seine ; il paraîtrait que nous nous abusions, car *le Temps* imprime ce qui suit :

« M. de Girardin n'a pas touché le point principal au
» près duquel tous les autres, si gros qu'ils puissent être,
» ne sont que de petites questions de détail. *Pourquoi*

» *les Parisiens n'ont-ils pas de Conseil Municipal élu ?*
» Voilà ce qu'on se demande, et voilà ce que M. de Gi-
» rardin ne nous apprend pas. »

Si nous demandions à M. Nefftzer pourquoi il n'a pu fonder *le Temps* qu'en sollicitant et qu'en obtenant de l'Empereur et du ministre de l'intérieur l'insigne faveur de donner à l'opposition un organe de plus, faveur refusée à M. Émile Ollivier, faveur refusée à M. Louis Veuillot, faveur refusée à plusieurs autres encore : M. Nefftzer nous répondrait en nous renvoyant à l'article 1ᵉʳ du décret organique du 17 février 1852, — la Constitution du 14 janvier précédent n'ayant pas même fait à la liberté de la presse l'honneur de la nommer.

A notre tour, nous répondrons à M. Nefftzer en le renvoyant premièrement à l'article 57 de la Constitution du 14 janvier 1852, mise en vigueur à partir du 29 mars suivant, époque à laquelle M. Haussmann n'était pas Préfet de la Seine ; et deuxièmement à l'article 14 de la loi du 5 mai 1855.

L'article 57 de la Constitution est ainsi conçu :

« Une loi déterminera l'organisation municipale. »

L'article 14 de la loi du 5 mai 1855 prescrit ce qui suit :

« Dans les villes de Paris et de Lyon, le Conseil Mu-
» nicipal est nommé par l'Empereur tous les cinq ans
» et présidé par un de ses membres également nommé
» par l'Empereur. »

Si « *les Parisiens n'ont pas de Conseil Municipal élu* », qu'ils s'en prennent donc d'abord à la Constitution et ensuite aux dix millions d'électeurs de la France qui ont élu le Corps législatif, lequel a voté, sur le rapport de M. Langlais, la loi du 5 mai 1855.

M. Haussmann, Préfet de la Seine, accusé « *de* DÉDAIGNER *les hommages et la garantie du Conseil Municipal élu,* » n'a pas plus le pouvoir d'abroger l'article 57 de la Constitution et l'article 14 de la loi du 5 mai 1855, que M. Nefftzer, rédacteur en chef du *Temps*, n'a le pouvoir de comprendre la liberté de la presse dans la Constitution qui n'en parle pas, et d'abroger le décret organique du 17 février 1852.

M. Nefftzer exige que nous allions plus loin et que nous lui disions ce que nous pensons du « *régime des assemblées élues.* »

Pour le savoir, il eût suffi à M. Nefftzer de faire appel à sa mémoire.

Nul mieux que lui ne sait que nous n'avons jamais eu avant 1848 ni après 1848, avant 1852 ni après 1852, l'idolâtrie du régime parlementaire emprunté à la Grande-Bretagne par la France.

Nous avons toujours pensé et nous pensons encore que c'est un régime considérablement surfait, même en Angleterre, d'où il ne fût jamais sorti d'aucune ornière sans les vigoureux coups d'épaule que lui a donnés le droit de réunion, c'est-à-dire le régime des libres Assemblées opposé au régime des Assemblées officielles, Assemblées élues et Assemblées héréditaires.

Après avoir vu la Chambre des députés, sous le roi Louis-Philippe, mutiler la liberté de la presse et la liberté de réunion comme elle l'a fait sans se laisser arrêter par la parole de Royer-Collard et de Lamartine, et rejeter toutes les réformes, même les plus bénignes, telles que la réforme postale; après avoir vu l'Assemblée constituante, foulant aux pieds la séparation tutélaire du pouvoir législatif et du pouvoir judiciaire, voter les transportations en masse; approuver, sans poursuite et sans condamnation, la suppression des journaux; après avoir vu l'Assemblée législative enchaîner la liberté de réunion, bâillonner la liberté de la presse et approuver tous les excès de pouvoir contre lesquels protestait la minorité, comment pourrions-nous avoir foi dans le régime des Assemblées élues, où nous avons siégé de 1834 à 1848, et de 1850 au 2 décembre 1851?

Non, le régime parlementaire n'est pas notre idéal; les Assemblées élues paralysent le pouvoir et elles ne garantissent pas la liberté.

Notre idéal, à nous, c'est l'entière liberté du pouvoir avec l'entier pouvoir de la liberté existant parallèlement, ce que nous avons nommé « *le gouvernement à deux voies.* » Pas de Chambre des pairs, pas de Chambre des députés, pas d'Assemblées dans lesquelles une majorité de deux cents contre cent vote au scrutin avec Ptolémée contre Galilée que la terre ne tourne pas ou avec le duc de Broglie contre Royer-Collard qu'il ne suffit pas que Fieschi et ses complices portent leurs têtes sur l'échafaud, mais qu'il faut encore que la France tout entière, quoique innocente et indignée, subisse la peine de cet exécrable attentat par la flétrissure et la mutilation de l'une de ses libertés, la liberté de la presse !... Une Cour des comptes qui vérifie les comptes de tous les fonctionnaires, un Conseil d'État qui fasse les règlements d'administration publique, et une commission mixte et permanente, composée de Conseillers d'État et de Conseillers à la Cour de cassation, chargés de la révision décennale des Codes français. L'impôt transformé en assurance générale et spéciale et le budget de l'État imprimé au dos de la police délivrée à chaque assuré, qui la recevrait comme chaque contribuable reçoit aujourd'hui son « avertissement. » Pour contrôle, la liberté de la presse et la liberté de réunion. Dans les conjonctures suprêmes, telles qu'une guerre générale, si le chef de l'État ne voulait pas en assumer la responsabilité, le plébiscite, l'appel à la nation, le recours au suffrage universel. Notre idéal à nous, c'est le gouvernement personnel se mouvant dans son orbite, et la souveraineté individuelle se mouvant dans le sien ; c'est le pouvoir tel qu'il existait en France avant 1789, PLUS la liberté ; c'est enfin le pouvoir viril et la liberté féconde tels que les concevait, tels que voulait les réaliser et tels que les a définis Turgot.

M. Nefftzer est pour les demi-mesures ; nous les repoussons.

Sur ce mot *demi-mesure*, il faut s'entendre.

La science n'arrive pas du premier bond au but de ses recherches ; elle n'y arrive que par essais successifs, et ce sont ces essais qui se nomment progrès ; mais, lorsque la science est en possession d'un progrès accompli, ce progrès s'impose à tout ce qui sait. Ainsi, le Portugal, traçant des chemins de fer et plantant des poteaux électriques sur son territoire, ne se croira pas obligé de se servir des locomotives défectueuses et des appareils imparfaits que les États-Unis et l'Angleterre ont employés à l'origine. Le Portugal, au contraire, profitera de tous les progrès acquis, lesquels, très-probablement, ne sont pas encore le dernier mot de la science.

Progrès et demi-mesures sont donc deux expressions entièrement distinctes qu'on ne doit pas confondre.

Rendons par deux exemples notre pensée plus précise encore.

D'une part :

Il est démontré, par l'expérience de l'Angleterre, laquelle distribue six cents millions de lettres lorsque la France n'en distribue que trois cents millions, que, relativement au *penny-post*, la taxe à 20 centimes n'a été et n'est qu'une demi-mesure.

Que devrait faire la France?

La France devrait, sans plus tarder, réduire de 20 centimes à 10 centimes la taxe postale.

D'autre part :

Il est démontré par l'usage que le système décimal des poids, mesures et monnaies adopté en France est préférable au système arriéré des poids, mesures et monnaies usité en Angleterre.

Que devrait faire l'Angleterre?

L'Angleterre devrait, sans plus tarder, adopter le système décimal.

Voilà le rôle des gouvernements tels que nous le comprenons, tous ayant l'œil ouvert et chacun d'eux adoptant chez lui ce qui, chez les autres, a été incontestablement démontré meilleur.

En Angleterre, il n'y a pas d'octrois à l'entrée des villes et des villages, mais il y a des barrières sur toutes les routes et sur tous les chemins à l'entrée de chaque paroisse. Toute voiture est tenue de s'arrêter à chaque instant pour acquitter le péage local.

L'honorable M. Gladstone, que nous sachions, n'a encore essayé ni de supprimer ni d'abaisser cet impôt mis sur la circulation, impôt qui a existé en France. M. Nefftzer, qui propose d'abaisser le tarif des octrois, propose-t-il de rétablir le péage des routes au profit des villes et des communes qui ont des charges auxquelles elles ne peuvent se soustraire, sous peine de retomber de civilisation en barbarie?

Si l'ouvrier avait une cave où il pût mettre sa provision de vin, s'il l'achetait en pièces au lieu de l'acheter en bouteilles, ou au lieu d'aller boire au cabaret, il est probable, en effet, qu'un abaissement considérable du droit d'octroi — lequel droit d'octroi est de 11 francs, sans distinction entre les vins valant 20 francs ou valant 200 francs l'hectolitre, — il est probable qu'un abaissement considérable de ce droit de 11 francs sur les vins vendus moins de 20 francs l'hectolitre en augmenterait fortement la consommation; mais pour que cet abaissement du droit fût sensible et exerçât cette influence désirable, il faudrait qu'il se combinât avec une réduction ou une réforme de l'impôt des boissons, impôt dont nous doutons que M. Nefftzer ait étudié tous les éléments. S'il les avait étudiés, il aurait vu qu'un hectolitre de vin, dans l'Yonne, valant 7 francs 50 centimes sans fût, et expédié à un débitant de Paris, revient à 34 francs 75 centimes, somme dans laquelle le droit d'octroi entre pour 11 francs (1). Que M. Nefftzer réduise ce droit de 50 pour cent, c'est-à-dire de 11 francs à 5 francs 50 centimes, et le prix de l'hectolitre de vin valant 7 francs 50 centimes coûterait encore 29 francs 25 centimes.

Aussi, quoique adversaire déclaré et persévérant des octrois, sommes-nous d'avis qu'il faut se garder de jeter inconsidérément aucun trouble dans un budget dont les recettes ordinaires ont produit sur les dépenses de même nature, sans aucune aggravation de taxes ni création de taxes nouvelles, un *excédant* qui, de 1852 à 1864, s'est élevé de 17,637,195 francs à 47,500,000 francs, près de trois fois le chiffre primitif.

Qui dit réformateur ne dit pas brouillon, et qui dit brouillon ne dit pas réformateur.

(1) *Tarif des droits d'octroi de Paris, approuvé par décret impérial du* 3 *novembre* 1855.

	DROITS D'OCTROI.	DROITS D'ENTRÉE.
	Hectolitre.	Hectolitre.
1. Vins en cercles.	10 fr.	8 fr.
2. Vins en bouteilles.	17 fr.	8 fr.

A qui profitent les droits d'entrée ?

Est-ce à la Ville ? Non, c'est au Trésor.

Le droit d'octroi sur les vins à Paris n'est donc pas de 21 francs, comme l'a prétendu *le Temps*, nous taxant d'erreur, mais de 10 francs, plus le double décime.

Ce qui caractérise le réformateur, ce sont les mesures judicieusement radicales ; ce qui caractérise le brouillon, ce sont les demi-mesures. Nous avons cette double prétention, justifiée par toutes celles de nos idées qui ont eu l'application pour épreuve, d'être réformateur et de n'être pas brouillon.

En diverses circonstances et à plusieurs époques, nous avons défini l'État et nous avons étroitement borné son rôle à celui d'assureur. M. Nefftzer aurait pu s'épargner la peine de nous le rappeler, car il n'y a pas à craindre que nous l'oubliions jamais.

Assureur contre de certains risques spécifiés que la civilisation progressive tend constamment à diminuer, oui, voilà le rôle dans lequel doit se renfermer l'État ; mais s'y renferme-t-il lorsqu'il perçoit un budget de deux milliards, sur lesquels les fonds pour dépenses départementales ne s'élèvent qu'à 107,550,000 fr. et les fonds pour dépenses communales qu'à **78,576,355 fr.**, ensemble **186,226,355** francs ?

Il ne s'agit pas de l'État assureur tel que nous le concevons, lequel, celui-là, n'enlèverait pas à la commune ses ressources les plus liquides et les plus certaines ; il s'agit de l'État centralisateur tel qu'il fonctionne, et qui ne laisse aux départements et aux communes que des revenus également insuffisants, sous ces trois noms : *centimes obligatoires, centimes facultatifs, centimes additionnels.* M. Nefftzer veut que Marseille et le Havre exécutent à leurs frais, sans aucune participation de l'État, les immenses travaux de ports qui profiteront à tout le commerce de France, soit ! Mais qu'alors l'État laisse à ces villes la plénitude de leurs ressources et l'entière liberté de s'imposer et d'emprunter.

Dans un système bien coordonné, tout se tient, tout doit se tenir.

Preuve :

L'État a accordé sa garantie d'intérêt à certaines grandes Compagnies de chemins de fer. Avec quels fonds payera-t-il cette garantie d'intérêt encourue? Avec les fonds provenant des contribuables de toute la France. S'il en est ainsi, M. Nefftzer trouve-t-il juste et équitable que les départements, jusqu'à ce jour délaissés, qui ont contribué à l'exécution des chemins de fer formant le premier et le deuxième réseau, sans en retirer aucun avantage, demeurent privés des chemins de fer du troisième et du quatrième réseau qui leur ont été promis, sur lesquels ils ont compté et qu'ils attendent avec une fiévreuse impatience, car c'est la vie pour eux? Que signifierait alors l'égalité devant l'impôt?

Que M. Nefftzer nous permette de le lui dire, nous avons été étonné de trouver sous sa plume, s'adressant à nous, ces mots : « *l'État spéculateur! l'État communiste!* » Si cette accusation est fondée, elle s'adresse à l'État actuel, qui a fait les routes impériales et qui les entretient, qui a pris à son compte les travaux des ports de Cherbourg, de Marseille, d'Alger ; qui a accordé à telles Compagnies de chemins de fer des subventions et à telles autres une garantie d'intérêt, sans parler des travaux considérables dont il s'était chargé et qu'il leur a livrés.

Dans notre article, relevé par M. le rédacteur en chef du *Temps*, qu'avons-nous demandé de plus que ce qui se fait et qu'avons-nous laissé entrevoir ?

Soulevant le rideau de l'emprunt, nous avions laissé apercevoir l'État accordant sa garantie d'intérêt à de certaines conditions et dans de certains cas à de certaines villes entreprenant certains travaux d'utilité nationale ou locale; eh bien, admettons que cette garantie d'intérêt porte sur des emprunts successifs montant ensemble à un milliard, et qu'elle s'élève conséquemment à 40 millions par an, si ce milliard avait pour résultat de faire exécuter sur toute la surface du territoire français pour deux milliards au moins de travaux, croit-on que ces travaux ne se traduiraient pas promptement par un excédant annuel de revenus directs, indirects et mixtes, dépassant les 40 millions de l'intérêt garanti par l'État?

La question n'est pas douteuse, quand on voit que M. Haussmann a augmenté les revenus de l'État dans une proportion plus considérable encore que ceux de la Ville de Paris.

Alors, cette garantie d'intérêt, même dans l'hypothèse la moins favorable, serait donc purement nominale ?

Ah ! il est bien heureux que la loi sur l'expropriation ait été votée en 1833 et refaite 1841, car si elle était à faire, M. Nefftzer la combattrait en ces termes :

« Vous aimez votre maison, vous y êtes attaché par

» une longue habitude, vous avez quelque tendresse
» pour le foyer domestique. N'importe, tout cela n'a
» plus de valeur. *Les sentiments ne se cotent pas.* Pre-
» nez l'argent de vos terrains et de vos moellons, allez
» en faire le remploi... et voilà la pente communiste
» où nous glissons ! »

C'est par cette éthopée sentimentale que M. Nefftzer
termine son article ; c'est par cette citation que nous
terminerons le nôtre.

IV

30 décembre 1864.

M. Thiers a adressé à un de ses électeurs de Paris la
lettre qui suit :

« Paris, 17 décembre 1864.

» Monsieur,

» J'ai déjà, comme membre du Corps législatif et
» dans la discussion du budget, réclamé contre les dé-
» penses RUINEUSES auxquelles on entraînait les grandes
» villes de France et Paris en particulier. C'est une
» tâche que je ne délaisserai point, et si les députés
» de la Seine se réunissent afin d'aviser aux moyens
» les plus convenables pour faire entendre les justes
» réclamations de la capitale, je ne manquerai pas de
» me joindre à eux et d'unir mes efforts aux leurs pour
» arriver au résultat le plus désirable.

» Recevez, Monsieur, l'assurance de ma considéra-
» tion la plus distinguée.   » A. THIERS,
» Député de la Seine. »

M. Thiers tient en 1864 exactement le même langage qu'il tenait en 1847, lorsqu'il flétrissait les concessions de chemins de fer de cette ineffaçable épithète : « LES FOLIES DE LA PAIX » et qu'il accusait ces concessions d'être la cause du « MAL PRÉSENT ».

Comment ! vous avez dans les mains un merveilleux moteur qui s'appelle le Crédit ; avec ce moteur, qui a pour piston et pour cylindre l'emprunt et la dette perpétuelle, vous pourriez sillonner la France, en tous sens, de chemins vicinaux qui porteraient au maximun de leur rendement annuel et de leur valeur vénale tous les champs, tous les prés que ces chemins vicinaux traverseraient ! Vous pourriez achever, sans interruption et sans retard, le troisième et le quatrième réseau des chemins de fer ! Vous pourriez transformer et vivifier toutes les villes de France ! Vous pourriez donner au travail de toutes vos usines et de toutes vos mines la plus vigoureuse et la plus féconde impulsion ! Vous pourriez mettre vos ports de commerce sur un pied où ils n'auraient plus rien à envier aux ports voisins de la Grande-Bretagne ! Vous pourriez ramener votre système d'impôts, — lequel rappelle ce qu'était avant 1789 votre système des poids et mesures, — à la simplicité et à l'unité de votre système décimal ! Vous pourriez supprimer tout ce qui fait obstacle à l'essor de la consommation et, par suite, à l'entier développement du travail ! Vous pourriez faire pénétrer partout l'épargne par le travail, le bien-être par l'épargne, la moralisation et l'instruction par le bien-être, et vous ne le feriez pas ! Et ayant dans les mains cette baguette

magique qui pourrait transfigurer la France et faire
des Bonaparte la dynastie qui eût les racines les plus
profondes dans le sol de l'Europe, vous ne vous en
serviriez pas!

Non-seulement vous ne vous serviriez pas de cette
baguette magique, mais tous vos efforts tendraient à
la faire tomber des mains de M. Haussmann, qui, depuis dix ans, vous montre comment, par des dépenses
productives, on peut augmenter les recettes ordinaires
sans augmenter les taxes ; qui a successivement élevé
de dix-sept millions à cinquante millions les revenus
de la Ville de Paris, différence trente-trois millions,
laquelle, capitalisée, équivaut à près d'un milliard ;
qui, de plus, a accru de cinquante-quatre millions le
revenu de la France, ce qui équivaut à un second milliard et au delà !... Heureusement que M. Haussmann
a les mains fermes et que ce qu'il tient il le tient bien.

Et cependant, lorsque Paris consomme, toute la
France prospère.

Paris ne produit rien de ce qu'il consomme.

Paris ne produit ni le blé, ni la viande, ni les légumes, ni les fruits, ni le sel, ni le sucre, ni le café, ni le
thé, ni les épices qu'engloutissent ses dix-sept cent
mille bouches.

Il ne produit ni le bois ni la houille qu'il brûle.

Il ne produit ni le lin, ni le chanvre, ni la laine, ni
le coton, ni le cuir qu'il use ou qu'il transforme.

Il ne produit ni le fer, ni la fonte, ni la pierre, ni
le marbre qu'il emploie dans toutes ses constructions.

Il ne produit aucune des matières premières qu'il

excelle à convertir en matières ouvrées, dites *articles
Paris.*

Enfin, Paris ne produit que la main-d'œuvre.

Ce n'est donc pas seulement le Trésor public qui a
sa large part dans le constant accroissement des revenus
de Paris, c'est aussi, et plus encore que le Trésor
public, la France, toute la France, représentée par son
agriculture, par son industrie, par son commerce, par
sa marine et par ses ports.

A ce titre, qu'on juge ce que perdrait la France si
les idées que défend M. Thiers l'emportaient sur celles
que personnifie M. Haussmann ; M. Thiers appelant à
tort « DÉPENSES RUINEUSES » ce que M. Haussmann appelle avec raison « DÉPENSES PRODUCTIVES ! »

ÉMILE DE GIRARDIN.

LE POINT DE MIRE

Le 17 août 1606, le Prévôt des Marchands, Jacques
Sanguin, nouvellement élu, s'exprimait en ces termes
en présence des Échevins, Conseillers de ville, quartiniers et dizainiers réunis en assemblée générale.

— « Il ne s'agit pas, messieurs, de donner la picorée
à notre gloriole, mais bien d'administrer la Ville de

Paris au mieux de la stabilité du Pouvoir souverain.

» La supériorité et la grandeur de la Capitale ne sont assurez qu'à ce prix. »

Ce principe posé par un ancien Magistrat doit être le point de départ de toute discussion administrative sur la Ville de Paris.

Il ne s'agit pas de compter un à un les boulevards et les rues exécutés par l'Édilité actuelle, mais bien de rechercher si ses actes, dans leur ensemble, doivent profiter au Pouvoir comme au pays tout entier.

La discussion, pour être utile, ne saurait se borner à prendre pour horizon l'époque actuelle.

Parisien, la transformation de Paris nous a séduit d'abord comme tant d'autres; mais en interrogeant le passé, en nous inspirant des idées de nos plus grands administrateurs, aux différentes époques de notre histoire, nous nous sommes demandé si cette improvisation attrayante n'était pas une témérité, si cette œuvre colossale qui réclamait près d'un siècle pouvait s'accomplir en quelques années sans déceptions pour le présent, et sans périls pour l'avenir.

Alors nous avons senti naître en nous et se fortifier une conviction dont l'écrivain doit compte au public.

Il nous a fallu longuement étudier, et ce que nous n'avons pu apprendre qu'en trente années, cette science administrative si lente, si pénible à acquérir, nous n'avons qu'une ambition, c'est de la voir monter jusqu'à l'Autorité pour qu'elle la serve utilement.

Le travail que nous soumettons au public a été conçu, non dans l'intention d'être l'aristarque pas plus que le séide de l'Administration Municipale, mais dans le but de faire connaître notre appréciation toute personnelle sur l'ensemble des services administratifs de la Ville de Paris, en combattant celles des opinions de M. de Girardin que nous ne saurions partager.

Pour rendre facile à nos lecteurs l'appréciation de notre travail nous l'avons divisé en plusieurs chapitres, ayant pour titre : 1° L'État par rapport a l'Édilité actuelle. — 2° Les Finances Municipales. — 3° Le Plan de Paris, son mode d'exécution. — 4° Les Beaux-Arts et l'Histoire. — 5° Le Point de Mire; Conclusion.

CHAPITRE Ier.

L'ÉTAT PAR RAPPORT A L'ÉDILITÉ ACTUELLE

Il est bien difficile à un administrateur, fût-il des plus habiles, de sauvegarder en même temps les intérêts de l'État et ceux de la Ville de Paris, alors surtout que cet administrateur ignore les actes de ses devanciers.

L'écrivain, quelle que soit la supériorité de son intelligence, rencontre les mêmes obstacles.

Il ne peut exercer d'influence, il ne saurait convaincre qu'en prouvant de longues et patientes études sur l'histoire administrative de Paris.

Cette vérité s'explique :

Aucun principe n'est suivi, aucune idée ne se traduit de nos jours, soit en finances municipales, soit en approvisionnement de Paris ou bien en grands travaux publics, que ce principe ou cette idée souvent appliquée par nos anciens Échevins n'ait produit des conséquences bonnes ou mauvaises.

A défaut de ces enseignements, on marche dans les ténèbres, on improvise au hasard, on administre au jour le jour, on écrit sans convictions comme sans preuves.

C'est surtout en ce qui concerne les rapports permanents entre la Royauté et l'ancienne Magistrature Municipale que la connaissance exacte du passé est précieuse; non-seulement elle éclaire le présent mais elle permet encore de sauvegarder l'avenir.

Il est donc indispensable avant d'interpréter les actes de l'Édilité actuelle, de rappeler les principes suivis pendant près de douze siècles par les Échevins de Paris.

Cette introduction sera pour nos lecteurs une espèce d'initiation aux actes de l'Aministration Municipale ; ensuite nous nous placerons en face de M. de Girardin sur un terrain ferme et solide.

Ce n'est pas à sa position géographique, excellente d'ailleurs, que la Ville de Paris a dû seulement cette supériorité dont elle jouit sans conteste, et que les autres Cités l'ont saluée Reine et Capitale.

A la fin du douzième siècle, la Royauté inquiète et troublée, errait encore de ville en ville. Son pouvoir était toujours contesté par les grands vassaux dont les plus puissants ṣe révoltaient impunément.

. Connaïssant exactement cette débilité, les Magistrals parisiens tinrent ce langage au Roi Philippe-Auguste :

« — Si vous faites de Paris votre séjour habituel, si vous choisissez cette ville pour Capitale, votre couronne est ferme et solide sur votre tête. Vous faut-il de l'or? en voici; du fer? en voilà; notre vie? nous sommes prêts. » — L'accord fut signé par le Roi et les délégués de Paris.

A l'instant les Parisiens se cotisèrent pour l'établissement d'un rempart destiné à protéger la nouvelle Capitale.

Lorsque le Maître ès œuvres de la Ville, Pierre Brulart, vint annoncer au Roi, le 11 octobre 1213, que le rempart enveloppait complétement Paris, Philippe-Auguste se leva, embrassa l'architecte et, mettant la main sur le pommeau de son épée : « *Mes compagnons*, dit-il aux grands officiers qui l'entouraient, *mes amis, maintenant je suis Roi!* »

Philippe-Auguste avait raison, l'enceinte de Paris renfermait déjà 252 hectares avec une population de 185,000 habitants.

Paris devenait pour la Royauté la meilleure base d'opérations en cas de guerre, une assise de granit. Cette formidable position fut cause en partie que le Souverain réunit à la couronne, par la confiscation féodale et l'épée à la main, la Normandie, le Maine, l'Anjou, la Touraine et le Poitou; que Philippe-Auguste put acheter les comtés d'Auvergne et d'Artois, et se faire restituer la Picardie.

Les habitants des autres villes jalousèrent Paris pour s'être fait Capitale; des séditions éclatèrent.

Mais le Roi, le glaive à la main et la pointe partout où se dressait la rébellion, leur répondit : *Taisez-vous, ingrats, Paris a fait une France!*

A l'abri des attaques du dehors, il fallait que la Royauté n'eût jamais à redouter les séditions du dedans.

Le Souverain et les Édiles se posèrent les questions suivantes qu'ils résolurent comme on va le voir :

— Pour que la Royauté soit sauvegardée dans la Capitale, que faut-il?

— Faire de Paris une ville de luxe, une Reine des Beaux-Arts, à cette fin que la Capitale exerce une attraction irrésistible sur les étrangers, les nobles et les riches, dont le superflu doit assurer dans Paris le nécessaire des pauvres.

— Mais pour créer une ville de luxe, construire de beaux monuments, fonder des établissements scientifiques, varier les plaisirs qui sourient à la fortune, il faut de l'or et beaucoup : comment se le procurer ?

— Par la perception de taxes municipales.

— Sur quoi pèseront ces taxes?

— Dans l'intérêt de la stabilité du trône, il est nécessaire, il faut que ces taxes pèsent sur les objets de consommation.

— Pourquoi?

— Parce que, d'un côté, si les denrées étaient à un

prix moins élevé dans Paris que dans nos provinces, et que, de l'autre, les salaires fussent plus rémunérateurs que partout ailleurs, il adviendrait que les cultivateurs quitteraient leurs champs en grand nombre, les ouvriers abandonneraient en foule leurs villes secondaires pour fondre sur la Capitale où ils constitueraient une majorité redoutable.

Voilà pourquoi les taxes municipales sont des digues à opposer d'abord aux flots avariés de la province qui, sans elles, envahiraient Paris.

Ensuite, ces taxes sur les denrées sont les plus productifs des impôts.

— Mais nos provinces ne sauraient voir sans déplaisir et sans murmures ces taxes municipales.

— On leur répondra : une Capitale comme Paris ne saurait être une ville de production mais bien de consommation. Paris est pour la province le meilleur débouché, un immense marché. Il est bien juste qu'elle laisse dans la Capitale quelque peu de cet or qu'elle en reçoit à profusion. D'ailleurs, du produit de ces taxes, l'Édilité fera deux parts ; l'une à la Royauté pour la couvrir de pourpre, la faire grande dame et souveraine maîtresse, l'autre doit servir à construire çà et là partout dans Paris de splendides monuments, à cette fin que la beauté de notre Capitale devienne irrésistible et conquière par les arts le monde à la France.

Tels furent les principes adoptés par nos Rois et nos anciens Échevins pour l'Administration de la Ville de Paris.

Maintenant, on va voir que nos plus grands Ministres ont toujours pensé comme nos Rois et nos anciens Échevins.

SULLY, *à maître Jacques Sanguin, Prévôt des Marchands.* — « J'ay les yeux et le cœur tournez vers les paysans qui sont nos pères nourriciers ; je ne pense qu'à les rendre moins malheureux et plus attachez à leurs champs... Ne faictes pas dans Paris des travaux *exagérez* qui attirent les paysans et les manouvriers dans notre Capitale. Car s'ils venoient à dominer par le nombre, *Paris seroit le marteau et la Royauté l'enclume !.....* »

LE CARDINAL DE RICHELIEU. — « Je l'ai déjà dict à Vostre Majesté, le trosne de France n'est assuré, ferme et solide qu'à deux conditions : la première, c'est de forcer vostre noblesse à quitter ses vieux donjons où elle est dangereuse à l'Estat, pour la faire venir à Paris. Là elle sera sous vos yeux, et ces gentilshommes seront les diamants de vostre couronne... La deuxième condition de sécurité, c'est de faire vostre Capitale une ville de luxe, de richesse et de plaisirs. Si les paysans et les manouvriers quittoient vos provinces pour fondre sur Paris, *ils dévoreroient tout, oui tout jusqu'à la Royauté.* »

COLBERT. — « Les gentilshommes, les savants, les artistes, les étrangers et les riches doivent dominer par le nombre dans la Ville de Paris qui est la Cité - Reyne des Beaux-Arts, du luxe et de la richesse.....

» Toutes les branches de l'Administration Municipale doivent s'incliner en signe d'obéissance devant ce prin-

cipe qui sauvegarde merveilleusement l'autorité souveraine.

» *Modérez vos travaux, leur exagération n'appelle-
roit pas seulement à sons de trompe les manouvriers
de bastiments, mais encore les paysans qui sont utiles*
dans les provinces, mais qui deviendroient dangereux
dans Paris.

» C'est par l'élévation rationnelle des taxes municipales que vous protégerez Paris contre l'envahissement
des classes pauvres de la province qui, sans cette digue,
feroient de vostre Capitale une formidable Cité ouvrière.

» Il ne faut pas que Paris s'étende oultre mesure, car
alors il pèseroit sur la France et il gêneroit la
Royauté. »

Cent quatorze ans après ce discours de Colbert, un
autre Ministre s'exprimait en ces termes :

Danton. — « Les vieux Édiles parisiens, voulaient
faire de Paris la ville du luxe, de la richesse et des
plaisirs; que par la volonté de ses nouveaux magistrats,
la Capitale devienne une vaste cité ouvrière, la ruche
de la France !

» Tout le secret de la situation consiste à mettre dessus ce qui était dessous. Les riches dominaient autrefois
par le nombre dans Paris; place aux pauvres maintenant; qu'ils dominent à leur tour !...

» Plus de taxes municipales; QUE LA VIE SOIT A

MEILLEUR MARCHÉ A PARIS QUE PARTOUT AILLEURS, et en moins d'un siècle, par une progression naturelle, irrésistible, les classes nécessiteuses formeront les trois quarts de la population parisienne.

» En agissant ainsi *le dernier mot doit rester infailliblement à la république*, car un trône ne résisterait pas longtemps ballotté dans une Capitale où le flot populaire est appelé à monter aujourd'hui, demain, toujours. »

Il n'y a pas de réplique à l'argumentation de ces deux hommes si différents par le cœur et le génie. Ce que Colbert désire dans l'intérêt de la Royauté, Danton le réclame au profit de la République. Chacun d'eux fait preuve d'une logique irrésistible.

Maintenant examinons de quelle manière nos anciens Rois et nos vieux et dignes Échevins entendaient l'exécution des grands travaux dans la Capitale.

C'est surtout au commencement du seizième siècle que la France se couvre de splendides monuments et que Paris se transforme.

Les guerres avec l'Italie sous Charles VIII et Louis XII, avaient fait naître le culte du beau. Les anciennes et les nouvelles mœurs se mêlèrent. La langue française, jusqu'alors rude et sauvage, s'assouplit et fut écrite avec douceur, esprit et naïveté par la reine de Navarre, par François Iᵉʳ, qui faisait des vers aussi élégamment que Marot, par Rabelais et les frères Amyot.

La peinture, éclatante comme le soleil de l'Italie qui l'avait inspirée, décora les palais de François Iᵉʳ, qui assistait à la mort de Léonard de Vinci, et confiait Fontainebleau au Primatice.

La Royauté française se greffait sur les Beaux-Arts, à ce moment suprême où l'Italie, cette belle et luxuriante Italie était en plein épanouissement de grandeur et de poésie.

L'Europe, subitement éclairée, répétait les noms de Bramante, de Michel-Ange et de Raphaël, comme elle redisait dans tous les idiomes les amours de Roméo et de Juliette. Le Tasse et l'Arioste allaient chanter la chevalerie, dont François Ier devait être le dernier comme le plus brillant modèle.

Le véritable siècle des Beaux-Arts en France, est le siècle des Valois.

Le palais des Tuileries, le vieux Louvre, une partie de Fontainebleau et d'Anet, la chapelle des Valois à Saint-Denis sont des ouvrages que les splendeurs de Louis XIV n'ont pas effacés.

François Ier, plein d'élégance et de belles manières, instruit et bien disant, François Ier pressentait les hautes destinées de la Ville de Paris. Aussi, toutes ses créations semblent embrasser l'avenir. L'établissement du Collége de France qui seul eût suffi à lui mériter le titre de *Père des Lettres*, est empreint d'un caractère grandiose. On devine que François Ier veut faire de sa Capitale la grande École de l'Europe.

Dans cet établissement les sciences et les arts doivent être gratuitement enseignés.

La dotation de ce collége est fixée à cinquante mille

écus de revenu annuel, *pour la nourriture et l'entre-tènement de six cents écoliers.*

« — Attirons dans nostre bonne Ville de Paris, répétait souvent le Roi François Ier, les poëtes, les savants et les plus grands artistes de l'Europe... Que les bourgeois construisent des maisons avec les *seuls* morteliers parisiens, et les Rois des palais (1). »

A la même époque, le Prévôt des Marchands, Louis Gayant, s'exprimait en ces termes :

« Que nos travaux de rues soyent modérez, car s'ils étoient poussez oultre mesure, ils attireroient dans la Capitale les manouvriers de la province. La besogne venant à baisser, *leurs outils inoccupez se change-roient en mousquets, ayant tous pour point de mire la couronne de France.* »

Comme on le voit le Roi François Ier et le Prévôt des Marchands, Louis Gayant, étaient d'accord.

Il n'en fut pas précisément de même, tout d'abord, sous le règne de Henri IV, mais la sagesse et la persistance convaincue du premier Magistrat de la Ville de Paris finirent par se concilier l'approbation du Roi.

« Il faut entreprendre, disait Henri IV à François Myron, de bonnes et utiles percéez dans Paris, à cette fin que les pôvres et menus ayent de l'air comme les

____

(1) Une rùe de Paris a conservé jusqu'à nos jours le nom *de rue de la Mortellerie,* non parce qu'il s'y commettait des meurtres la nuit, mais bien parce que le bureau des morteliers et maçons y était situé au n° 151, démoli vers 1835 pour l'agrandissement de l'Hôtel de Ville.

fortunez et les riches, car le bon Dieu les a faits d'une étoffe semblable, avec une mesme peau..... J'entends que les deux partyes de nostre Capitale que sépare le fleuve de Seyne, soyent traictées comme deux bonnes sœurs jumelles.....

» — Ainsy sera faict, répondait le Prévôt des Marchands Myron... Cher syre, vous avez le cœur doulx et piteux à l'endroict du peuple, cela vaudra mieux encore aux regards de Dieu que vos victoires de Coutras et d'Ivry. »

Mais Henri IV qui avait hâte de laisser sur cette terre parisienne des traces glorieuses de son règne voulait réaliser en quelques années l'œuvre d'un siècle. Aussi, de grands travaux de voierie étaient-ils entrepris simultanément ici, là, partout dans la Capitale, principalement sur le petit Pré aux Clers et dans le Marais.

Cette exagération, toute généreuse du Roi, eut pour conséquence d'attirer dans Paris un nombre considérable d'ouvriers de la province. D'un côté, l'accroissement instantané de la population, fit hausser le prix des denrées, de l'autre, la concurrence que les ouvriers de la province firent aux ouvriers parisiens, produisit l'avilissement des salaires.

De là des réclamations. Le Prévôt des Marchands comprit le danger et donna des ordres pour qu'on diminuât les travaux.

Comme Henri IV s'en plaignait au Magistrat en disant :

« Qu'il vouloit voir réalisez de son vivant les travaux qu'il avoit ordonnez. »

Myron lui répliqua :

« Syre, pour complaire à mon seigneur et maistre, au Roi Henri quatriesme, je ne veux pas faire périller le gentil Dauphin qui sera un jour le Roi Louis XIII. »

Et les courtisans de se dire :

« Le compère François Myron couchera ce soir à la Bastille. »

Pas le moins du monde. Sa Majesté répondit :

« Je ne me sens pas effarouché alors qu'on ose me dire que j'ai tort... Les Roys s'appuyent sur les chênes, non sur les roseaux. »

Au reste, Henri IV était bien désireux de plaire aux Parisiens, et dans le but d'y parvenir, le Roi montrait souvent un esprit d'à-propos dont voici un curieux témoignage :

Le lendemain de la reddition de Paris, le 23 mars 1594, le Corps Municipal tout entier se rendit au Louvre pour offrir au Roi le présent ordinaire qui était composé de confitures, dragées, hypocras et bougies. Henri IV reçut avec bonté les Magistrats parisiens, en leur disant :

« Que la veille, ils lui avoient offert leurs cœurs et que c'était à ses yeux le plus beau présent à faire à un Roi. »

Bientôt la nature franchement spirituelle de Henri IV prit le dessus, et la conversation devint familière. Le Roi interrogea l'Échevin Langlois sur le caractère des Parisiens.

« — Syre, répondit le Magistrat, ils sont batailleurs.

— Hélas, comme moi, répondit Henri IV.

— Ils aiment les dez.

— J'ai grandement ce défaut, et je triche encore.....

— Et la cotte, Sire, ils en sont fous.

— Toujours comme moi, exclama Henri IV, en levant les yeux au ciel !

— Alors, dit en riant l'Échevin Langlois, *talis rex talis populus!* »

Et comme on apportait des oublies et autres menues pâtisseries avec force flacons pour messieurs de la Ville, le Roi avisa un carafon portant cette étiquette : *vin d'Espagne*, Henri IV l'écarta et dit :

A nos santés, messieurs, mais avec du vin de France! »

Ainsi que nous allons le rappeler, la Capitale dut s'étendre et se développer, mais en suivant l'extension et les développements de la France.

Chaque Royauté comme chaque Magistrature municipale voulut imprimer sur cette terre parisienne des traces de son passage. La première en construisant des édifices remarquables, en fondant des établissements utiles ; la seconde en ouvrant de nouvelles rues, en faisant progresser tous les services administratifs. Mais les travaux de *voyerie*, comme on les appelait, furent toujours entrepris avec mesure, en se conformant à ce principe : *Occuper dans Paris les ouvriers parisiens, mais ceux-là seulement.*

Les intentions de nos souverains sont traduites fidèlement par les actes qui ont présidé à la fondation de nos monuments.

Dans l'édit du 27 avril 1656, concernant *l'hôpital général* (1), Louis XIV s'exprime en ces termes :

« Les Rois nos prédécesseurs ont fait, depuis le der-
» nier siècle, plusieurs ordonnances de police, sur le
» fait des pauvres, en notre bonne Ville de Paris, et
» travaillé par leur zèle autant que par leur autorité,
» pour empescher la mendicité et l'oisiveté comme les
» sources de tous les désordres... C'est pourquoi comme
» nous sommes redevables à la miséricorde divine de
» tant de grâces et d'une visible protection qu'elle a
» fait paraître sur notre conduite à l'avénement et dans
» l'heureux cours de notre règne, nous croyons être
» plus obligé de luy en témoigner notre reconnaissance
» par une royale et chrétienne application aux choses
» qui regardent son honneur et son service.

» Considérant les pauvres mendiants comme mem-
» bres vivants de Jésus-Christ, et non comme mem-
» bres inutiles de l'État, et agissant en la conduite
» d'un si grand œuvre, non par ordre de police, mais
» par le seul motif de la charité. »

(1) Depuis la Salpêtrière, aujourd'hui hospice de la Vieillesse (Femmes).

Voici maintenant quelques lignes extraites de l'édit du mois d'avril 1674 concernant *l'Hôtel royal des Invalides* :

« Nous avons estimé, dit Louis XIV, qu'il n'était pas
» moins digne de notre piété que de notre justice de
» tirer hors de la mendicité les pauvres officiers et
» soldats de nos troupes qui, ayant vieilli dans le ser-
» vice... et librement exposé leur vie et prodigué
» leur sang pour la défense et le soutien de cette Mo-
» narchie... pussent jouir du repos qu'ils ont assuré à
» nos autres sujets et passer le reste de leurs jours dans
» la tranquillité. »

Louis XIV ne se borna pas à faire en cette circonstance, un acte d'humanité, le Roi voulut que le monument qui devait servir d'asile à nos vieux soldats, cet acquit d'une dette sacrée, fût digne de la France et de la splendeur de Paris.

« — Maître Mansart, que nous coûtera l'hôtel des Invalides? demandait un jour le Roi Louis XIV à son premier architecte.

— Quarante millions Sire, pour élever un monument digne de la nation et de votre Majesté.

— Continuez monsieur : la France fera les avances, l'étranger remboursera. »

Comme on le voit, c'est bien une ville de luxe, une Reine des beaux-arts que Louis XIV a certainement eu en vue en créant de splendides monuments.

L'Édit suivant qui porte la date du mois de mars 1672 en offre encore un éclatant témoignage.

« Louis... Les Sciences étant les ornements les plus
» considérables des États, nous n'avons point eu de
» plus agréables divertissements, depuis que nous
» avons donné la paix à nos peuples, que de les faire
» revivre en rappelant près de nous tous ceux qui se
» sont acquis la réputation d'y exceller, *non-seulement*
» *dans l'étendue de notre royame, mais aussi dans les*
» *pays étrangers,* et pour les obliger davantage à s'y
» perfectionner, nous les avons honorés de notre bien-
» veillance et de notre estime, et comme entre les arts
» libéraux la musique y tient un des premiers rangs...
» à ces causes, bien informé de l'intelligence et grande
» connaissance que s'est acquise, notre très-cher et bien-
» aimé *Jean-Baptiste* Lully.... nous lui avons permis
» et permettons par ces présentes d'établir une *Aca-*
» *démie royale de Musique* dans notre bonne Ville de
» Paris. »

Nous sommes obligé d'abréger nos citations faute de
place. Toutefois les actes que nous venons de rappeler
démontrent suffisamment que le système royal et
municipal dont l'application avait principalement
pour but de sauvegarder l'autorité souveraine, consistait à faire de Paris une ville de luxe, savante,
lettrée, en opposant un barrage aux flots de la province, en forçant les paysans à cultiver leurs champs,
les ouvriers à travailler dans leurs villes secondaires.

Aussi, comme on va le voir, l'extension de Paris et
l'accroissement de sa population surveillés par nos
Échevins se produisent naturellement, sans secousses
et sans dangers pour la Royauté, jusqu'en 1789.

Si nous rencontrons quelques exceptions elles proviennent de nos guerres civiles et religieuses.

Paris, sous Philippe-Auguste, en 1200, occupe une superficie de 2,528,633 mètres. Sa population s'élève à 185,000 habitants environ. Si l'on en croit un historien de cette époque, le nombre des hommes de *mains d'œuvre* était de 18,000 au plus. Ainsi, la classe ouvrière formait à cette époque un peu moins du dixième de la population générale de Paris.

En 1368, sous Charles V, la Capitale compte 223,000 habitants, et la classe des artisans et ouvriers ne dépasse pas 22,000 individus. C'est encore un peu moins du dixième de la population totale.

Un demi-siècle après, en 1418, Paris, qui occupe une superficie de 4,391,720 mètres, est au pouvoir des Anglais. La population de cette ville est de 231,000 habitants, sur lesquels on compte environ 80,000 ouvriers, artisans et soldats. La disette, complice d'une cruelle épidémie, décime cette malheureuse population, qui perd en dix-huit mois 27,000 personnes victimes du fléau ou qui meurent de misère et de faim.

En 1553, sous Henri II, la capitale, qui occupe alors une étendue de 4,836,013 mètres, renferme dans ses murs une population que l'étude des rôles de taxes à cette époque nous fait évaluer à 260,000 habitants; sur ce chiffre total, on ne compte que 26,000 ouvriers et artisans.

Au commencement du règne de Henri IV, la superficie de la Ville de Paris est de 5,678,178 mètres. Sa population est de 297,000 habitants. Les artisans et ouvriers ne dépassent pas le chiffre de 26,500 (1).

Pendant la minorité de Louis XIV, dans les mauvais jours de la Fronde, la Ville de Paris, dont la superficie était de 11,038,975 mètres, renfermait une population de 378,000 habitants, sur lesquels on comptait au moins 60,000 émeutiers, dont les sept huitièmes étaient entrés récemment dans Paris à la suite des troupes soutenant soit le cardinal Mazarin, soit le Parlement et le coadjuteur de Retz.

Dans un remarquable mémoire soumis le 22 avril 1665 au Roi Louis XIV par Pomponne de Bellièvre, premier Président du Parlement de Paris, au sujet de la fondation de l'Hôpital Général, le grand Magistrat s'exprime en ces termes :

«..... L'expérience m'a prouvé, Sire, que le Parisien, quand sa nature n'est pas contrariée, se laisse gouverner volontiers et facilement ; que l'artisan et l'ouvrier de Paris, par l'intelligence et le cœur, surpassent de beaucoup ceux de la province, d'un esprit moins subtil et moins clairvoyant.

» Cette supériorité tient peut-être aux nombreuses beautés qui décorent Paris, beautés qui exaltent l'intelligence et la préparent aux grandes choses.....

» Mais, Sire, il faut bien le reconnaître, si la population de Paris est difficile à conduire aujourd'huy, c'est qu'elle a été troublée par une autre population

(1) Rôles de taxes de 1603, 1604 et 1605.

qui s'est implantée dans la Capitale, au grand détriment d'ycelle.

» Il y a, par le fait de la négligence de la police, un grand malheur à craindre, c'est le perpétuel accroissement dans Paris des classes redoutables, en raison de la libre entrée dans cette ville de tous les bandits, gens sans aveu, mendiants, voleurs, et ambitieux de la province.

» Sire, la négligence est telle au sujet de cette défaillance de la police, que Paris, vostre Capitale, compte en ce moment *quarante mille individus* dont il faut assurer le pain, si l'on veut qu'ils ne le réclament pas l'épée à la main...

» D'après l'ordre de nostre digne et excellent amy *Alexandre de Sève*, Prévôt des Marchands, tous ces gens sans aveu ont été forcés de se faire inscrire à l'Hostel de Ville, où l'on a vu que sur ces 40,607 bohêmes, voleurs, bandits et mendians, on ne trouve que 1,716 Parisiens! »

En 1785, dans une superficie égale à celle qui est renfermée de nos jours par l'enceinte des fortifications, Paris, ainsi qu'une partie de son ancienne banlieue, renfermait à peine 590,000 habitants. De nos jours la même étendue en contient 2 millions (1).

C'est principalement depuis quinze années que

(1) Quel lien municipal réunit *les 2 millions* d'habitants qui s'y pressent ? (*Discours de M. le Préfet de la Seine*, 28 novembre 1864.)

l'augmentation de la population parisienne dans le sens des classes ouvrières, s'accuse rapide et foudroyante.

Quelle est la cause principale de cet envahissement de la Capitale par la province pauvre?

L'exagération des travaux exécutés dans Paris.

En prenant pour base d'un calcul de proportion l'accroissement inouï qui s'est manifesté dans cette période, en tenant compte aussi de l'attraction de plus en plus irrésistible que Paris doit exercer en poursuivant le système actuel, on aboutit à cette conclusion:

Dans un quart de siècle, la Capitale comptera 3 millions d'habitants, au moins, sur lesquels plus des deux tiers réclameront un travail permanent pour le pain de chaque jour et celui de leurs enfants.

Dans quelle situation l'Édilité actuelle aura-t-elle placé en 1890 le souverain qui s'appellera Napoléon IV?

Le trône de France dans Paris sera ballotté au milieu d'une mer houleuse.

Écoutons M. le Préfet de la Seine, lorsqu'il parle de cette partie de la population parisienne qui est appelée à se grossir démesurément, par le fait seul de l'accumulation des grands travaux dans la Capitale:

..... « Des ouvriers *par centaines de mille* affluent » à Paris pour chercher des salaires élevés et amasser » un pécule qui leur permette de se retirer ensuite » chez eux (1). Parmi ceux qui restent, s'il en est beau-

(1) Sur 100 ouvriers de la province ou cultivateurs qui

» coup qui arrivent par le travail, l'ordre et l'économie,
» à se faire une situation honorable dans la Ville.....
» d'autres, en trop grand nombre, ballottés incessam-
» ment d'ateliers en ateliers, de garnis en garnis, ayant
» pour tous foyers les lieux publics, pour toute pa-
» renté le bureau de bienfaisance, auquel ils s'adres-
» sent dans le malheur, sont de véritables nomades
» au sein de la société parisienne ; absolument dé-
» pourvus du sentiment municipal, ils ne retrouvent au
» fond de leurs cœurs le sentiment de la patrie que
» dépouillé de ce qui le précise, le guide et l'épure chez
» les populations sédentaires. »

On ne saurait critiquer l'Administration Municipale en termes plus vrais et mieux sentis. Certainement cette population provinciale ne s'est précipitée sur Paris, en si grand nombre dans ces dernières années surtout, que parce que nos Édiles leur ont jeté cette proie : d'immenses travaux à exécuter dans la Capitale.

Nous avons entendu dire, il est vrai, par certains financiers intéressés à poursuivre ce système d'exagé-rations, que ces grands travaux n'attiraient dans Paris que les ouvriers de bâtiment, et qu'en ce sens l'ac-croissement de la population parisienne ne présentait aucun danger. Ce fait est inexact ; l'augmentation du nombre des ouvriers de bâtiment est loin de résumer l'accroissement de la population ouvrière en général.

Beaucoup sans doute, en quittant leurs provinces,

viennent chercher du travail à Paris, 98 y restent, 2 seu-lement retournent dans leur pays.

avaient en vue de chercher du travail dans les démolitions et reconstructions dans Paris, mais tous ces émigrants ne pouvaient et n'ont pu y trouver place. Ils se sont rejetés alors sur les autres industries et le nombre des bras, augmentant sans cesse, dépasse de beaucoup aujourd'hui la somme du travail. De là, des chômages dont les ouvriers parisiens ont à souffrir, car les provinciaux se sachant moins habiles, s'embauchent d'ordinaire à prix réduits ; il en résultera d'un côté l'avilissement des salaires, de l'autre la cherté des vivres par l'accumulation dans la Capitale d'une population étrangère à Paris.

Ce sont là des vérités que l'Administration Municipale connaît, mais n'avoue pas ; les confesser, serait se condamner.

C'est à tort également que certains Magistrats attribuent cet accroissement formidable et si dangereux à l'achèvement de nos voies de fer. Ce sont bien là des facilités données à l'émigration de la province pauvre au préjudice de Paris, mais non l'attraction elle-même qui n'est irrésistible que sur les étrangers, les gens riches ou aisés.

Sans doute les classes ouvrières de la province se font aussi de Paris un Eldorado. Mais les voyages d'agrément leur sont-ils permis, les artisans provinciaux et les cultivateurs viennent à Paris parce qu'ils ont la pensée d'y travailler moins durement qu'en province, d'y vivre mieux en gagnant davantage.

Qui leur donne cette pensée toujours caressée comme une certitude? le Préfet de la Seine, lorsque le Magistrat prononce ces paroles que tambourine la presse tout entière :

« ... Je vous le demande, messieurs, lorsque nous » avons osé aborder avec une ressource libre, annuelle » qui n'atteignait pas 50 millions comme aujourd'hui, » qui n'était guère que de 17 millions et demi, un en- » semble de travaux auquel la Ville *a déjà consacré* » *plus de* 650 *millions...* »

Figurez-vous la figure d'un de nos paysans de la Lorraine, de la Champagne ou de la Normandie à la seule annonce d'une dépense de 650 millions en quel- ques années. Il n'achève pas la phrase de M. le Préfet, glorifiant son système ; le paysan répète ces chiffres for- midables en les accentuant : six cent cin-quan-te mil- li-ons...

La presse ajoute, ce qui est vrai et ce que le cam- pagnard retient : Ces 650 millions en ont fait dépenser quatre fois autant, car l'industrie du bâtiment est une bonne mère nourrice dont les mamelles donnent la vie, l'activité à vingt autres industries. Alors le paysan prend un morceau de craie quand son mur est noir, un morceau de charbon si le mur est blanc et nouvel- lement décrépi, puis la convoitise improvisant un comptable, il multiplie 650 millions par 4 et de sa bouche s'échappent ces paroles sacramentelles : 2 mil- liards 600 millions !

Faisant alors un retour sur lui-même et descendant des hauteurs où son exaltation l'a placé, il regarde son champ, et se dit :

« Ce lopin de terre me fait vivre ainsi que ma fa-

» mille, mais comment? Je me lève avec le jour et
» me couche à la nuit. La terre est lourde à remuer
» pendant quatorze heures ; à la fin de l'année peut-
» être ne verrai-je pas un louis d'or et un napoléon
» dormir fraternellement dans mon bas de laine.
» 2 milliards 600 millions semés dans une Ville! Si
» j'allais à Paris... je ramasserais quelques miettes de
» ce grand festin... » Il loue son champ et il part.

Quant à l'ouvrier de la province, l'un des motifs qui
expliquent son émigration dans les grandes villes et
trop souvent au préjudice de Paris, « c'est, dit
» M. Brame (1), l'espoir, en cas de chômage et de
» maladie, d'obtenir l'assistance, c'est l'espoir de ne
» pas arriver sans ressources au terme de sa carrière. »
—Voilà pour l'ouvrier laborieux qui abandonne sa province.

Pour le paresseux, c'est la certitude de gagner davantage en travaillant moins, c'est l'espoir aussi d'une
révolution.

Pour l'ambitieux, il manque d'horizon, il étouffe dans
les campagnes, dans les petites villes, partout hors à
Paris où il est prêt à tout oser pour parvenir quand
même.

Aussi l'on ne reconnaît plus le Parisien d'autrefois, si
gai, si spirituel, si heureux. Il est triste, isolé, perdu
parmi cette variété de peuplades de caractères oppo-
sés, de natures différentes et hostiles, sang mêlé, ap-

(1) *De l'Émigration des Campagnes*, par Jules Brame,
député du Nord.

pauvri, véritables bohémiens, ayant abandonné, père, femme, enfants, tout ce qui fait la joie de ce monde par l'accomplissement du devoir.

Résumons en termes sobres et précis notre opinion :

Cette agglomération provinciale dans Paris qui menace d'être monstrueuse, doit être un jour :

Dangereuse pour le Souverain,
Onéreuse à l'État,
Funeste à Paris,
Et mortelle aux ouvriers parisiens.

Dangereuse pour le Souverain — « Quand Paris » comptera ses habitants par plusieurs millions, écri- » vait M. le Comte de Chabrol, Préfet de la Seine, au » Roi Charles X, le 27 janvier 1830, un jour il advien- » dra, Sire, que les masses populaires, incessamment » troublées par l'écume de vos provinces, improvise- » ront dans Paris des républiques comme les armées » romaines de la décadence improvisaient des Empe- » reurs. »

Onéreuse à l'État. — Il sera contraint de maintenir toujours et quand même la France sur le pied de guerre pour contenir la Capitale.

Funeste à la Ville de Paris. — Parce qu'elle cessera d'être la Cité Reine des beaux-arts, du luxe et de la richesse, pour devenir une formidable Cité ouvrière, un Paris Vulcain, un Paris forgeron.

Mortelle aux ouvriers parisiens. —Parce que la concurrence fiévreuse, désordonnée que continueront de leur faire, toujours en plus grand nombre, les ouvriers provinciaux doit amener infailliblement l'avilissement des salaires.

Au lieu de forcer la main à la postérité, mieux eût valu que M. Haussmann se souvînt de son illustre devancier et qu'il ne craignît pas de confesser à l'Empereur Napoléon III ce que Myron osait dire au roi Henri IV :

« Sire, je comprends la noble ambition de votre
» Majesté , de laisser sur cette terre parisienne des
» traces glorieuses de son règne. Mais gardons-nous,
» Sire, d'exagérer les grands travaux dans Paris ; ils
» feraient fondre sur votre Capitale un essaim de
» paysans et d'ouvriers de vos provinces.

» Laissons les cultivateurs à leurs champs, les ou-
» vriers dans les villes secondaires où les uns et les
» autres sont utiles, tandis qu'à Paris, ils pourraient
» devenir nuisibles et dangereux.

» L'Édilité parisienne vous servirait mal en vous ca-
» chant cette vérité. Pour complaire à Napoléon III,
» l'Administration Municipale ne saurait faire périller
» le gentil Prince qui sera un jour Napoléon IV. »

CHAPITRE II

FINANCES MUNICIPALES

Dans les discussions qui vont suivre, ne perdons pas de vue le principe posé par nos anciens Échevins, principe qui doit être de tous les temps : administrer la Ville de Paris au mieux de la stabilité du pouvoir et des intérêts de la France.

Quelques années après la révolution de 1848, lorsque le calme rentra dans les esprits, le gouvernement bien inspiré, prit la résolution de ranimer dans Paris l'industrie du bâtiment et de commencer au profit de la Capitale une œuvre d'assainissement et de transformation.

C'était substituer également dans l'intérêt de la classe ouvrière une rémunération dignement gagnée, à l'espèce d'aumône infligée à nos artisans par les ateliers nationaux.

Mais il fallait que cette œuvre d'assainissement et de transformation d'une grande Cité fût poursuivie avec sagesse, avec mesure, non avec cette précipitation fiévreuse qui devait avoir pour conséquence d'exercer une attraction irrésistible sur les populations pauvres de nos provinces.

Tout s'enchaîne en administration : les travaux exagérés occasionnent des dépenses exorbitantes qui grèvent l'avenir qu'on n'a jamais le droit d'engager.

Que disent nos Édiles actuels pour préconiser leur système ?

« La meilleure preuve de l'excellente situation finan- » cière de la Ville de Paris, nous la trouvons dans ses » excédants de recettes qui se sont élevés en quatre » années, de 1861 à 1864 inclusivement, à 118 mil- » lions et demi. »

Nous répondons : Cette preuve est loin d'être irrécusable.

En regard de la situation présente que vous exaltez outre mesure, vous omettez à dessein les obligations onéreuses que vous imposez à l'avenir. En ne léguant à vos successeurs que des dettes à payer, vous les frappez d'impuissance.

Il faudrait, pour être justes et vrais, pour éclairer l'opinion publique, lui soumettre un budget *moral* de la Ville de Paris. Si son *actif* énumère des excédants de recettes, il est d'autres excédants qu'on doit représenter à son *passif :* les trois ou quatre cent mille provinciaux cultivateurs, ouvriers ou artisans qui sont venus par votre faute grossir rapidement la population de Paris.

Vos ressources se sont accrues, mais vos dettes aussi, car ce contingent provincial qui va peser sur la Capitale, ne quittera plus la ville de Paris, et vous êtes obligés de lui fournir du travail toujours et quand même. — Démontrons cette vérité.

Quels sont les éléments dont se compose le chapitre des recettes de la Ville de Paris? Le plus précieux, le plus lucratif — c'est l'octroi.

Qu'est-ce que l'octroi?

La perception de taxes abondantes sur les objets de première nécessité, sur les denrées les plus indispensables à la vie de l'homme.

Quels sont ceux qui consomment le plus?

Évidemment ceux qui travaillent davantage, le plus durement ; or, comme les classes laborieuses forment dans Paris la grande majorité, voilà sans contredit la vraie substance, la moelle de votre octroi.

Ainsi, plus vous exagérerez vos travaux, plus vous aurez d'excédants, mais aussi plus l'attraction que vous exercez sur la province pauvre deviendra irrésistible.

Une fois lancés dans cette voie, impossible de s'arrêter. C'est une locomotive chauffée à toute vapeur et outre mesure, il faut qu'elle se brise.

Voyez comme le tourbillon vous entraîne.

Vous commencez une œuvre utile, généreuse, empreinte d'un véritable caractère de grandeur et d'humanité.

Vous voulez effacer de la carte de Paris ces ruelles étroites, hideuses et malsaines qui faisaient la honte de la Capitale, et vous ouvrez de larges voies qui sont de précieux ventilateurs.

Pour épargner à Paris qui en est toujours dupe, à la France qui en est constamment victime, le retour de ces révolutions sanglantes et périodiques, vous créez des boulevards stratégiques aux lignes rigoureusement parallèles, à cette fin de faire bien comprendre que le canon pouvant s'interposer utilement, on n'ait plus la douleur de s'en servir.

Toutes ces idées sont à glorifier sans doute. Mais, pour les féconder pour cette œuvre immense, il faut du temps, et vous êtes impatients.

Un budget énorme ne vous suffit plus, vous empruntez et vous démolissez ici, là, partout dans Paris.

Soudain l'accroissement de la population se produit dans le sens toujours dangereux des classes pauvres, et la cherté des loyers s'accuse cruellement pour les petits surtout, et vous allez plus vite, et vous démolissez encore et toujours.

L'emprunt de 1852 vous a poussés à l'emprunt de 1855, puis celui de 1860 à 1865, et vous êtes condamnés aujourd'hui, par le seul fait de l'augmentation foudroyante de la population ouvrière, à perpétuer dans un intérêt de sécurité publique, les travaux entrepris d'abord en vue seulement d'assainir et de transformer Paris.

Est-ce un signe certain, infaillible de prospérité pour la Capitale, de sécurité pour l'État que l'augmentation des recettes de la Ville de Paris, ainsi que le prétendent tous les rapports émanant de nos Édiles actuels ?

L'histoire va leur répondre.

L'octroi de Paris, comme nous l'avons dit, est la réunion à peu près complète et sous un seul nom moderne, de toutes les taxes municipales frappant les objets de consommation et d'utilité matérielle.

Eh bien ! les taxes municipales n'ont jamais été relativement plus abondantes et plus productives qu'en 1427 et 1719.

En 1427, Paris était au pouvoir de l'étranger, et la bannière anglaise flottait sur l'Hôtel de Ville.

En 1719, le Régent partageait son temps entre les orgies du Palais-Royal et les combinaisons financières que suscitait la création de la banque de Law, qui aboutissait au tripotage des actions sur le Mississipi ; puis un premier ministre, un cardinal, était pensionné par l'Angleterre.

Cet accroissement de recettes à ces deux époques néfastes s'explique aisément.

En 1427, les Anglais consommaient effroyablement, et les bestiaux de nos provinces, dont ils se nourrissaient gloutonnement acquittaient aux portes de la ville des taxes abondantes.

En 1719, la population de la Capitale s'augmentait tout à coup de plus de trois cent mille provinciaux et étrangers accourus à Paris pour agioter.

De là un accroissement des recettes, mais par l'augmentation excessive de la population de Paris.

Hâtons-nous de dire que l'époque actuelle tranche glorieusement avec les années 1427 et 1719.

Mais enfin, il s'agit en ce moment d'une question budgétaire qu'il faut résoudre en ces termes :

La fièvre de la spéculation en 1719, et l'exagération des grands travaux de Paris, surtout depuis 1855, ont eu les mêmes conséquences : l'augmentation spontanée de la population de la Capitale.

Il est utile d'ajouter que cette augmentation présentait moins de dangers en 1719 que de nos jours, parce que le contingent provincial et étranger, qui avait grossi la population, quitta sous la régence du duc d'Orléans la Capitale après la chute du système de Law, tandis que la population ouvrière et provinciale qui est venue fondre sur cette ville dans ces dernières années, restera dans Paris.

Faisons un rapprochement qui doit donner à nos arguments la meilleure consécration.

En 1855, la population de Paris dépassait à peine

1 million d'habitants, et les produits de l'octroi étaient évalués dans le budget de cette année à 40 millions.

En 1865, l'octroi figure dans le budget municipal pour 86 millions, mais la population de la Capitale atteint presque le chiffre de 2 millions d'âmes.

Ceci n'est pas encore la vérité complète en faveur de notre argumentation. Il faut aussi tenir compte de l'augmentation considérable de la population des communes groupées autour et en dehors de Paris, augmentation résultant aussi de l'attraction que la Capitale exerce sur nos provinces.

Une nouvelle banlieue va se former, compacte, serrée, pour constituer avec Paris une ruche immense.

Si l'octroi, dans un quart de siècle, donne au budget 200 millions, vous subirez dans le département de la Seine une agglomération monstrueuse de 4 millions d'habitants, dont les trois quarts vous réclameront un travail incessant pour le pain de chaque jour.

Maintenant, examinons le rapport fait au Conseil Municipal par M. Devinck sur la situation financière de la Ville de Paris ; ce rapport a précédé et motivé le vote du budget de 1865.

Rappelons d'abord que ce budget est arrêté à la somme de 155 millions; les recettes ordinaires y sont évaluées à 130 millions. L'octroi, comme nous venons de le dire, y figure pour 86 millions, et l'excédant libre est enfin porté pour 35 millions. Nous négligeons les fractions, qui ne sont que des bâtons jetés dans les jambes de tout le monde.

Pour bien comprendre les opinions émises par l'honorable rapporteur du comité des finances, il faut rappeler que dans le compte des grandes opérations à réaliser, M. Devinck embrasse une période de dix années, et que ces opérations exigeront une dépense évaluée pour cette période à 551 millions.

Voyons maintenant de quelle manière la Ville de Paris entend faire face à ces dépenses.

Nous lisons page 7, § 1 du rapport :

Voies et moyens.

Bonis des exercices précédents........	10,501,985ᶠ
Subventions à recevoir de l'État, suivant État C...........................	24,016,666
Prix de vente de terrains à recevoir suivant État D......................	14,365,401
Terrains et immeubles à vendre suivant États E et H......................	92,132,204
Excédants libres des recettes ordinaires sur les dépenses ordinaires, amortissement acquitté......................	355,000,000
Plus-value progressive, à raison seulement de 1 million par année........	55,000,000
Total................	551,016,252ᶠ

§ 2

Emploi des voies et moyens.

Reste à dépenser dans les opérations en
participation avec l'État, suivant état A.   73,136,200ᶠ
Engagements suivant états B et F.....   149,948,938
Grands travaux à exécuter suivant état G.   58,438,700
Complément à dépenser pour les travaux
nécessités par l'annexion (1)........   120,000,000
Réserves pour travaux d'art et autres...   149,492,414

Total..............   551,016,252ᶠ

Nous disons à M. Devinck :

Le budget de la Ville de Paris est inintelligible.
Il ne dit rien, il n'apprend rien sur sa situation financière. Tout le secret de cette situation est dans les états
portés à la connaissance seulement du Conseil Municipal et dans l'emploi des moyens de trésorerie.

La situation actuelle est donc fausse.

En effet, si Paris est considéré comme MUNICIPE,
logiquement son Conseil doit être élu ; car l'élection
est l'essence de tout municipe.

Au contraire, dans un intérêt de sécurité publique,
si le régime franchement municipal entraîne des inconvénients, fait craindre des dangers, l'État, pour
un temps plus ou moins long, l'État absorbe le mu-

(1) L'emprunt des 250 millions modifiera cette évaluation de dépenses.

nicipe, lui enlève momentanément ses franchises et ses libertés. Mais alors et en vue même de ce grand intérêt de sécurité publique, le budget de la Ville de Paris doit être nécessairement examiné, discuté, voté comme le budget de l'État.

M. le Préfet de la Seine va donner à notre argumentation la meilleure des consécrations.

Dans la séance d'installation du nouveau Conseil Municipal, le 28 novembre 1864, M. le baron Haussmann s'exprime en ces termes :

« ... Par la composition de sa population, Paris ne
» peut être considéré comme *une Commune*, c'est au-
» tre chose, *c'est une Capitale.*

» *Paris appartient à la France entière.* C'est le cen-
» tre de la puissance publique, le séjour du Souverain,
» le siége de tous les grands corps de l'État et de pres-
» que toutes les institutions nationales. Tout y aboutit:
» grandes routes, chemins de fer, télégraphes. Tout en
» part : lois, décrets, décisions, ordres, agents... Les
» énergiques moyens de centralisation organisés à Pa-
» ris de siècle en siècle, par les divers gouvernements,
» *en ont fait l'âme de l'Empire...*

» A Paris se rencontrent en même temps et se déve-
» loppent par un mutuel contact toutes les intelligences,
» toutes les activités de la nation : c'est le foyer des
» lettres, des sciences, des arts ; c'est là que s'élabo-
» rent les idées, que s'exaltent les sentiments publics...

» N'est-il pas évident, dès lors, que de tous les actes
» d'administration purement municipale en apparence,
» qui peuvent s'accomplir dans une telle cité, il n'en

» est presque pas un seul qui ne touche à quelques
» égards *le gouvernement, la nation même*, ou des in-
» térêts de telle importance qu'ils se confondent à peu
» près avec l'intérêt public.

» L'ordre de cette Cité Reine est une des premières
» conditions de la sécurité générale ; sa splendeur re-
» jaillit sur tout le pays ; le bien-être de la population
» qui y passe *importe à presque toutes les familles de*
» *France* et n'est point indifférent à la paix publique...

» L'organisation *indépendante* de la municipalité de
» Paris, sous quelque forme qu'elle soit conçue, *ne*
» *serait autre chose que la création d'un État dans*
» *l'État.* »

Ce discours est une grande imprudence.

Jamais Magistrat municipal, Prévôt des Marchands
ou Préfet n'a fourni d'armes plus terribles aux adversaires de son administration.

Qu'aurait à faire le législateur qui voudrait démontrer l'urgente nécessité pour la France de voir examiner,
contrôler, voter le budget de la Ville de Paris par les
élus de la nation ? Le législateur n'aurait qu'à formuler en maximes courtes et serrées les paroles extraites
du discours de M. le Préfet, uniquement celles que
nous avons soulignées et que nous répétons :

« *Paris appartient à la France — Paris est l'âme*
» *de l'Empire — de tous les intérêts qu'il représente,*
» *il n'en est presque pas un seul qui ne touche à quel-*
» *ques égards le gouvernement, la nation même — le*
» *bien-être de sa population importe à presque toutes*
» *les familles de France — l'organisation indépen-*

» *dante de la municipalité de Paris ne serait autre*
» *chose que la création d'un État dans l'État — Paris*
» *n'est pas une Commune, c'est une Capitale.* »

On pourrait ajouter un dernier argument que M. le Préfet de la Seine a sans doute oublié de fournir au législateur. — « Lorsque la Ville a besoin d'argent, et cela lui arrive souvent, à qui s'adresse son Administration Municipale? A Paris uniquement? non, à la France entière. Or, il est assez juste et naturel de conférer à la France par ses représentants le droit de discuter le budget municipal, c'est-à-dire de se faire rendre compte de l'emploi de l'argent que la France a prêté à la Ville de Paris. »

Insistons sur le discours de M. Haussmann dont le grand tort est d'engager le Souverain.

Dans notre collection municipale, que la bienveillance de nos lecteurs enrichit depuis trente années de documents précieux sur l'histoire de Paris, nous possédons un grand nombre de discours prononcés par nos anciens Prévôts des Marchands et les Préfets qui leur ont succédé.

Eh bien! tous ces documents, empreints d'un caractère essentiellement administratif, sont en même temps des discours de conciliation et d'apaisement, tandis que ceux de M. le baron Haussmann ne sauraient être considérés que comme des controverses irritantes et fiévreuses.

Quelle nécessité commandait au Magistrat de soulever le flot dont le cristal était si parfaitement uni? Pourquoi frapper d'incapacité administrative dans le présent comme dans l'avenir, toute une population, celle de la première ville de France qui a bien le droit après tout d'aspirer aux libertés municipales, en donnant à l'autorité des garanties d'ordre et de dévouement.

De quel droit se substituer au Souverain pour s'ériger en régulateur des destinées de la France? Et pourquoi démolir, avant qu'il soit placé, le couronnement de l'édifice social sculpté par l'Empereur!

Comme on va le voir, ces réflexions ont une valeur d'actualité.

Pour continuer les grands travaux dans Paris, les augmenter encore, l'Administration Municipale, comme nous l'avons dit, embrassant une période de dix années, disposerait donc d'une somme de 551 millions; à cette somme il faut ajouter 250 millions qui lui rentreront par l'emprunt voté récemment — en tout 801 millions.

Dans le paragraphe premier, *voies et moyens*, on a vu que les excédants *libres* évalués à 35 millions par année formeraient un total de 355 millions dont l'Administration Municipale disposerait successivement et pendant cette période décennale.

Seulement ces excédants annuels vont diminuer parce qu'ils se trouveront grevés de 13 millions 800 mille francs pour le service de l'amortissement et des intérêts de l'emprunt de 1865.

Toutefois nous avouons franchemement que les innombrables travaux qui vont se poursuivre amèneront ce résultat que nous avons déjà constaté : une augmentation considérable de l'octroi de Paris par l'attraction de plus en plus irrésistible que ces travaux exerceront sur nos provinces.

Il est donc très-possible que les excédants de recettes n'auront pas à supporter de diminutions sensibles pendant cette période décennale, mais il est certain que Paris va subir une augmentation de plus en plus considérable dans sa population et principalement dans le sens des classes pauvres.

Sur ce chiffre de plus de 800 millions, 600 au moins seront appliqués à des travaux de viabilité qui remueront encore plus de 2 milliards 400 millions sur ce ter ritoire parisien qui contient à peine 7,802 hectares.

Cette accumulation de capitaux sur un seul point, dans une seule et même cité, n'est-elle pas préjudiciable aux autres villes.

Cette puissance irrésistible d'absorption que l'on fait exercer à Paris ne se produit-t-elle pas au détriment du pays tout entier?

En faisant ainsi refluer dans Paris toute l'activité, tout le sang de la nation, la France ne sera-t-elle pas un jour affligée d'un anévrisme au cœur?

Nous disons à M. Devink :

— Souvent, bien souvent nous nous sommes demandé si l'Administration Municipale faisait acte de prudence et de haute sagesse en épuisant ses ressources, en absorbant tous ses excédants libres au fur et à mesure qu'ils se produisent.

N'eût-il pas été plus convenable de profiter de ces dernières années de prospérité pour se créer un fonds de réserve assez considérable dans le but de parer aux éventualités de l'avenir ?

Les nations les mieux gouvernées, les capitales les mieux administrées sont-elles à l'abri des calamités ?

Interrogez l'histoire de nos trois derniers siècles — de 1565 à 1865 — en voici le bilan : quarante années de calme, d'abondance et de prospérité contre deux cent soixante de guerres, d'épidémies et de révolutions.

Vos excédants de recettes sont-ils à l'abri des éven-^tualités, et cela pendant une période de dix années ?

Qu'adviendrait-il si l'octroi qui les alimente venait à fléchir ; cela n'est-il pas arrivé ?

Puis, ces terrains et ces immeubles évalués par vous à 92 millions dans des états que le public ignore, en feriez-vous des ressources disponibles, liquides au lendemain d'un événement malheureux ?

Parmi ces terrains, il en est que vous portez à 500 francs le mètre. Ces terrains situés à l'ouest de Paris n'en valaient pas 20 il y a trente années.

Cette plus-value énorme, imméritée ne provient-elle pas de l'accumulation des travaux dans ces quartiers si privilégiés, et doit-on la considérer comme une plus-value normale ou factice ?

Les prix de ces terrains descendraient d'autant plus bas que les préférences de l'administration les ont élevés plus haut.

En face d'une calamité publique, tout ce que l'Administration Municipale pourrait faire, serait d'acquitter ses dettes, celles de l'année courante seulement ; quant à ses grands travaux il les faudrait suspendre tout à coup et cela en présence d'une population de 2 millions d'âmes dont les deux tiers au moins ont besoin d'une besogne continuelle pour le pain de chaque jour.

Nous ignorons si l'avenir approuvera l'Administration actuelle, mais nous savons que le passé la condamne.

Nos braves et dignes aïeux, les Échevins de la bonne Ville de Paris administraient autrement. Dans les années d'abondance et de prospérité ils faisaient sagement des économies sur les produits des taxes municipales et souvent bien leur en a pris.

Cette prudence leur a permis notamment d'acquitter une partie de la rançon du roi François Ier et d'aider Louis XIV à faire un roi d'Espagne avec un fils de France.

C'est en administrant avec sagesse que le comte de Rambuteau a pu laisser en 1848 la Ville de Paris sans dettes, libre, et que les économies d'autrefois ont permis les prodigalités d'aujourd'hui.

Examinons maintenant les articles de M. de Girardin.

Parmi les opinions émises par l'habile publiciste, discutons celles qui rentrent dans ce chapitre : *les Finances Municipales.*

« Lorsque les augmentations de revenus sont con-
» stantes, dit le rédacteur en chef de *la Presse*, lors-
» quelles sont la conséquence naturelle de l'accroisse-
» ment continu de la prospérité, CAPITALISER ces aug-
» mentations de revenus, les convertir en annuités

» d'emprunt, voilà le système de M. Haussmann, et
» quoi qu'en dise la routine se décorant faussement du
» nom de prudence, ce système est juste.

» En résumé et en définitive, qu'est-ce que l'em-
» prunt contracté dans ces conditions ? c'est le contre-
» poids nécessaire de la dette, c'est la juste répartition
» du fardeau.

» En d'autres termes : l'emprunt est l'impôt mis à
» la charge de l'avenir, en décharge du présent, pour
» faire équilibre à la dette, qui est l'impôt du passé à
» la charge du présent.

» Que l'on applique judicieusement à toutes celles
» des villes et des communes de France qui ont, à
» l'état latent, des facultés de consommation et des be-
» soins d'activité dont elles ne se doutent pas dans leur
» engourdissement, et l'on fera refluer la civilisation
» du centre aux extrémités, et l'on vivifiera la France,
» et l'on augmentera à la fois le crédit de la France par
» sa richesse et sa richesse par son crédit. »

Répondons tout de suite à M. de Girardin :

D'abord, le système financier de M. Haussmann
n'étant pas appliqué à toutes les villes, à toutes les
communes ayant des facultés de consommation et des
besoins d'activité, il en résulte que le crédit et la richesse ne peuvent refluer du centre aux extrémités.

C'est le contraire qui a lieu, et cela par l'exagération
des grands travaux dans Paris. En effet, ces immenses
travaux, ces dépenses exorbitantes dans la Capitale,
font que la vie, le mouvement, le crédit, la richesse, se

concentrent de plus en plus à Paris aux dépens des extrémités.

Que signifie cette phrase : *L'emprunt est l'impôt mis à la charge de l'avenir, en décharge du présent, pour faire équilibre à la dette qui est l'impôt du passé à la charge du présent.*

D'abord, vous n'avez pas le droit de dire cela en ce qui concerne l'ancienne administration par rapport à l'administration actuelle. Cette dernière ne paye pas les dettes du passé.

Si le comte de Rambuteau, dont l'administration fait sourire ses successeurs, ces Titans d'aujourd'hui, au lieu de laisser la Ville de Paris libre de tout engagement, eût fait contracter au Conseil Municipal quelque chose comme 400 millions de dettes, M. de Girardin pourrait-il nous dire ce qu'il en serait advenu après 1848 ?

Certainement la situation financière de la Ville eût pesé cruellement et pour longtemps sur le pays tout entier.

Voyons si l'opinion publique s'est privée de donner à l'Administration Municipale des leçons d'économie.

L'emprunt de 1860 s'est-il réalisé facilement ? En ce qui concerne l'emprunt de 1865, le gouvernement sagement inspiré, n'a-t-il pas rogné la portion afférente à l'ancien Paris ? Si le Corps Législatif a voté les 250 millions, c'est en imposant l'obligation à l'Autorité Municipale d'en affecter les quatre cinquièmes à la zone annexée, à cette fin d'acquitter une dette sacrée.

L'emprunt est l'impôt mis à la charge de l'avenir, dit **M.** de Girardin.

Mais de quel droit engagez-vous l'avenir?

Vous nous répondrez : nous léguerons à nos enfants un Paris mieux aéré, plus somptueux, plus riche, donc il est juste que les fils payent les dettes de leurs pères !

Les enfants pouraient bien répliquer : les dettes contractées en vue d'une nécessité quelconque, nous le voulons bien, mais les fantaisies, mais les prodigalités?

— Où sont ces fantaisies, ces prodigalités? — Des preuves !

— Des preuves? nous allons en donner, vous en accabler dans le chapitre suivant.

CHAPITRE III

LE PLAN DE PARIS — SON MODE D'EXÉCUTION

Ce chapitre est toute la question, aussi devons-nous lui donner l'importance nécessaire et les développements qu'il comporte.

La première idée d'un plan d'ensemble de Paris remonte au règne de Henri IV.

Dans l'édit du 16 janvier 1603, on remarque cette phrase : « Toutes les voyes à créer dans les Marais du Temple seront exécutez conformément à nostre plan d'ensemble que nous avons fixé et arretté par nos lettres patentes du mois de juin 1602..... Nous voulons, ajoute Sa Majesté, que les deux partyes de nostre bonne Ville de Paris, que sépare le fleuve de Seyne, soyent traictées comme deux bonnes sœurs jumelles. »

En ne comptant les améliorations réalisées sous le règne de Henri IV, qu'à partir de l'entrée du Roi dans Paris, c'est-à-dire de 1594 à 1610, on voit qu'il a été construit dans cette période de seize années 68 rues ou places dans cette ville, savoir : 35 sur la rive droite et 33 sur la rive opposée; cette équité administrative était un témoignage d'obéissance aux sages prescriptions du Roi.

Ces voies publiques appartenaient pour la plupart, sur la rive droite à ces parties de la ville connus depuis sous les noms de quartiers du Marais, de l'Arsenal et de Bonne-Nouvelle. Les rues créées sur la rive gauche sont renfermées dans les emplacements qu'on dénomma plus tard quartiers de l'École de Médecine, de la Monnaie et du Faubourg Saint-Germain.

Cette idée d'un plan d'ensemble de Paris fut encore développée sous le règne de Louis XIV comme le témoigne le document qui suit :

ÉDIT DE 1676 *portant que le nouveau plan de la Ville de Paris sera exécuté.*

« Louis, etc... Après avoir donné la paix à nos peuples par la force de nos armes, nous avons considéré les ouvrages publics et tout ce qui pourroit procurer à notre royaume d'avantages et de commodités, comme objets dignes de notre application. Nous l'avons employée particulièrement pour notre bonne Ville de

Paris, afin que la Capitale de nos États en pût mieux
faire connoître *la grandeur aux étrangers* par le nombre et la beauté de ces ouvrages, et marquer à la postérité le bonheur de notre règne; à cet effet, nous
aurions ordonné à nos très-chers et bien-amés les
Prévost des Marchands et Échevins de notre bonne
Ville de s'appliquer à ce qui contribue principalement
au bien-être et à l'avantage de ses habitants, et ensuite
à l'embellissement de Paris, soit par la construction de
nouveaux quais et de nouveaux ports capables de recevoir les provisions nécessaires; de plusieurs fontaines,
en des lieux éloignés de la rivière, pour y distribuer
des eaux publiques en abondance; des nouvelles portes
et d'un rempart pour former l'enceinte de la Ville, soit
par l'élargissement et l'ouverture des rues et des passages servant à la communication des nouveaux quartiers dont les plans ayant été examinés en notre conseil, nous en aurions ordonné l'exécution par les arrêts
des 19 mai et 1er juillet 1669, 7 juin et 31 décembre
1670, 17 mars, 22 avril, 25 juillet, 28 dudit, 11 octobre
et 20 novembre 1671, 6 juin, 11 octobre et 3 novembre 1672, 13 mars et 23 juillet 1673, 30 mars
et 29 janvier dernier; mais ayant estimé à propos de
pourvoir à ce que les ouvrages qui pourroient être
faits à l'avenir dans la ville SOIENT RÉGLÉS SUR UN
PLAN CERTAIN, nous aurions ordonné auxdits Prévost
des Marchands et Échevins de faire lever exactement le
plan de la Ville, et d'y marquer non-seulement l'état
où elle se trouve à présent par les ouvrages qui ont été
faits suivant nos ordres, mais encore ceux que nous

entendons y être continués et achevés pour la plus grande décoration ; à quoi lesdits Prévost des Marchands et Échevins ont satisfait, et voulant qu'il soit exécuté...

» A ces causes, de l'avis de notre Conseil, qui a vu ledit plan et de notre certaine science, pleine puissance et autorité royale, nous avons confirmé et approuvé, par ces présentes *confirmons et approuvons ledit plan, voulons et nous plaît qu'il soit exécuté selon sa forme et teneur, et que les ouvrages qui y sont marqués soient faits lorsque les occasions s'en présenteront et dans les temps qu'il nous plaira ordonner, en dédommageant, s'il échoit, par lesdits Prévost des Marchands et Échevins, ceux dont les héritages se trouveroient dans le dessin ; et, à cet effet, ordonnons que ledit plan sera déposé et conservé dans l'hostel de notre dite Ville de Paris pour servir et avoir recours quand besoin sera,*

» Donné à Versailles, au mois de juillet l'an de grâce 1676 et de notre règne le 34ᵉ.

Signé, Louis. »

Cent treize années après la promulgation de cet édit du Roi Louis XIV, un événement vint favoriser les améliorations de Paris d'après un système d'ensemble.

Le 2 novembre 1789, l'Assemblée Constituante supprimait les ordres monastiques et déclarait les biens du clergé propriétés nationales et aliénables.

A cette époque, on comptait dans Paris 3 abbayes d'hommes, 6 de femmes, 43 couvents ou communautés d'hommes, 65 couvents ou communautés de femmes, 69 églises dépendant de communautés religieuses, 39 chapelles publiques et 53 colléges.

Parmi ces établissements, on en voyait qui surpassaient en étendue nos villes de quatrième ordre.

Il eût été difficile, impossible même de trouver des acquéreurs pour des domaines aussi vastes, car alors les grandes fortunes se cachaient ou fuyaient à l'étranger.

Pour rendre possible l'aliénation fructueuse de ces anciennes maisons religieuses, il fallut songer à les morceler.

Cette nécessité donna bientôt naissance à la création si manifestement utile d'une Commission dite des Artistes, en vertu d'un décret dont la teneur suit :

CONVENTION NATIONALE.

Séance du mardi 4 juin 1793.

La Convention Nationale décrète ce qui suit :

« ART. 1er. L'Administrateur des Domaines nationaux est autorisé à faire graver, au trait seulement, et d'après le plan général de la Ville de Paris, dressé par le citoyen Verniquet, sur l'échelle d'une demi-ligne par toise, les plans particuliers de tous les établissements nationaux existant dans l'étendue de cette Ville et parties adjacentes, en distinguant les propriétés particulières qui s'y trouveraient enclavées, ou qui les borneraient, et avec indication des rues aboutissantes. »

» ART. 2. L'Administration des Domaines nationaux

» délivrera des exemplaires de ces plans aux artistes
» qui se soumettront à proposer, dans un délai déter-
» miné, la division et les percées qui peuvent ac-
» croître la valeur de ces établissements, en faciliter
» la vente ; le tout à la charge, par lesdits artistes, de
» donner l'estimation de chacun des lots, et de se con-
» former aux alignements qui seront ordonnés par la
» Commission de la Municipalité, chargée des travaux
» publics dans la Ville de Paris, et autres autres con-
» ditions qui pourraient être déterminées par des mo-
» tifs d'utilité publique.

» Art. 3. Les artistes dont les plans auront été
» adoptés ensuite de l'avis des corps administratifs, re-
» cevront une indemnité qui sera réglée de concert
» entre l'Administrateur des Domaines nationaux, le
» Département et la Municipalité de Paris.

» Art. 4. La Trésorerie tiendra à la disposition de
» l'Aministration des Domaines nationaux une somme
» de 12,000 livres, pour pourvoir aux frais de gra-
» vures et tous autres relatifs à ladite opération.

» Art. 5. L'Administration des Domaines nationaux,
» après s'être concertée à cet effet avec la Municipalité
» et le Département de Paris, mettra sous les yeux de
» la Convention, dans le plus bref délai, l'état des mai-
» sons nationales, à la vente desquelles il sera conve-
» nable de supercéder, à raison de leur situation et de
» la nécessité où l'on pourrait être de les démolir pour
» faciliter la division des grandes propriétés. »

Pendant neuf années, nous avons été chargé, comme
employé de l'Administration Municipale, d'exhumer

ces clauses trop longtemps oubliées et d'en tirer profit pour la viabilité dans Paris.

Tout en remplissant la mission qui nous était confiée, nous voulions être bien pénétré de la pensée mère qui avait donné naissance à ce mode d'aliénation des Domaines nationaux.— Cette pensée la voici :

L'État, en mettant la main sur ces établissements religieux, voulut tirer bon parti de ces immeubles dans l'intérêt de sa propre conservation. En les morcelant, le gouvernement identifiait, pour ainsi dire, les acquéreurs au nouvel ordre de choses, car un retour vers le passé eût compromis leurs intérêts et mis en doute le bénéfice de leurs acquisitions.

Telle fut la pensée politique du morcellement. Voyons maintenant la question financière, et le bien-être de la Ville. Il y avait avantage à fractionner ces immeubles, à les faire traverser par des voies nouvelles, parce que les habitations qui allaient être construites en bordures devaient doubler, tripler le prix des terrains à vendre.

L'État possèdait la huitième partie de tout l'emplacement occupé par la Ville de Paris, c'est-à-dire plus de 4,400 propriétés. Disons que cette partie considérable était généralement celle qui avait résisté jusqu'alors aux améliorations, où tout était à créer.

Ajoutons à la nomenclature des couvents supprimés les biens considérables qui provenaient d'émigrés ou de condamnés, des frères du Roi, du Domaine de la Ville : avec des ressources aussi puissantes, avec un tel levier et du génie administratif, on devait obtenir de grands résultats en faveur de l'amélioration de la Ville de Paris.

Malheureusement, l'exécution fut au-dessous de la pensée. Disons pourquoi. La Ville de Paris, dans cette grande opération, n'eut qu'un rôle secondaire ; elle subit un plan, elle devait l'étudier, puis l'appliquer. L'État se préoccupa beaucoup trop de la question d'argent ; la Ville, pas assez de l'utilité administrative. L'un dit à ses agents : Tracez-moi cette rue de manière à rendre productive la vente des terrains ; l'autre laissa faire, alors qu'elle pouvait dire à son tour : Vous voulez faire de l'argent, soit ; mais j'entends améliorer la Ville. Soumettez donc votre pensée fiscale à ma pensée administrative.

Examinons maintenant le plan de la commission des artistes. — Si l'on cherche à étudier ce travail graphique dans tous ses détails, on y rencontre parfois des défauts, quelques vices même. Mais les uns et les autres tiennent à l'époque :

Ainsi, telle rue doit être percée, telle place ouverte, non uniquement pour répandre l'air et la vie, mais pour détruire un monument, pour abattre une croix, pour faire de l'argent.

Des architectes ont bien dressé ce plan. On aperçoit, on devine certaines idées heureuses, utiles grandes ; mais des hommes politiques leur ont dit trop souvent : Coupez cet hôtel, abattez ce palais, renversez cette église ; nous ne voulons plus de nobles, nous n'avons plus de roi, nous ne croyons pas en Dieu !...

Chaque fois que les architectes ont pris seulement

pour guide l'amélioration de la Ville, chaque fois que l'imagination des artistes est restée libre, la pensée a été grande, généreuse et bien traduite.

A présent, descendons aux détails.

Les projets indiqués sur le plan de la commission des artistes sont au nombre de *cent huit*. La rive gauche compte soixante projets, la rive droite n'y figure que pour quarante-huit.

Les projets exécutés *entièrement* sur la rive gauche sont au nombre de six.

Les voici :

Rues d'Arcole, de Poissy et de Pontoise; quai de Montebello et Saint-Michel ; projet de la commission remplacé par la rue Pascal ; prolongement de la rue Soufflot, prolongement de la rue Racine.

Onze projets ont été *réalisés en partie* sur la même rive, savoir :

Rues de Constantine, du Marché-aux-Fleurs, quais de l'Archevêché et du Marché-Neuf ; rues d'Ulm, du Cadinal-Lemoine, du Val-de-Grâce, Julienne.

Passons à la rive droite. Onze projets ont reçu successivement une complète exécution.

Les voici :

Rues Castex, Neuve-Ménilmontant, de Rambuteau, de Montesquieu ; prolongement de la rue Vivienne, rues du Marché-Saint-honoré, de Castiglionne, de Mondovi, du 29 Juillet, Neuve-du-Luxembourg, de la Paix, Neuve-Saint-Augustin.

Quatre projets sur la même rive n'ont reçu qu'une

exécution partielle : ce sont les rues de la Chaussée-des-Minimes, Molay, du Caire, de Rivoli.

Ces résultats paraissent peu importants si l'on envisage le programme.

Toutefois, par le peu qu'on a fait, on comprend qu'on eût pu faire beaucoup, et cependant nous n'avons envisagé ici qu'un côté de la question. — Voyons celui qui a rapport aux alignements de nos rues. Supposons d'abord un plan de Paris convenablement étudié, un plan d'ensemble plein d'harmonie dans toutes ses parties, puis le Corps municipal de Paris chargé, dès le principe, de l'exécution des 2,400 clauses de voirie, imposant les élargissements de rues *sans indemnité*. Le bien qu'on aurait pu réaliser sans frais, sans dépenses, eût été par la suite considérable, car ces immeubles s'étaient fractionnés à l'infini, et par l'effet de ce morcellement, ces 2,400 immeubles trente années après leur vente présentaient plus de quatre mille propriétés.

A notre avis, tous les dossiers des ventes nationales étaient utiles, car beaucoup d'acquéreurs avaient envahi la voie publique surtout dans les quartiers excentriques, et une administration intelligente et justement sévère les eût ramenés facilement à la raison.

Il serait trop long de rappeler ici les modifications que le plan de Paris a subies successivement ; ces modifications se trouvent d'ailleurs énumérées dans un mémoire soumis par nous au Conseil Général de la Seine dans sa session de 1850 (1), mémoire dont nous

(1) Voir notre collection de *la Revue Municipale*, nᵒˢ des

allons nous occuper et qui motiva de la part de ces magistrats un vote unanime en faveur des idées que nous émettions.

Dans le chapitre consacré aux Finances municipales, nous avons rendu pleine et entière justice à l'administration si sage et si prudente du comte de Rambuteau. Toutefois, notre respect et notre affection pour l'ancien Préfet ne vont pas jusqu'au fanatisme, et nous devons dire que, sous le rapport de l'étude du plan de Paris, son Administration laissa beaucoup à désirer.

Cette étude dérivait, selon nous, d'un système de fractionnement qui ne devait produire que des résultats à peu près négatifs.

Le travail des alignements des rues de Paris se faisait par *quarante-huitièmes* confiés à un ou plusieurs commissaires-voyers opérant isolément. Il arrivait souvent qu'on proposait pour une grande communication appartenant à plusieurs quarante-huitièmes des alignements différents et qui se contrariaient.

Ici nous empruntons à notre mémoire au Conseil Général de la Seine quelques faits qui témoignent des inconvénients de ce mode d'éparpillement.

1°

« Une grande voie de circulation existe depuis longtemps entre les *barrières Saint-Denis et d'Enfer*. Elle coupe Paris en deux, du nord au sud. C'est bien là

1ᵉʳ, 16 novembre, 1ᵉʳ décembre 1850, 1ᵉʳ et 16 janvier 1851.

une grande artère qu'on peut appeler *traverse nationale*, et dont l'alignement devait être étudié dans tout
son parcours. Pourtant, on a opéré pour la même
voie par portions, par tronçons, et l'on est arrivé à ce
triste résultat :

Rue du Faubourg-Saint-Denis, largeur. 14 m. 60 c.
Rue Saint-Denis...................... 13   »
Rue de la Barillerie (1).............. 11   60
Rue de la Harpe (2)................. 13   »
Rue d'Enfer (3)..................... 12   »

Ainsi il n'y a pas une seule fraction de cette même
voie dont l'alignement soit semblable. »

2°

« Grande artère entre les *barrières de la Villette et
Saint-Jacques.*

La circulation de cette grande voie est desservie par
huit rues qui n'ont qu'une même direction ; voyons ce
qu'on a fait :

Rue du Faubourg-Saint-Martin, largeur. 18 m.
Rues Saint-Martin, des Arcis, de la
    Planche-Milbray.................... 14 m.
Rue de la Cité....................... 15
(La largeur de la rue du Petit-Pont n'est
    pas encore déterminée).

(1) Aujourd'hui confondue dans le boulevard du Palais.
(2) Maintenant boulevard Saint-Michel.
(3) confondue comme la rue de la Harpe dans le boulevard Saint-Michel.

Cette absence d'alignement pour la rue du Petit-
Pont accuse assez haut l'imprévoyance et démontre
clairement l'absence d'un système d'ensemble.

3°

« Une grande communication existe par les rues
Neuve-Saint-Nicolas, Neuve-Saint-Jean (1), des Pe-
tites-Écuries, Richer, de Provence et Saint-Nicolas-
d'Antin. Cette grande ligne est parallèle aux boulevards dont elle évite les pentes. C'est pour ainsi dire
le trop plein de cette magnifique promenade qui se
déverse dans cette grande voie.

Rappelons qu'une ordonnance royale, du 6 mars
1828, autorisa l'expropriation des rues Neuve-Saint-
Nicolas, et Neuve-Saint-Jean, la première sur une
largeur de 13 mètres, la seconde à 12 mètres. Rien
n'eût été plus simple que d'étudier simultanément
toutes les parties de cet artère dont deux sections
étaient approuvées.

A cette époque, les rues Richer, de Provence, Saint-
Nicolas-d'Antin, étaient en grande partie bordées de
murs de clôture ou de constructions peu importantes ;
mais chacune de ces rues, qui ne forment pourtant

(1) Les rues Neuve-Saint-Jean et Neuve-Saint-Nicolas,
sont désignées maintenant sous le nom de rue du Châ-
teau-d'Eau.

qu'une seule et même communication, appartient à un 48ᵉ différent. La rue Richer est du 38ᵉ, la rue de Provence est du 39ᵉ, et la rue Saint-Nicolas du 41ᵉ.

Le 23 août 1833, une ordonnnance royale fixe la largeur de la rue Richer à dix mètres. Seize ans après, au mois de juillet 1849, deux décrets arrêtent l'alignement des rues Saint-Nicolas et de Provence à 12 mètres, frappant ainsi d'une dépréciation énorme des immeubles considérables et d'une construction toute récente (1).

Telle était la situation du plan de Paris sous l'administration du comte de Rambuteau, et nous le répétons, cette situation laissait beaucoup à désirer.

Après 1848, le Gouvernement provisoire commit la faute de n'appeler à la direction des grandes affaires de la Ville que des hommes politiques complétement étrangers à l'Administration Municipale. Au lieu de décréter que le Louvre s'appellerait *Palais du Peuple* et les Tuileries *Hospice des Invalides Civils*, mieux eût valu occuper les ouvriers à des travaux rémunérateurs et profitables à la Ville de Paris.

L'ordre et la régularité dans les différents services administratifs ne commencèrent à se rétablir qu'après la nomination de M. Berger.

On sentit alors la nécessité d'étudier à nouveau le plan de Paris d'après un système d'ensemble.

La nouvelle administration n'avait pu fonctionner

(1) L'alignement de 1849, résultat de ce fractionnement, a grevé la seule RUE DE PROVENCE D'UNE SERVITUDE DE PLUS DE DIX MILLIONS !...

utilement qu'en rappelant dans son sein les membres les plus habiles de l'ancien Conseil Municipal.

Ce fut en nous inspirant de leur savoir et de leur expérience que nous rédigeâmes un rapport sur cette question si intéressante du Plan de Paris. Ce rapport, soumis au Conseil Général de la Seine, motiva la délibération suivante :

Commission Départementale faisant fonctions de Conseil Général de la Seine

Séance du 5 novembre 1850

PRÉSIDENCE DE M. LANQUETIN.

Sont présents : *MM. d'Argout — Bixio — Bonjean — Boulatignier — Bourdon — Chevalier — Delestre (rapporteur) — Devinck — Didot (Firmin) — Dupérier — Eck — Fleury — Flon — Garnon — Legendre — Lejemtel — Manceaux — Moreau (Auguste) — Moreau (de la Seine) — Moreau (Ernest) — Pelouze — Périer — Peupin — Picard — Possoz — Prélard — Ramon de la Croisette — Riberolles — Riant — Say (Horace) — Ségalas — Ternaux (Mortimer) — Thayer (Édouard) — Thibaut (Germain) — Thierry — Tronchon — Vavin.*

...Le même rapporteur (*M. Delestre*) entretient la Commission d'un autre mémoire particulier, coté B (1), dans

(1) Notre premier Mémoire au Conseil Général de la Seine (*Mémoire coté A*) concernait les façades symétriques et monumentales de nos places publiques, telles que les

lequel *M. Louis Lazare* appelle l'attention du Conseil Général sur la nécessité d'établir, en vue des besoins que peut présenter *un avenir assez prochain*, UN PLAN D'ENSEMBLE DES RUES DE PARIS, en coordonnant leur direction avec celles des grandes voies de communication situées à l'extérieur de la Ville. Cette idée a paru présenter un certain degré d'intérêt au Comité, qui propose en conséquence, à l'approbation de la Commission la délibération suivante :

La Commission Départementale, considérant qu'il est dans l'intérêt du département de la Seine de coordonner les voies de circulation dans *l'intérieur* de Paris avec les grandes voies de communication de *l'extérieur*, délibère :

M. le Préfet est invité à nommer une Commission à l'effet d'étudier et de proposer un plan d'ensemble d'alignement des rues de Paris considérées dans leur rapport avec les abords des chemins de fer et des routes nationales et départementales. (Pages **111** et **112** du volume.

Rappelons les principes qu'il importait, selon nous, de faire prévaloir.

1° *Étudier le Plan de Paris jusqu'aux fortifications;*

2° *Combiner tous les projets de manière à faire*

places *Royale*, *Vendôme* et *des Victoires*, dont l'architecture avait subi des altérations regrettables par le fait des propriétaires et la négligence de l'Administration.

A l'unanimité, le Conseil Général émit le vœu de faire respecter l'architecture de ces monuments, dont les dégradations se continuent encore aujourd'hui.

rayonner librement la circulation, du centre aux extrémités de la Ville ;

3° Se tenir tout prêt, lors de l'annexion à la Capitale des Communes suburbaines, à compenser, par des améliorations instantanées, le préjudice causé à ces localités par l'octroi de Paris ;

4° Les études terminées, soumettre le Plan d'ensemble à une enquête publique, d'une durée d'au moins trois mois, pour que les intéressés aient le temps de formuler utilement leurs opinions ;

5° L'enquête achevée, en faire connaître les résultats au Conseil Municipal, convoqué extraordinairement à cet effet, et chargé de classer les différents projets par degrés d'utilité générale, devant impliquer nécessairement l'ordre et l'époque de leur exécution ;

6° Établir une distinction indispensable entre les voies à réaliser par l'Administration et celles à confier à des Compagnies financières, tout en classant les percements par degrés d'utilité ;

7° Dresser les plans et faire les devis des voies à concéder — indiquer pour chacune d'elles la subvention accordée par l'administration — convier toutes les Compagnies à l'exécution successive de cette partie du plan de Paris — les obliger à fournir en temps et lieu un cautionnement — se décider enfin en faveur de celles qui offriraient à la Ville le plus d'avantages et donneraient les meilleures garanties ;

8° Rendre publics — le classement des projets arrêtés, — les époques déterminées pour leur exécution, — les différentes subventions accordées par la Ville, — les *soumissions adressées à l'Administration par les Compagnies, — le texte des délibérations du Conseil Municipal, approuvant les traités passés entre le Préfet de la Seine, agissant au nom de la Ville de Paris, et les Sociétés concessionnaires.*

Tels étaient les principes qui nous avaient servi de guides dans la rédaction de notre Mémoire au Conseil Général.

Ajoutons que ces principes étaient conformes en tous points à nos traditions municipales, tellement favorables à la publicité, qu'un ancien Prévôt des Marchands, Oudard le Féron, avait l'habitude de dire :

« — Nous voudrions que l'Hôtel de Ville fût un Palais de verre, à cette fin que nos Administrés pussent voir tout ce qui s'y passe ; nous ne pourrions que gagner à ne leur laisser rien ignorer. »

Maintenant nous allons mettre en présence le système que nous venons d'exposer et le mode suivi par l'Administration Municipale dans l'*application* du plan d'ensemble de Paris.

Rappelons d'abord que la nomination de M. Haussmann comme Préfet de la Seine date du 23 juin 1853, et, comme on le sait, l'annexion à Paris des communes suburbaines ne s'est effectuée qu'en 1860.

Le Magistrat avait donc le temps nécessaire et au delà pour étudier Paris jusqu'aux fortifications, arrêter tous les tracés et faire lever les parcellaires.

Aucun argument ne saurait affaiblir cette vérité. Outre le vœu émis par le Conseil Général, le fait seul de l'établissement des fortifications impliquait nécessairement, dans un avenir plus ou moins prochain, l'extension des limites de Paris jusqu'à la nouvelle enceinte.

Cependant, le Plan de Paris ne fut étudié par M. Haussmann, de 1854 à 1860, c'est-à-dire pendant six années, que jusqu'à l'ancien mur d'octroi.

Qu'en est-il résulté?

L'Administration Municipale n'a pu appliquer qu'en 1865 son travail d'ensemble au profit de la zone annexée, car il lui avait fallu les cinq années qui ont suivi l'agrandissement de Paris pour compléter son plan jusqu'aux fortifications.

Si l'Administration, au contraire, avait utilisé les cinq années antérieures à l'extension des limites de Paris, le jour où nos Édiles ont frappé du droit d'octroi toute une population relativement pauvre et, par cela même, digne plus qu'aucune autre de sa sollicitude, il eût été possible, alors qu'on faisait contribuer ces localités, de leur accorder simultanément des compensations.

Mais on leur a dit : Payez d'abord, nous ne sommes pas prêts, nous verrons plus tard.

C'est pour cela que nous avons écrit et que nous répétons : L'emprunt de 1865, qui affecte 200 millions à la zone annexée, n'est que l'acquit d'une dette sacrée; et l'on peut ajouter : C'est une lettre de change à laquelle l'Administration a fait honneur, mais après l'avoir laissé protester.

Examinons, maintenant, le mode d'*application* du

Plan de Paris tel que M. le Préfet l'a étudié d'abord, c'est-à-dire jusqu'aux murs d'octroi seulement.

En ce qui concerne les projets de percements, les combinaisons, les agencements des différents tracés en vue de donner satisfaction à toutes les nécessités d'une circulation de plus en plus exigeante, M. Haussmann a déployé d'ordinaire une intelligence des plus remarquables.

Mettons en première ligne les boulevards de Sébastopol, Saint-Michel, du Prince-Eugène, de Magenta, les rues de Turbigo, de Réaumur, le périmètre des Halles Centrales, si savamment étudié, l'achèvement de la rue de La Fayette, et surtout l'admirable transformation du canal Saint-Martin en une avenue magnifique si heureusement décorée du nom de Richard-Lenoir.

Toutes ces voies précieuses au point de vue de la sécurité publique, sont en même temps des créations étincelantes de grandeur et d'utilité générale (1).

Nous n'en dirons pas autant du boulevard Saint-Germain, dont le tracé trop près de la Seine coupe sans utilité des hôtels historiques et bâtis pour des

(1) Voici cependant une observation à l'adresse du Conseil Municipal de Paris : — le boulevard de Sébastopol compte 122 maisons, savoir : 56 sur le côté droit, et 66 sur le côté gauche. Sur ce nombre de 122 maisons, 3 possèdent des cours convenables, 15 n'ont que des puits en forme de cours, et 104 maisons privées de cours ne peuvent être considérées que comme de véritables placards. La situation de la rue de Rivoli prolongée est plus affligeante encore.

grands seigneurs comme nos financiers n'en sauront jamais construire.

Tous les abords de la gare de Rouen et du nouvel Opéra laissent singulièrement à désirer, et l'on eût pu donner à la colonne triomphale de la place Vendôme, en prolongeant la rue de la Paix, un complément plus heureux que la perspective du Grand Hôtel si cruellement bourgeois.

Les études concernant la zone annexée sont moins bien entendues et les tracés moins habilement agencés que ceux qui intéressent l'ancien Paris.

Mais ce qu'il importe en ce moment, n'est pas de discuter la valeur des tracés plus ou moins utiles, mais bien d'indiquer, de creuser leur mode d'exécution.

Nous avons dit qu'il eût été convenable, vraiment municipal de soumettre les résultats des études d'ensemble concernant le Plan de Paris, à une enquête sérieuse pour classer ensuite tous les projets par ordre d'utilité et par date d'exécution.

M. le Préfet a procédé d'une toute autre façon. Après avoir étudié le plan de Paris jusqu'à l'ancien mur d'octroi, il a commencé la réalisation de ses projets ici, là, partout.

L'opinion publique a-t-elle été consultée sur l'utilité générale de ces créations ?

Pas le moins du monde ; on s'est borné à soumettre à des enquêtes partielles des tronçons de rues ou de boulevards dont il était impossible de discuter la convenance, encore moins la nécessité.

En ce qui concerne les Compagnies, loin de provoquer la concurrence en les conviant à l'exécution d'une partie du plan d'ensemble de Paris, le public n'a connu les préférences de l'Administration qu'au moment où ces sociétés financières se sont mises en rapport direct avec les expropriés.

Quant aux clauses et conditions insérées dans les traités passés entre la Ville de Paris et les concessionnaires, on les a rarement portées à la connaissance des administrés, même après l'exécution des voies publiques motivant ces transactions.

Ce n'est pas tout. L'Administration Municipale, après la réalisation des rues ou boulevards dont elle s'était réservée l'exécution, s'est trouvée en possession de terrains assez considérables.

Pour les vendre avantageusement, comment devait-on procéder ?

En provoquant la concurrence des acheteurs par la publicité.

Aucune annonce de ces ventes n'a été faite, pas d'affiches apposées sur les murs de Paris. Tantôt l'Administration a vendu ces terrains en bloc à une seule société, comme la Compagnie Immobilière, par exemple, en ce qui concerne le boulevard du Prince-Eugène, plus souvent ce sont trente ou quarante individus, presque toujours les mêmes qu'on a vus se porter acquéreurs de ces terrains.

N'est-il pas à craindre que ces spéculateurs ne forment avec le temps comme une espèce de bande noire autour du Palais Municipal, dans le but d'écarter les véritables acheteurs qui ne feraient pas partie de leur association clandestine ?

N'est-il pas à craindre que le jour où ils pourraient redouter que leurs noms souvent répétés ne vinssent à tinter trop bruyamment aux oreilles du Conseil Municipal, de les voir procréer des hommes de paille, des acquéreurs postiches dont les noms figureraient sur les contrats de vente, sauf à les annuler ensuite par des *déclarations de command* au profit de ces oiseaux de proie qui s'abattent impunément sur le budget municipal.

Disons-le tout de suite : il n'en était pas ainsi sous l'ancienne Édilité Parisienne.

Nous savons parfaitement à quelles conditions l'entrepreneur *Nicolas Carrel* a exécuté la rue Dauphine, sous Henri IV, et comment un autre entrepreneur, *Marie*, dont un des ponts de Paris conserve encore le nom, a bâti le quartier qu'on appela l'Ile Saint-Louis.

Ces traités et beaucoup d'autres que nous pourrions reproduire, étaient rendus publics non après, mais avant leur exécution ; souvent le bon sens et l'équité de nos dignes aïeux les bourgeois de Paris ont fait modifier ces transactions au mieux des intérêts de l'Administration Municipale.

Eh bien ! cette publicité que les Édiles Parisiens, lorsqu'ils étaient élus, considéraient comme une obligation, d'où vient qu'elle ait cessé d'être un devoir aujourd'hui ?

N'est-ce pas un pouvoir de nature à devenir un jour

dangereux pour l'État et nuisible à la Ville de Paris, que ce pouvoir tout d'initiative et discrétionnaire exercé par un Préfet de la Seine ?

Si le présent nous rassure, est-ce un motif pour ne pas songer à l'avenir ?

En ce qui concerne l'État, n'est-il pas à craindre que des liaisons trop intimes ne se forment un jour entre l'administrateur et les capitalistes, et qu'à un moment donné le gouvernement n'en soit victime ?

Pour ce qui a rapport aux intérêts de la Ville de Paris, si l'on songe aux subventions énormes que l'Administration Municipale devra nécessairement accorder aux sociétés financières chargées d'exécuter de vastes opérations de voirie, ne doit-on pas appréhender que ces capitalistes, n'étant retenus par aucune espèce de concurrence, ne finissent par exercer une pression fâcheuse sur les actes de l'Édilité Parisienne ?

Ne peut-il pas se faire, ce qui n'est pas supposable maintenant, mais peut devenir une réalité plus tard, si l'Autorité n'avait pas la main aussi heureuse dans le choix d'un nouveau Préfet, qu'il ne s'établisse entre l'administrateur et certains capitalistes une de ces associations par trop sympathiques dont toute l'intelligence des Conseillers de Ville serait impuissante à pénétrer le mystère.

Sur des subventions de 40 à 50 millions et plus, quel Conseil Municipal toujours étranger aux préliminaires pourrait discuter et convaincre à un ou deux millions près ?

Tels sont les malheurs ou les abus à redouter non

dans le présent, mais dans l'avenir, si la publicité est muette, si la concurrence est morte.

Nous avons dit que l'Administration Municipale aurait mieux servi les intérêts de la Ville de Paris, ceux de la propriété, du commerce et de l'industrie, si, après avoir classé ses projets de percements par ordre d'utilité générale, elle eût fait connaître franchement l'époque de leur réalisation.

Nous ajoutons que ces grands intérêts auraient été mieux sauvegardés si elle eût opéré par l'exécution complète de ces voies publiques, au lieu de les réaliser par fractions et souvent à des intervalles très-éloignés.

De la théorie passons tout de suite à l'application de nos idées.

Le plan de Paris est étudié — on le soumet à une enquête sérieuse et publique. — Tous les intéressés y prennent part. — L'Administration Municipale propose le classement des voies, l'Autorité sanctionne, et le Préfet annonce que telle rue considérée comme la plus précieuse d'utilité générale, aura son exécution, par exemple, en 1866, 67 et 1868, en trois sections non interrompues, et ainsi de suite pour les autres percements.

Voilà donc la propriété, le commerce et l'industrie bien et dûment avertis. Soudain s'établit une coïncidence heureuse entre la durée des baux [et l'époque fixée pour la réalisation successive des voies décrétées.

Le propriétaire, sachant qu'il sera exproprié telle année, puis payé six mois après, prend ses mesures pour une nouvelle acquisition ; le commerçant a tout le temps de chercher à son aise de nouveaux magasins, l'industriel un emplacement à son gré et qu'il dispose selon ses besoins.

Ainsi toutes les transactions s'opèrent avec facilité, parce qu'elles reposent sur une vérité et s'appuient sur une certitude.

Au lieu de procéder ainsi, qu'a fait l'Administration ?

Elle s'est dit d'abord : j'exécuterai à mon temps, à ma convenance, selon mon bon plaisir, je ferai un tronçon par ici, une section par là, je les discontinuerai puis les reprendrai quand je le jugerai convenable.

Qu'est-il arrivé ?

Un fraction réalisée dévoilant le tracé tout entier, puis les projets s'ébruitant les uns après les autres, soudain la spéculation et l'agiotage se sont rués sur les immeubles, surtout sur les terrains dévolus à l'expropriation, pour improviser une plus-value dont l'Administration a été dupe d'abord, victime ensuite.

Dans quelle situation se sont trouvés le propriétaire, le commerçant et l'industriel possédant des maisons ou occupant des magasins et ateliers situés dans des rues que devaient entr'ouvrir les deux ou trois sections complémentaires d'une voie déjà commencée.

Voyons le propriétaire d'abord. Il sait que sa maison doit être démolie, mais il ignore l'époque de son expropriation. Les baux qu'il a consentis s'épuisent et vont expirer. Faut-il les renouveler à longs termes, se mettre ainsi à l'abri des éventualités, se précautionner contre les incertitudes? Son honnêteté lui dit : non, ses intérêts peuvent lui faire dire : oui.

L'un cherche à s'entendre avec l'Administration Municipale ; s'il réussit, l'arrangement qui substitue dans le bail une nouvelle partie contractante : la Ville qui ne renouvellera pas, déchire en quelque sorte un contrat synallagmatique. De là résulte l'intervention naturelle des locataires, on plaide, et la Ville succombe. Au lieu d'avoir une seule indemnité immobilière à payer, elle subit trois ou quatre indemnités locatives avec les frais en plus.

Un autre propriétaire veut augmenter ses revenus en élevant de nouvelles constructions, il demande à l'Administration la permission de bâtir ; l'Administration refuse, parce que cet immeuble est situé sur le parcours d'une voie projetée qui doit l'absorber après l'avoir démoli. La Ville achète la maison. Mais comme elle ne peut légalement acquérir qu'en vue d'une amélioration déterminée et sanctionnée par un décret, la transaction devenant publique, nouvelle intervention des locataires, nouveaux procès, dans lesquels la Ville succombe presque toujours.

Passons à un troisième propriétaire. Celui-là ne veut ni renouveler ses baux près d'expirer, ni entreprendre de nouvelles constructions qui augmenteraient cependant ses revenus; il répugne à faire payer à la Ville des dépenses inutiles. Son honnêteté est donc de l'essence la plus pure, puisqu'elle sacrifie jusqu'à l'intérêt de sa famille. Que lui arrive-t-il s'il ne traite pas avec l'Administration, qui considère comme trop éloignée la création devant absorber l'immeuble? Ce propriétaire est condamné à subir des vacances qui amoindriront ses revenus et finiront par rogner le pain de ses enfants ?

Quant au commerçant, à l'industriel, l'incertitude pèse encore plus cruellement sur eux. — Que faire en présence d'un bail près d'expirer ? Chercher à le renouveler. Mais le propriétaire, sachant que plus il augmentera son revenu, plus son indemnité sera lucrative, le propriétaire impose au locataire une augmentation considérable comme condition expresse de renouvellement. Faut-il la subir ou s'en aller? La subir, c'est assumer sur soi de nouvelles charges trop lourdes peut-être. S'en aller ; mais le déplacement, mais la réinstallation exigeront des frais qui excéderont peut-être l'augmentation imposée par le propriétaire. Voilà les craintes, les embarras que cause à l'industriel, au commerçant, l'incertitude dans laquelle ils sont laissés par rapport à l'époque de la réalisation des projets de l'Admistration.

La spéculation, au contraire, est parfaitement à l'aise, elle nage en pleine eau, le mode actuel semble fait tout exprès pour elle. Elle connaît, nous ne savons comment, mais elle connaît tous les projets de l'Administration ; elle devine, nous ne pouvons dire pourquoi, mais elle devine à coup sûr l'époque de leur exécution. Elle achète des maisons si vastes, qu'elles soient et des terrains, qu'importe leur étendue. Elle a de l'argent aujourd'hui, elle en aura demain, après, toujours. Dans ces maisons, souvent elle fonde des établissements considérables en apparence, mais sans valeur en réalité; leurs locataires ne sont que des prête-noms, des hommes de paille, des prétextes d'indemnités.

A un moment donné, la Ville exproprie, et ces agioteurs lui font payer des sommes d'autant plus considérables, que les demandes d'indemnités ont été longuement préparées et mieux mijotées.

Ce qu'il y a de plus désolant, ce qui vous serre le cœur, c'est qu'en remuant cette boue on y découvre des noms qu'on ne devrait jamais y rencontrer.

Ainsi, l'application du mode administratif concernant l'exécution du **Plan** d'ensemble de Paris, *est injuste au fond — onéreuse aux finances de la Ville, et nuisible aux administrés.*

Elle est injuste au fond, parce qu'elle accuse des préférences que rien ne justifie, parce qu'elle contente trop souvent des fantaisies coûteuses avant de donner sarisfaction aux choses utiles.

Jamais, par exemple, l'opinion publique bien et dûment consultée n'eût accordé la priorité à ces innombrables boulevards improvisés à l'ouest de Paris sur l'achèvement des Halles Centrales et la régularisation de son périmètre.

L'agrandissement de ce vaste dépôt de l'approvisionnement de Paris devait augmenter évidemment son attraction et réclamer par cela même de prompts dégagements. Un décret impérial est promulgué le 10 mars 1852, et stipule que l'exécution IMMÉDIATE est déclarée d'utilité publique, et ce n'est qu'aujourd'hui, c'est-à-dire plus de treize ans après, qu'on songe enfin à percer la rue du Pont-Neuf, à prolonger la rue Berger.— Quant à la rue des Halles, décrétée le 21 juin 1854, elle s'arrête encore à la petite place Sainte-Opportune, où la circulation vient s'engouffrer comme dans un entonnoir.

La construction d'un nouvel Opéra, le percement si coûteux de plusieurs voies publiques si mal comprises au milieu desquels le monument étouffera comme dans une boîte, le rétrécissement du bouleverd des Capucines par la suppression de la rue Basse-du-Rempart, bordée d'hôtels splendides qu'il a fallu sacrifier, toutes ces créations, ces démolitions et ces reconstructions avaient-elles un caractère d'urgence si manifeste qu'on dût leur accorder la préférence sur le prolongement du boulevard Saint-Germain, mieux étudié et plus sobre de destructions, sur celui de la rue de Rennes et l'élargissement de la rue du Four.

L'application du plan d'ensemble par sections discontinuées et reprises tour à tour à des intervalles très-éloignés, *est onéreuse aux finances municipales et nuisible aux administrés*, d'abord parce que les tronçons effectués improvisent une plus-value qui s'étend sur les sections à réaliser, parce que la spéculation profite de ces délais pour se rendre maîtresse de maisons et terrains situés dans le parcours du tracé; parce que l'incertitude est la cause de renouvellements de baux à longs termes, parce que ces délais énervants sont préjudiciables au commerce, à l'industrie honnête, qui ne peuvent rien fonder de solide dans des maisons vouées à une expropriation certaine. mais dont l'époque est inconnue.

Des esprits sérieux, d'anciens administrateurs estiment que ce mode d'éparpillement dans l'exécution des travaux tronçonnés de grande voirie a causé en pure perte à la Ville plus de 60 millions, comme si le Préfet les eût jetés à la Seine pour les rouler à l'Océan.

Répétons-le :

La libre et franche interprétation des actes de l'Édilité Parisienne est la plus respectable de nos anciennes franchises municipales ; c'est la première par droit d'aînesse. Nos vieux et dignes Échevins ne la regardaient pas seulement comme un droit acquis à leurs administrés, il la considéraient plus justement encore comme un service qu'elle leur rendait.

Le Pouvoir, loin de s'en effaroucher, s'en réjouissait, et nos Souverains se sentaient fidèlement et loyalement renseignés, lorsque l'écho de cette grande voix de Paris montait jusqu'au trône.

L'un d'eux, Charles V, disait souvent « *que les véritez étoient doubs aux Roys comme l'encens à Dieu.* »

Louis XI, qui punissait de mort tout regard de convoitise qui osait s'égarer sur sa couronne, le Roi Louis XI répétait souvent :

« *En faict d'administration de leur Ville bien aymée, les Parisiens sont les meilleurs juges du monde et les plus sûrs conseillers des Roys.* » Il est vrai que Sa Majesté ajoutait comme correctif : « *Mais, en ce qui concerne la politique, ce sont des grelots à pendre au bonnet de mon fou.* »

Le Roi Louis XIV, qui ne laissait guère volontiers les écrivains papillonner sur son gouvernement, se montrait, néanmoins, d'une bienveillance charmante, pleine de courtoisie, toute royale enfin, à l'égard de ceux qui s'occupaient d'administration municipale.

Sa Majesté disait : « *Ce ne sont pas des frélons dont le bourdonnement trouble la ruche, mais des abeilles qui fournissent le miel.* »

La meilleure auxiliaire de l'Administration actuelle devrait être la publicité, non celle dont elle dispose officiellement, mais cette publicité à ciel ouvert qui ne relève que de l'opinion publique.

Dans l'exécution du plan de Paris, en suivant le système que nous avons exposé, qui donc aurait eu, nous ne disons pas le droit, mais l'indignité de se plaindre?

L'Administration Municipale: mais la publicité eût sauvegardé ses finances en lui conciliant les sympathies de ses Administrés.

La Propriété, le Commerce, l'Industrie : mais le plan de Paris soumis à une enquête publique devenait l'œuvre de tous. La priorité étant acquise aux travaux les plus urgents, qui donc eût osé mettre en opposition son intérêt privé avec l'intérêt général?

D'ailleurs, le propriétaire eût été libre de faire à sa maison toutes les améliorations utiles, tous les changements nécessaires; mais par le fait seul de cette publicité que nous exaltons parce qu'elle oblige, quel propriétaire, sachant son expropriation prochaine, eût consenti des baux à longs termes?

Le Jury, dont la religion précisément éclairée par la déclaration de la Ville d'exécuter tel percement à telle ou telle époque, le Jury eût fait justice de cette spéculation évidemment frauduleuse, puisqu'elle était faite en vue de se créer un revenu factice pour obtenir une indemnité plus forte.

Sans doute, tel propriétaire eût été exproprié bientôt, tel autre plus tard, mais, nous le répétons, l'attente n'avait rien de compromettant alors que l'époque se trouvait fixée et que, dans l'intervalle, tout ce qui est juste, tout ce qui est utile était permis.

Cette situation ne ressemble en rien à l'obligation *de l'alignement* auquel est soumise, en si grand nombre, la propriété dans Paris.

Ainsi la largeur d'une rue, d'abord fixée à dix mètres, est portée tout à coup à douze. Du moment où ma maison est frappée de cet alignement nouveau, je ne puis la réconforter ni toucher à sa façade. Supposons-la en bordure de la rue de Provence, c'est un hôtel splendide. Voyez quelle perte énorme et sans compensation : car le jour où ma façade périclitera il me faudra démolir mon hôtel dont la valeur est d'un million, et l'on me payera, quoi? Deux mètres de terrain sur la longueur de ma façade.

Voilà certainement l'obligation onéreuse, tandis que le délai à subir pour le fait de l'expropriation dont l'époque est déterminée ne nuit à aucun intérêt, ne paralyse aucune transaction. Au contraire, c'est la liberté d'agir honnêtement, mais c'est l'impossibilité de faire des dupes.

Quant au locataire commerçant ou industriel, l'exécution ainsi comprise du plan de Paris ne saurait, en aucun cas, lui être préjudiciable.

Il ne pourrait être sacrifié comme il ne l'est que trop souvent aujourd'hui, alors que l'Administration, après avoir traité avec le propriétaire, laisse le bail s'épuiser et met à la porte le locataire au moment de l'expropriation, et cela sans indemnité, sans compensation, comme un petit saint Jean. tout nu.

Nous venons de dire, il est vrai, que l'annonce certaine et publique de l'exécution successive de nouvelles voies aurait, entre autres avantages, celui d'établir une heureuse coïncidence entre la durée des baux et l'époque fixée pour la réalisation des percements. Mais doit-on supposer pour cela que le locataire serait sans aucun droit à une indemnité, le bail étant épuisé au moment de l'expropriation ? Le contraire aurait lieu ; l'équité du Jury, à défaut d'arrangement amiable avec la Ville, déterminerait l'allocation due à l'exproprié locataire en raison de l'ancienneté ou de l'importance de la maison de commerce ou de l'établissement industriel. Dans les cas ordinaires, l'indemnité pourrait être basée comme si le bail épuisé aurait encore trois années à courir ; on prendrait une commune, n'importe laquelle. La conscience du Jury, toujours éclairée, apprécierait sûrement. Il y aurait évidemment plus à réclamer en faveur de l'établissement séculaire qui s'est transmis de père en fils que pour la maison de commerce nouvellement formée.

Dans l'application de notre système, la Ville n'aurait

jamais été forcée à ces nombreuses acquisitions d'immeubles qui ont fini par absorber un capital énorme comme celui qu'elle a été contrainte d'engager pour n'avoir pas annoncé franchement et publiquement l'époque de la réalisation successive de ses projets.

Ses ressources ordinaires, même grossies par des emprunts considérables, n'ont pu suffire à tant d'acquisitions dans les différents quartiers de Paris, et, comme on ne pouvait s'arrêter sur cette pente si dangereuse, il a fallu créer une *Caisse des grands travaux*, qu'on désignerait plus justement sous le nom de Caisse des acquisitions d'immeubles (1).

Cette création, qui procure des moyens considérables de trésorerie, est à nos yeux la facilité la plus dangereuse que le Pouvoir puisse donner à une Administration Municipale, — voici comment :

D'après le dernier mémoire de M. Devinck, l'Administration Municipale a mis en circulation pour 98,731,300 francs de bons de la Ville (page 13 du Rapport). Plus loin, dans le même rapport, page 15, M. Devinck s'exprime en ces termes : ..... « La Ville, qui sent sa force, doit-elle être arrêtée dans son mouvement ascensionnel par une question de trésorerie, et ne doit-elle pas demander, ainsi que le pense votre comité, que le chiffre d'émission de ses bons soit porté à **160** *millions?* »

D'abord et en principe, une grande Administration ne saurait être impunément maison de banque et mar-

(1) Décret du 27 décembre 1858.

chande de maisons et terrains. Sa mission est de surveiller toutes les spéculations qui ont trait à la Ville de Paris ; mais son devoir est de n'en faire aucune.

En second lieu, si l'on eût classé les ouvertures de rues et boulevards par ordre d'utilité en déterminant l'époque de leur exécution après une enquête sérieuse, comme nous l'avons démontré, la création d'une Caisse des travaux devenait une superfétation, ou mieux une inutilité.

Enfin cette caisse existe et fonctionne. Évidemment sa dotation de 10 millions ne saurait constituer une garantie suffisante pour une émission de 160 millions de bons de la Ville. On nous répondra : Mais vous oubliez les maisons et terrains acquis successivement par l'Administration Municipale, en vue de percements à réaliser.

Nous répliquons : C'est précisément là où nous vous attendions.

Embrassant une période de dix années, vous annoncez que vos opérations exigeront une dépense évaluée à 541 millions, et, comme *voies et moyens d'exécution*, vous faites figurer entre autres une somme de 92 millions pour terrains et immeubles à vendre. Ces 92 millions, en y ajoutant les 10 millions de dotation, ne sont pas encore la garantie complète de vos 160 millions d'émission de bons de la Ville. Supposons même pour un moment, en faveur de votre Banque des grands travaux, que vous puissiez représenter en immeubles et terrains une valeur égale à l'émission de 160 millions de bons de la Ville. Mais cette estimation d'aujourd'hui, résultant de la plus-value énorme qui s'est produite sur les valeurs immobilières dans Paris par le fait seul de l'immensité de vos travaux, cette estimation, disons-nous, pourriez-vous espérer la maintenir au lendemain d'un événement malheureux? La baisse de ces valeurs immobilières serait d'autant plus cruelle que leur élévation a été plus subite, plus exagérée.

D'ailleurs ces immeubles, dont les prix se trouveraient considérablement réduits ne représenteraient plus des valeurs réalisables, par la raison que les percements en vue desquels ces acquisitions auraient été faites devraient s'arrêter subitement.

On a dit, pour excuser l'exagération des grands travaux dans Paris, que les dépenses qu'ils entraînaient devaient être considérées comme des dépenses productives.

Entendons-nous sur cette qualification.

Un paysan sème dans son champ deux cents boisseaux de blé. La terre lui en rend mille. La dépense qu'il a faite est une dépense heureusement productive.

L'Administration emploie pendant dix années, dans la Capitale, 550 millions qui remuent près de 2 milliards et demi. Sans doute Paris compte douze ou quinze boulevards de plus, et son octroi augmente ses recettes. Voilà le côté réellement productif.

Mais de l'autre, si ces travaux exagérés vous ont attiré dans la Capitale un essaim de provinciaux qui vous obligent à des sacrifices plus grands encore et qui doivent se perpétuer, les résultats de vos dépenses excessives sont-ils, tous comptes balancés, bien réellement productifs au point de vue de l'intérêt général, c'est-à-dire du pays tout entier ?

Vos revenus ont augmenté, cela est vrai, mais vos obligations, mais vos dettes aussi.

Précisément ces vérités, qu'un de nos anciens administrateurs exposait devant nous, lui faisaient dire, en forme de conclusion :

« On ne saurait accepter l'héritage de M. Haussmann que sous bénéfice d'inventaire. »

Maintenant, nous allons prouver que le mode suivi par la Ville dans ses acquisitions amiables, s'il sauvegarde en certains cas les propriétaires, est presque toujours funeste aux locataires.

En effet, que dit le propriétaire à l'Administration pour se la rendre favorable et précipiter ces sortes de transactions ? — Si vous consentez, dès maintenant, à m'acheter mon immeuble compris dans telle voie à exécuter, je m'abstiens de renouveler mes baux qui seront épuisés dans quelques années, et je vous épargne ainsi des indemnités locatives relativement considérables.

L'Administration s'arrange avec le propriétaire.

Sans aucun doute, cette transaction est favorable aux deux parties, à la Ville comme au propriétaire. Mais est-elle juste à l'égard des locataires ?

L'Administration répond : Parfaitement juste. Tout propriétaire n'a-t-il pas le droit de vendre sa maison à qui bon lui semble et sans la permission de ses locataires ? Préfet de la Seine, je ne fais pas autre chose que d'acquérir comme un simple particulier. C'est tout bonnement un propriétaire qui succède à un autre, — et que peuvent donc réclamer les locataires? Que je remplisse les conditions consenties par le propriétaire qui m'a précédé, je le ferai. Vous avez encore trois années de bail, eh bien, épuisez-les tranquillement, nous verrons ensuite.

Le locataire réplique : Votre comparaison n'est pas juste. Il ne saurait y avoir entre vous, Préfet de la Seine, agissant au nom de la Ville de Paris, et un propriétaire ordinaire la moindre assimilation possible.

Un propriétaire, habituellement, achète une maison, pourquoi? Pour s'en faire un revenu. Comment se constituer ce revenu? En prenant des locataires, voilà l'élément de son revenu, ou mieux, sa matière imposable. Pour que ce revenu soit fixe, bien déterminé, certain, il fait un bail à chaque locataire, commerçant ou industriel.

Que mon propriétaire vende sa maison, l'acquéreur ayant des intérêts semblables à sauvegarder fera exactement la même chose. — Dans cette situation, je ne crains pas d'être renvoyé : je paye exactement; mon ancienneté dans la maison est une garantie que ne saurait donner aussi complète un nouveau locataire qui chercherait à me couper l'herbe sous le pied. Vous, Monsieur le Préfet, vous n'achetez pas cette propriété pour en faire un revenu à la Ville de Paris, mais avec une intention bien différente : celle de flanquer par terre la maison que j'habite pour faire une nouvelle trouée dans le quartier.

Ainsi j'étais assuré de rester avec un propriétaire ordinaire, avec vous je suis certain d'être mis à la porte.

Ma seule crainte, autrefois, était de subir une augmentation lors du renouvellement de mon bail, mais je conservais mon fonds de commerce, que je pouvais vendre avantageusement ou céder à mes enfants. Sans aucun doute, Monsieur le Préfet, vous me laisserez, comme vous le dites, épuiser mon bail sans m'inquiéter, parce que vous n'en avez pas le droit ; ensuite vous me tolérerez peut-être dans la maison, mais, certainement, avec une augmentation. Enfin, lorsque le moment d'exécuter votre percement sera venu, vous me direz : — Mon brave homme, faites vos paquets. La Ville ne vous doit rien ; nous sommes quittes.

Les barbes grises de la Cour de cassation ont mis en bon français toute cette réplique, en déboutant, en maintes circonstances, M. le Préfet de ses prétentions de traiter à l'amiable avec les propriétaires en excluant les locataires, dont la ruine ne pourrait être que la conséquence de ces arrangements.

Parmi les procès de plus en plus nombreux qu'ont suscités les arrangements amiables entre la Ville de Paris et les propriétaires à l'exclusion des locataires, il en est un que nous allons rappeler avec tous les documents officiels qui s'y rattachent.

Il s'agit des *Eaux et Usines de Saint-Maur.*

Une loi du 17 avril 1822 porte :

« Article 1er. — Le Gouvernement est autorisé à » concéder, pour l'établissement d'usines : 1° l'usage

» des eaux qui passeront par le Canal de Saint-Maur,
» et qui ne seront pas nécessaires à sa navigation ; et
» 2° le droit de disposer de la chute qui sera créée par
» le barrage à établir dans la Marne pour régler la
» prise d'eau du Canal.

» Article 2. — La concession sera perpétuelle. Le
» Gouvernement provoquera la concurrence par la
» publicité...

» Signé : Louis. »

En vertu d'un jugement d'adjudication de l'audience
des criées du Tribunal civil de la Seine, en date du
28 février 1855, par suite de conversion de saisie immobilière, MM. Darblay et Béranger devinrent propriétaires des Eaux et Usines du Canal de Saint-Maur.

Suivant contrat passé devant Mes Mocquard et Dumas,
notaires à Paris, les 1er, 2 et 6 septembre 1864,
MM. Darblay et Béranger ont vendu *à titre d'utilité
publique, en exécution d'un décret impérial du* 9 août
1864, à la Ville de Paris, la grande propriété dite des
Eaux et Usines de Saint-Maur...

M. le Préfet de la Seine, agissant au nom de la Ville
de Paris, avait été autorisé par délibération du Conseil
Municipal, en date du 7 avril 1863, laquelle délibération stipulait que le rachat aurait lieu, moyennant le
prix de trois millions, dont 700 mille francs seraient
payés en 1864 ; le surplus, soit 2 millions 300 mille
francs, serait divisé en cinquante annuités payables
le 15 février de chaque année.

Cette acquisition était faite pour l'établissement, par

la Ville de Paris, sur l'emplacement des Usines de Saint-Maur, d'une usine hydraulique et l'ouverture d'un souterrain latéral à celui du Canal de Saint-Maur, destiné à alimenter d'eau de la Marne les quartiers hauts de Paris et le Bois de Vincennes.

Ajoutons que les usines, bâtiments, canaux d'alimentation, forment deux groupes, l'un sur la rive droite, l'autre sur la rive gauche du Canal de Saint-Maur.

Le groupe de la rive droite, qui vient de donner naissance au procès, comprend cinq usines, une filature de coton, une laminerie de zinc, une fabrique de limes, une scierie et une filature de laine.

On ne saurait considérer, en cette circonstance, la Ville de Paris comme une propriétaire ordinaire.

MM. Darblay et Béranger, s'ils s'étaient abstenus de vendre au Préfet de la Seine les Usines de Saint-Maur, eussent évidemment conservé leurs locataires, qui leur constituaient un revenu considérable, tandis que la Ville de Paris achète, avec une intention déterminée, connue, sanctionnée par un décret, avec l'intention, disons-nous, de s'emparer des Eaux dont l'usage était l'objet principal de la location, et l'élément indispensable aux usines et aux filatures.

Pour se dispenser d'exproprier les locataires, que disait l'Administration?

« Je vous conserverai les eaux tant que dureront les baux. »

Mais que réplique le décret lui-même?

« La Ville de Paris a fait l'acquisition de ces eaux

pour alimenter les quartiers hauts de la Capitale et l'arrosement du Bois de Boulogne. »

Il y a donc une contradiction formelle entre le dire de la Ville et les termes du décret.

Voici, maintenant, la suite de ce procès :

COUR DE CASSATION (CHAMBRE CIVILE).

PRÉSIDENCE DE M. PASCALIS.

Bulletin du 2 août 1865.

Expropriation pour cause d'utilité publique. — Force motrice. — Locataires. — Usines du Canal Saint-Maur.

« 1° La suppression d'une force motrice, opérée pour cause d'utilité publique, donne lieu à une indemnité à apprécier par le Jury, lorsque cette force motrice appartient, à titre de propriété privée, en vertu d'une loi spéciale, à celui que l'expropriation en dépouille.

» Spécialement les concessionnaires du Canal Saint-Martin, auxquels une loi du 17 avril 1822 avait concédé, comme un tout indivisible, les terrains attenant à ce Canal, et la jouissance de toutes les eaux passant par ce Canal, et qui ne seraient pas nécessaires à la navigation, ont droit, s'ils viennent à être expropriés pour cause d'utilité publique, d'exiger que l'indemnité soit réglée par le Jury aussi bien pour la force motrice elle-même que pour les terrains compris en la concession de 1822, et pour les constructions et usines y établies.

» Un droit semblable appartient aux locataires des usines mises en mouvement par les eaux dont s'agit.

» 2° Si le décret d'expropriation s'est appliqué, sans distinction, à tous les terrains et usines faisant partie de la concession de 1822, et bordant le Canal sur ses deux rives, et si la cession amiable consentie par les propriétaires, aux termes de l'article 13 de la loi du 3 mai 1841, et tenant lieu de l'arrêté de cessibilité, s'est appliqué à la totalité de la concession, cette cession a ouvert pour les locataires de tous les terrains le droit, écrit en l'article 55 de la loi de 1841, d'exiger, après six mois, la fixation immédiate de l'indemnité.

» Il en est ainsi encore bien que l'Administration expropriante annoncerait l'intention de respecter les baux d'un grand nombre d'usiniers, de tous ceux qui se trouvent sur l'une des rives du Canal. Le droit d'exiger le règlement de l'indemnité est acquis, sans distinction, à tous les locataires établis sur les terrains désignés aux actes qui ont opéré l'expropriation.

» Rejet, au rapport de M. le Conseiller Pont, et conformément aux conclusions de M. le premier Avocat général de Raynal, de deux pourvois dirigés contre des décisions du Jury d'expropriation de la Seine (Ville de Paris contre Fleury et C°; la même contre Astorgue. — Plaidants, Mes Jager-Schmidt, Groualle, Fournier et Larnac). — (*Gazette des Tribunaux. Jeudi 3 août 1865.*) »

Maintenant, discutons les opinions de M. de Girardin, celles qui rentrent plus particulièrement dans l'exécution du Plan de Paris.

..... « Parmi les élargissements de rues, dit l'émi-
» nent publiciste, les percements de boulevards, les
» assainissements de quartiers et les reconstructions
» d'édifices municipaux qui ont été opérés, quels sont
» ceux qu'il eût été louable d'ajourner? Que l'on sorte
» du vague, qu'on les désigne, qu'on les nomme. »

C'est précisément ce que nous allons faire.

Première question à M. de Girardin. — Était-il plus urgent, par rapport à l'utilité générale de compléter les Halles-Centrales, de régulariser leurs abords dont un décret du 10 mars 1852 prescrivait l'exécution *immédiate* que de démolir les splendides hôtels de la rue Basse-du-Rempart?

Deuxième question. — Mieux valait-il continuer le boulevard Saint-Germain et prolonger la rue de Rennes jusqu'au fleuve que d'entreprendre le boulevard de Malesherbes, lui infliger une brisure pour le faire pénétrer dans le Parc de Monceaux, à cette fin de favoriser les spéculateurs possédant de vastes terrains dans la plaine (1)?

(1) La brisure actuelle est contraire au décret impérial du 10 septembre 1808, qui porte, article 4 : « Il sera établi un boulevard se dirigeant vers Monceaux à angle correspondant au boulevard actuel dit de la Madeleine. » — Sous le premier Empire, le parc de Monceaux était propriété nationale, et jamais Napoléon Ier n'a voulu consentir à l'aliénation de cet ancien domaine princier. Aux

Comment justifier cette trouée à laquelle il a fallu sacrifier tant d'arbres centenaires?

Étrange contradiction! Au moment où nos Édiles imposaient à la Ville de Paris des dépenses relativement considérables pour créer un vaste jardin public sur les Buttes Chaumont, alors qu'ils englobaient dans le Bois de Vincennes toute la plaine de Charenton, d'où vient qu'ils laissaient mutiler le Parc de Monceaux ?

On nous répondra que ce domaine étant une propriété de la famille d'Orléans, l'Administration Municipale ne pouvait en disposer à son gré.

Nous répliquons : La Ville de Paris eût certainement obtenu pour faire du Parc de Monceaux un immense jardin public des conditions aussi favorables que celles accordées à des spéculateurs.

Troisième question. — Après l'année 1860, devait-on accorder la priorité aux avenues et boulevards exécutés à l'ouest de Paris sur les travaux de viabilité si nécessaires à l'ancienne banlieue qu'on venait d'annexer à la Capitale?

L'Administration peut répondre : Nos études n'étaient pas faites pour la zone annexée.

Nous répliquons : C'est votre faute.

M. de Girardin, au sujet de ces avenues ou boulevards, s'exprime en ces termes :

offres faites par des capitalistes, l'Empereur répondait : « Non, la Ville de Paris ne possède pas assez de grands espaces plantés. On étouffe dans la Capitale. »

« Si nous adressions un reproche à **M. Haussmann**,
» ce serait le reproche contraire à celui qu'on lui fait :
» ce serait de n'avoir pas débuté assez résolûment et
» assez promptement par les nombreux boulevards
» qui rayonnent autour de l'Arc de Triomphe. »

Nous ne sommes pas le moins du monde de l'avis de M. de Girardin. Sans doute l'Arc de Triomphe de l'Étoile est un monument qui résume nos gloires les plus vives : nos gloires nationales. Mais la création de boulevards destinés à régulariser ses abords devait-elle par exemple, devancer le dégagement des deux Portes Saint-Denis et Saint-Martin ?

L'Arc de Triomphe de l'Étoile est à l'extrémité de la Ville ; la circulation y était libre et parfaitement dégagée, même avant l'exécution de ces boulevards. Les Portes Saint-Denis et Saint-Martin sont au cœur de Paris ; leurs abords sont si étroits, si dangereux qu'il ne se passe pas de jour sans accidents et sans victimes.

Alors que l'Administration Municipale se montre si respectueuse à l'égard de l'Arc de Triomphe de l'Étoile, d'où vient qu'elle manque de convenances alors qu'il s'agit des Portes Saint-Denis et Saint-Martin, lesquelles sont pourtant les aînées ?

Pourquoi le superflu là-bas et le manque du nécessaire ici ? Après un demi-siècle de réclamations on achète, il y a quelques années, 1 million 700 mille francs la propriété boulevard de Bonne-Nouvelle, n° 8, qui empiétait sur la Porte-Saint-Denis et dérobait la vue du monument aux promeneurs venant de l'ouest de la Ville; savez-vous à qui l'Administration Municipale a loué d'abord une partie de cet emplacement, qui touche à l'Arc triomphal? A des saltimbanques auxquels une brasserie s'est substituée. Puis, à gauche de la Porte Saint-Denis , un bureau d'omnibus; pourquoi pas une colonne de salubrité à droite?

On a dit pour excuser les créations prématurées, les superfluités dont on vient d'accabler les quartiers de l'ouest de Paris, que si ces travaux n'eussent pas été entrepris instantanément, l'Administration Municipale se serait vue condamnée plus tard à subir une plus-value énorme.

Cette opinion est une hérésie administrative. C'est précisément, au contraire, l'accumulation des travaux prodigués à cette partie de la Ville qui a déterminé la hausse subite du prix des terrains dont la spéculation a profité.

M. de Girardin sait-il combien valait, en 1750, le terrain sur lequel s'élève son charmant hôtel de la rue Pauquet-de-Villejust, tout près de l'Arc de Triomphe? 12 sols la toise; il y a quinze ans 20 francs le mètre, aujourd'hui 200 francs.

En 1650, tous les terrains situés dans l'ancien village de Chaillot étaient estimés à raison de 8 sols la toise; la Ville les paye aujourd'hui 120, 130, 150 francs le mètre. Il y a vingt ans au plus leur prix n'excédait pas 25 francs.

Lorsqu'on a commencé en 1823 le quartier François Ier, la Compagnie Constantin a payé de 12 à

15 francs le mètre des terrains qui valent aujourd'hui 300 francs.

Pénétrons plus avant dans Paris, arrêtons-nous à la rue de la Chaussée-d'Antin et au boulevard des Capucines.

La rue de la Chaussée-d'Antin n'était, vers la fin du dix-septième siècle, qu'un chemin étroit et tortueux, qu'on appelait *Chemin de l'Égout de Gaillon*, puis *Chemin des Porcherons*. Le Pré des Porcherons devint plus tard, pour les roués de la Régence, ce que le Pré aux Clercs avait été pour les raffinés de la Ligue, un rendez-vous de débauches et de duels. De plusieurs contrats de vente en 1663 et 1675, il résulte que la toise de terrain en bordure du Chemin de Gaillon valait 3 sols ; — en 1760 de 8 à 10 livres la toise, le Chemin de Gaillon était devenu la rue de la Chaussée-d'Antin. — Aujourd'hui le prix du mètre de terrain est estimé 1,000 francs dans le voisinage du boulevard.

Un rapprochement plus curieux encore nous est révélé par un autre document authentique dont voici un extrait :

« Par acte passé devant Guéret et son confrère,
» notaires à Paris, le 16 février 1769, insinué le 27 mai
» suivant, approuvé et confirmé par lettres patentes
» du 17 août 1772, registrées en Parlement par arrêt
» du 12 août 1773, les Religieux Mathurins ont dé-
» laissé, à titre de bail emphytéotique pour 99 années
» entières et consécutives, commencées le 11 novembre
» 1770, et devant finir à pareil jour de l'an 1869, à
» François-Jérôme SANDRIÉ, et à Pierrette-Claudine

» Devoyes, sa femme, un terrain sis à la Chaussée
» d'Antin, contenant quatre arpents huit toises de
» superficie.

» Ledit bail fait à la charge de 600 livres de rede-
» vance annuelle payables pour chaque arpent pen-
» dant la durée dudit bail. »

Maintenant, combien l'arpent de Paris, en 1770, renferme-t-il de mètres aujourd'hui? 3,418; en négligeant les fractions, ce qui porte à moins de 18 centimes la location annuelle pour chaque mètre de terrain.

Poursuivons. Pour aliéner ce terrain, de quelle manière eût-on procédé en 1770? En donnant au prix de vente vingt fois la valeur de chaque mètre loué, c'est-à-dire 3 francs 60 centimes.

Cette évaluation, en ce qui concerne les terrains provenant des Mathurins, est certainement exagérée, et cela parce que ces Religieux avaient plus d'intérêt à louer à 18 centimes que de vendre 3 francs 60 centimes. En principe, les couvents engageaient volontiers leurs immeubles, mais se refusaient à les aliéner, à moins de prix exceptionnels.

Les Mathurins n'ont vendu de ce côté de Paris que des lopins de terre en 1769 et 1770, et le prix n'en dépasse pas 50 sols.

C'était là évidemment la valeur normale des terrains à cette époque dans la Chaussée-d'Antin et les environs du boulevard des Capucines.

Maintenant les 4 arpents 8 toises, loués en 1770, à Sandrié, représententent aujourd'hui 13,700 mètres environ. Où sont-ils et qu'en a-t-on fait? Le nouvel Opéra, les rues Halévy, Auber et Scribe les ont absorbés et au delà. Les terrains de 50 sols, en 1770, valaient 1,000 francs en 1860, et la Ville loue à des cafés en bordure du boulevard, à raison de 50 francs le mètre, les terrains que Sandrié louait 18 centimes, il y a moins d'un siècle.

Il n'est pas d'exemple dans Paris d'une plus-value aussi considérable.

Maintenant, si M. de Girardin consentait à se donner la peine d'aller étudier Paris sur place, dans la rue, seulement une semaine, comme nous le faisons depuis trente années, sa conscience le forcerait à de tristes rapprochements.

Il lui faudrait, dans la même journée, quitter brusquement, pour quelques heures, les magnificences qui l'entourent, pour se transporter tout à coup dans les steppes qui composent les arrondissements de l'Est. Là se trouve en grande partie la population ouvrière que les démolitions ont chassée du centre de la Ville pour la rejeter aux extrémités, c'est-à-dire dans des localités sillonnées de ruelles sans nom, de chemins effondrés, de cloaques hideux et qui soulèvent le cœur.

Alors l'écrivain se demanderait s'il n'eût pas été plus juste d'accorder la priorité à cette Sibérie parisienne qu'on eût transformée en y consacrant les sommes dépensées pour une seule de ces quinze ou vingt avenues récemment improvisées à l'ouest de Paris.

Sans doute, le luxe et la richesse ont des préférences

qui s'expliquent et que les administrateurs ne doivent pas contrarier : qu'on donne le superflu aux quartiers de l'ouest de Paris, soit, mais qu'on accorde le nécessaire à tous.

La hausse excessive des terrains, surtout à l'ouest de Paris, doit être considérée comme un fait déplorable, en ce qu'elle a nécessairement improvisé des fortunes imméritées.

Que de gens se sont endormis dans une aisance à peine suffisante, pour se réveiller millionnaires !

Le sens moral d'une ville est toujours offensé par ce contact de la richesse que ni le travail ni le talent ne justifient.

L'agiotage sur les terrains dans Paris, à notre époque, doit être envisagé, flétri, comme une triste réminiscence de cette frénésie excitée, sous la régence du duc d'Orléans, par la création de la Banque de Law et le tripotage sur les actions du Mississipi.

Quatrième question à M. de Girardin :

Pourquoi l'Administration Municipale n'a-t-elle pas prélevé sur ses emprunts une somme suffisante pour l'établissement de *Marchés dans Paris,* d'après un système d'ensemble favorable à l'approvisionnement de la Capitale, au lieu de subir les emplacements que lui proposent les capitalistes, emplacements presque toujours défectueux comme celui qui va servir au marché devant remplacer l'établissement banal et à ciel ouvert de la rue de Sèvres?

C'est méconnaître évidemment cette sage recomman-

dation que l'Empereur Napoléon Ier faisait souvent au
comte Frochot : — « Multipliez, monsieur le Préfet,
les marchés dans Paris; mettez-en un ici, là, partout
où l'ouvrier le demande où la bonne ménagère le réclame. »

Cinquième Question. — Pourquoi l'Administration
Municipale tient-elle en location un certain nombre
de ses écoles primaires et de ses salles d'asile? N'eût-il
pas été plus convenable d'affecter une faible partie de
ses emprunts si considérables à ces établissements
qu'elle pouvait élever sur des terrains appartenant à la
Ville, à cette fin que les petits enfants fussent bien
chez eux?

Tout cela ne comportait pas de ces vastes opérations dont le retentissement flatte l'amour-propre des
administrateurs de nos jours, mais bien de ces œuvres
saintement utiles qui ajoutent à l'affection que le peuple ressent pour le Souverain et qui plaisent à Dieu.

Maintenant abordons d'autres considérations d'un
ordre encore plus élevé, en ne perdant pas de vue les
opinions de M. de Girardin sur l'administration de la
Ville de Paris.

La population de Paris s'est accrue, dit l'éminent
écrivain, *mais c'est un fait général qu'on peut constater dans toutes les villes de l'Europe.*

Nous n'avons rien à dire ici des grandes cités de
l'Europe, mais quant aux villes principales de la France, nous sommes bien et fidèlement renseigné. Nous
soutenons donc que l'accroissement de la population
de Paris, dans le sens des classes pauvres, est un fait

exceptionnel et des plus dangereux. Ni Lyon, ni Marseille, ni Bordeaux, n'accuse un accroissement aussi formidable, même relativement.

M. de Girardin estime que cette population constitue les véritables armées de la civilisation.

Pour nous ce sont les armées de la désorganisation. A Dieu ne plaise que nous confondions tous les émigrants pauvres dans une même réprobation ! Cependant, ne l'oublions pas : les cultivateurs qui délaissent de gaieté de cœur les champs arrosés des sueurs de leurs pères pour aller à l'aventure ; les artisans et ouvriers de nos provinces qui abandonnent mère, femme, enfants, qui répudient les saintes joies de la famille, toute cette émigration provinciale enfin qui vient peser sur Paris, tordez-la par la pensée, jamais vous n'en exprimerez, l'essence la plus pure d'une nation — loin de là.

A force de talent, de patience, de génie et de charité, admettons pour un instant que le gouvernement parvienne à moraliser ces émigrants, à les assimiler complétement à cette bonne et honnête population parisienne.

Mais sa tâche, remplie aujourd'hui, serait à recommencer demain, après, toujours.

Cette tâche est désormais impossible, parce que l'attraction que Paris exerce sur nos provinces devient chaque jour plus irrésistible par l'exagération des grands travaux, véritables pompes aspirantes qui apportent dans la Capitale toute l'écume de la nation.

CHAPITRE IV

LES BEAUX-ARTS ET L'HISTOIRE

On a plus démoli et reconstruit de maisons dans Paris, depuis 1852 jusqu'en septembre 1865, que dans tout le dix-huitième siècle. Seulement, il est un fait à rappeler : sur 1,000 maisons dont nous avons pu constater l'édification nouvelle, 860 ont été bâties par des entrepreneurs ou maçons et 140 seulement par des architectes.

Il est douteux que nos habitations modernes, si nous en jugeons par leurs façades, puissent passer aux yeux de la postérité pour des types d'élégance et de bon goût.

Pourquoi dispenser d'études spéciales les personnes qui se chargent d'élever des constructions dont les vices sont parfois de nature à compromettre l'existence des familles ?

Sous le rapport des Beaux-Arts cette ignorance est d'autant plus fâcheuse qu'elle porte préjudice à la Ville de Paris, considérée à juste titre comme la Cité-Reine de l'Europe.

Plusieurs écrivains, et, ce qu'il y a de plus étonnant, des architectes ont prétendu que la profession de bâtir n'avait jamais été réglementée dans la Capitale. — Cette assertion est contraire à la vérité. Il n'a pas toujours été permis au premier gâcheur de plâtre, arrivant du Limousin, de se croire en droit de bâtir un hôtel, voire même un palais et de se poser en rival d'un Philibert Delorme où d'un François Mansard.

Sans doute un homme de génie, architecte ou non, peut improviser le dessin d'un palais splendide, comme le médecin Claude Perrault, la colonnade du Louvre. Mais à côté de l'artiste improvisé, il fallait encore l'architecte initié à l'art de bâtir ; c'est celui qu'on appelait autrefois le *maistre ès œuvres de maçonnerie*, le constructeur responsable.

Exemple. — *Bureau de la Ville, 23 juin 1564.*

« Et le dict jour, sommes party destrement et
» sommes allez jusques au Port Saint-Gervais, où nous
» avons changez de robbes, et sommes mis en bâteaux
» pour flotter, accompagnez des archers et trompettes,
» où sommes allez au Port des Bernardins, pour l'as-
» siette de la d. première pierre, ordonnez par le Roy
» estre faicte au dict port, ou estant descendus aux
» fondements faicts et préparéz pour la d. assiette. Le
» maistre des œuvres de la Ville a présenté au Prevost
» des Marchands un tablier de cuir blanc qu'il lui
» ceint, et baillé une truelle avecque du mortier de
» chaulz et sable pour asseoir la dicte première pierre...,
» et après avoir faict le scigne de la croix et dict ces
» mots : au nom du Père, du Fils et du Bénoict Sainct
» Esprit, sommes retirez et le *maistre des œuvres de*
» *massonnerie* a commencé à massonner..... »

Dans un compte des dépenses, approuvé et signé par Catherine de Médicis, le 20 juin 1567, on lit ces mots :

A Philibert de Lorme, architecte. 300 escus.

A Robin, maistre ès œuvres de maçonnerie. 120 —

Ainsi, l'architecte était l'artiste, le créateur, — le maître des œuvres de maçonnerie, le constructeur; le directeur des ouvriers, des *mains-d'œuvre*. Il y avait alors une double garantie, celle de l'intelligence créatrice d'abord, celle de la bonne exécution des travaux ensuite.

Nous avons sous les yeux un dessin représentant une partie de la rue Saint-Honoré au seizième siècle. Toutes les maisons grandes ou petites sont à pignons historiés avec façades émaillées de gracieuses figurines. Si l'on compare les habitations de cette partie ancienne de la rue Saint-Honoré nommée alors rue du *Chastiau Fétu* aux maisons froides et uniformes de notre époque, on se dit malgré soi : les premières ont été bâties par des artistes, les secondes par des maçons.

Il y avait alors une classe d'artistes qui n'existe plus, pour les habitations au moins, c'était la classe des *imagiers*. Quand une habitation sortait des mains de l'architecte, l'imagier la prenait et c'était lui qui sculptait de la dentelle de pierre et ces charmantes figurines qui souriaient aux passants.

Aujourd'hui nos entrepreneurs de bâtiment n'ont à prouver aucune espèce de savoir, et cela ne les empêche pas de faire fortune ; quelques-uns sont millionnaires, tandis que l'homme de science, de génie parfois, l'architecte enfin, est souvent exposé à manquer du nécessaire, à mourir de faim, dans une Capitale où l'on construit des maisons par milliers.

Paris augmente ses rues, ses maisons, mais son importance artistique s'amoindrit. — Paris se rapetisse.

Examinons l'architecture de nos anciennes places publiques ; voyez ensuite ce qu'on fait maintenant, et comparez.

La Place Royale a été construite en vertu des lettres patentes de juillet 1605. Ses salons étaient autrefois les mieux écoutés de l'Europe. Pas un prince de Louis XIII, pas un poëte de Louis XIV ne manque à cette belle galerie de la place Royale (1).

La Place Vendôme a été ordonnée par lettres patentes du 7 avril 1699. C'est l'œuvre de Jules Hardouin Mansard. Quelles sont les créations que l'Édilité ac-

(1) « Tous les hôtels de la place Royale, un seul ex-
» cepté, ont été façonnés, taillés, mutilés par les pro-
» priétaires, selon la fantaisie la plus ignorante et la
» plus coupable.

» L'un ayant trop d'air pour sa faible poitrine, où res-
» pirait un Crillon, où souriait Marion Delorme, où cau-
» sait Corneille, a fait deux étages dans un seul.

» L'autre a détruit son balcon pour en vendre le fer.

» Celui-ci a démoli sans pitié une partie de son hôtel
» et s'est contenté, après avoir violé effrontément les let-
» tres patentes de 1605, de reconstruire en mauvaise
» pierre. Au lieu d'employer la brique pour sa maison, il
» l'imite par la couleur et lui met du fard.

» Celui-là, au mépris des anciennes ordonnances de
» police, accroche sur la façade de son hôtel une enseigne
» de cinq mètres de longueur.

» Et nos Préfets se sont croisés les bras, ont laissé
» faire... »

Voici pour la place Royale, passons maintenant à la place Vendôme.

« Messieurs les Conseillers, qu'on vous remette le plan
» de Mansard, et vous vous rendrez compte des nom-

tuelle oserait opposer à ces deux monuments qu'elle laisse défigurer par l'ignorance et la cupidité ?

La Place du Châtelet ? Le bâtiment de la Chambre des Notaires vous coupe le visage comme avec un couteau. Cette maison d'une vulgarité orgueilleuse présente aux promeneurs attristés une façade de 16 mètres de largeur. Là pourtant il y avait un magnifique emplacement à utiliser. Il fallait s'épargner le regret de bâtir sur l'îlot malencontreux que termine en pointe cette chambre des notaires. Il fallait abandonner généreusement, noblement ce terrain à la voie publique, en créant une place monumentale avec constructions en harmonie avec l'architecture de la tour Saint-Jacques-la-Boucherie si habilement restaurée. Au lieu de cela, qu'a-t-on fait ? Pour clore une dépense fastueuse par une mesquine économie, l'on a vendu cet îlot pour en faire de l'argent et l'on est arrivé à une place pygmée pour un boulevard géant.

La Place Saint-Michel ? Sa forme est celle d'une fourche dont une dent est de travers. Cette place d'où partent deux grandes voies n'a que 73 mètres de dimension et la fontaine, qui forme pan coupé, compte 26 mètres de hauteur sur 15 de largeur. C'est un amalgame toujours fâcheux au point de vue de l'art que le

» breuses mutilations qu'on a fait subir à ce monument,
» l'un des plus beaux de l'Europe par son propre mérite,
» par son entourage, et surtout par le glorieux complé-
» ment de sa colonne triomphale. »

(Extrait de notre Mémoire au Conseil Général de la Seine.
Novembre 1850.)

placage d'un monument sur une construction ordinaire et bourgeoise. Si vous dressez fièrement, au contraire, une fontaine au beau milieu d'une place publique, le soleil est son premier et son plus grand décorateur; ce sont ses rayons qui font étinceler les eaux en gerbes de diamants d'émeraudes, et de saphirs.

La Place du Prince-Eugène? Quelles formes disgracieuses? Comme la statue du Prince-Eugène défigure et rapetisse le Vice-Roi d'Italie! — La mairie du XIᵉ arrondissement méritait mieux.

La Place du nouvel Opéra? Ce n'est pas une place, c'est un étau.

La nouvelle Place de l'Hôtel-de-Ville? Voyez comme elle est habillée! on a greffé le bâtiment-annexe du Palais Municipal et celui de l'Assistance Publique sur des maisons bourgeoises, de sorte qu'il en résulte une incohérence de styles, un accouplement sans nom dans le langage artistique.

La nouvelle Gare du Nord d'une architecture si noble, si splendide et qui fait tant d'honneur à M. Hittorf, comment l'a-t-on traitée? Au lieu de lui donner une place, un vestibule aux larges et belles proportions, cette gare monumentale est condamnée à subir un tronçon de rue dont les maisons masquent les deux ailes du monument.

Et la Cité? N'avait-on pas, pour un moment, en 1862, conçu, puis arrêté l'étrange projet forcément abandonné depuis, de construire en bordure de la voie qu'on nomme aujourd'hui boulevard du Palais deux salles de spectacle de bas étage?

Comme un nouveau *Bobino* et le *Petit Lazari* ou les *Délassements-Comiques* eussent été singulièrement placés entre la basilique de Notre-Dame et le Palais de Justice ! La face enfarinée de Pierrot d'un côté, les robes rouges de la Cour de cassation, de la Cour suprême de l'autre. Puis, un Prince de l'Église avec la Rigolboche pour voisine (**1**).

(1) Son Éminence le cardinal archevêque de Paris, monseigneur Morlot, de sainte mémoire, fit à ce sujet de nobles représentations qui s'élevèrent jusqu'à l'Empereur.

Sa Majesté fit écarter tout de suite ce malencontreux projet.

Le respect pour notre sainte religion est dans le sang impérial. Voici ce que Napoléon Ier disait au comte Frochot, le 19 mai 1811 :

« ... Je veux, monsieur le Préfet, qu'on dégage, qu'on donne de l'air à Notre-Dame, à cette aïeule de nos églises, la plus belle comme la plus vénérable... Je crois en Dieu, monsieur le Préfet, je ne le discute pas, je le sens... Le peuple de Paris, le plus impressionnable de tous les peuples, est catholique par les yeux comme par le cœur.

» Il s'ennuierait dans les temples froids, monotones et dénudés des protestants. Il lui faut la majesté des grandes basiliques ornées de tableaux et peuplées de statues...

» Le protestantisme fait des penseurs, des philosophes et des savants; le catholicisme enfante des héros, des poëtes et des artistes... Dès que j'entre dans une vieille et imposante cathédrale, j'éprouve comme un frémissement de la Divinité. »

Un grand intérêt de sécurité publique a forcé sans doute d'établir une caserne dans la Cité. C'est un immense malheur, au point de vue de l'art, de masquer ainsi une partie du portail de notre vieille basilique.

Puis les clairons et les tambours ne troubleront-ils pas les cérémonies du culte, les audiences du Palais de Justice et le repos des malades de l'Hôtel-Dieu?

Sans doute la Préfecture de Police avait besoin d'un grand poste militaire. Dans l'intérêt de la splendeur de Paris nous l'eussions préféré vers la pointe occidentale de l'île, à la place Dauphine.

Le Jardin du Luxembourg? Pourquoi l'avoir rogné, mutilé, à l'est de l'ancien Palais Médicis ; le monument semble en contradiction formelle, en hostilité flagrante avec la nouvelle voie qui vient se casser le nez sur le théâtre de l'Odéon. Mieux eût valu prolonger la rue de Vaugirard jusqu'au boulevard Saint-Michel. Ce prolongement eût été plus coûteux sans doute, mais on respectait ainsi un Palais occupant, après le Louvre, le premier rang dans l'estime des artistes et dans l'admiration de l'Europe.

Passons à un autre sujet ayant son importance aussi, examinons maintenant si les métamorphoses patronymiques que viennent de subir certaines rues de Paris sont généralement heureuses.

Les noms des rues de Paris devraient être pour les familles des patrimoines d'honneur précieux à conserver et pour le peuple d'utiles enseignements et de nobles exemples.

C'eût été une excellente idée d'associer en quelque

sorte la population tout entière à cette œuvre de reconnaissance nationale, en soumettant les nouveaux
noms à une enquête publique.

L'Administration Municipale ne s'est éclairée que de
ses propres lumières; voyons si le rayonnement est
complet.

Dans le 1ᵉʳ arrondissement on a substitué au nom
de rue de la Corderie-Saint-Honoré celui de *Gomboust*,
auteur d'un beau plan de la Ville de Paris. La rue de
la Corderie est voisine du Marché Saint-Honoré. Quel
rapport entre un géographe et les choux et les carottes
qu'on débite dans ce marché?

Les rues Neuve-de-Bretagne et Neuve-de-Ménilmon-
tant, dans le 3ᵉ arrondissement sont bordées de fa-
briques et d'ateliers renfermant un certain nombre
d'ouvriers. Tout naturellement, en donnant à ces voies
un nouveau baptême, il fallait rechercher des noms
de grands industriels en honneur dans ce quartier,
dans cette ruche parisienne. Nos Édiles ont appelé
la première rue *Froissard*, la seconde rue *Commines*,
deux historiens!

Et, comme les bonnes idées sont les perles d'un
même collier, on a donné à la rue des Petits-Champs,
dans le 3ᵉ arrondissement aussi, le nom de *rue Bran-
tôme*, de l'auteur des *Femmes galantes*.

Dans le 9ᵉ, la rue Beauregard a pris le nom de *rue
Lallier*. On va voir si cette glorieuse appellation est
habilement appliquée.

Le 13 février 1436, les Parisiens ouvrent la porte
Saint-Jacques au Connétable de Richemont et au comte

de Dunois et chassent les Anglais de la Capitale. Michel
Lallier, maître changeur et bourgeois de Paris, homme
d'initiative et de courage fut celui qui contribua le
plus puissamment à l'expulsion de l'ennemi. Porté le
soir en triomphe à l'Hôtel de Ville, il fut proclamé
Prévôt des Marchands et le Roi le fit noble par lettres
patentes du 27 juillet.

L'Édilité actuelle a commis deux fautes dans la manière de buriner ce nom glorieux à l'angle d'une voie
publique. La première, c'est de lui avoir enlevé sa
particule nobiliaire. Il fallait que la plaque municipale
portât *rue* DE *Lallier*; la seconde faute c'est d'avoir
pour ainsi dire expatrié cette appellation en la relé-
guant dans une rue dont le territoire n'était pas compris dans l'enceinte de Paris sous Charles VII.

La vraie place de Michel de Lallier, Prévôt des Marchands de la Ville de Paris devait être aux abords du
Palais municipal.

Dans le 10ᵉ arrondissement on a donné à la rue de
la Pompe, qui longe le marché de la Porte Saint-
Martin, le nom de *Bouchardon*. Singulière façon d'honorer les grands artistes que d'inscrire leur nom sur
des plaques posées au-dessus des tas d'ordures. Il n'est
pas inutile de rappeler à M. le Préfet de la Seine qu'un
de ses prédécesseurs se conduisit autrement à l'égard
de Bouchardon.

Parmi les œuvres de Bouchardon, l'une des plus remarquables est sans contredit la fontaine de la rue de
Grenelle-Saint-Germain. Elle a été construite de 1735
à 1739, aux frais de la Ville, sous la Prévôté d'Étienne

Turgot. Le lendemain de l'inauguration de cette délicieuse fontaine, le magistrat manda l'artiste auquel la Ville de Paris était redevable de ce chef-d'œuvre de bon goût et d'élégance.

— « Maître Bouchardon, dit le Prévôt des Marchands, vous nous avez donné une perle, permettez-moi de vous offrir un diamant. »

Et messire Turgot attacha une magnifique épingle au jabot de dentelle qui s'épanouissait sur la poitrine de l'artiste.

Nous voudrions bien savoir ce que signifie le nom de *Ruelle de Gondi* remplaçant le nom de ruelle du Cimetière dans le 12e *arrondissement.*

Est-ce le Gondi, duc de Retz, ou bien le Gondi cardinal que l'Édilité actuelle a voulu glorifier. Le premier était au nombre des ministres qui conseillèrent à Charles IX le massacre de la Saint-Barthélemy; le second, prince de l'Église, portait, comme on le sait, un poignard en guise de bréviaire. Ce chef de la Fronde a fait la guerre à sa souveraine, en appelant l'étranger en France. Sont-ce là des actions de nature à recommander le nom de Gondi à la reconnaissance édilitaire pour l'offrir ensuite comme exemple aux ambitieux, comme enseignement au peuple parisien?

Le Titien et *Rubens* eussent été dignement placés près du Louvre dont le musée s'est enrichi de leurs œuvres. Savez-vous où l'Administration Municipale a relégué ces grands artistes? Dans le 13e arrondissement, dans les rues d'Ivry et des Vignes, où l'on cultive avec bonheur et intelligence les concombres et les potirons.

Que vient faire le nom de *Talma* dans un bout de rue, au 16ᵉ arrondissement, à Passy ? Il eût semblé naturel de réserver le nom du grand tragique pour en décorer une des voies aux abords du Théâtre-Français.

La même réflexion peut s'appliquer à la rue *Le Kain* qui remplace dans le même arrondissement une partie de la rue de la Fontaine.

En ce qui concerne la rue *Dupin*, nous demandons lequel ? Pour la rue *Lesueur*, il serait utile de nous apprendre si l'on a voulu rendre hommage au grand peintre ou à l'éminent compositeur de musique. Et *Copernic* qu'on a été noyer dans la rue des Bassins, au lieu d'inscrire son nom aux abords de l'Observatoire ! Nous trouvons aussi que l'auteur du *Pré aux Clers*, de *Zampa*, Hérold, est singulièrement placé dans la rue Cuissard (ancien Auteuil), et *Beethoven* le plus grand génie musical, rue de la Montagne, dans un casse-cou, à Passy !

Scheffer, un peintre, dans la rue des Moulins où se plairait Don Quichotte de la Manche. Il est vrai que *Pétrarque* est relégué dans l'impasse des Moulins et *David* rue des Tournelles.

Et monseigneur *Affre*, ce digne prélat qui a donné sa vie pour son troupeau, pourquoi l'avoir expatrié rue d'Alger, dans le 18ᵉ arrondissement, au lieu d'honorer la mémoire de cet archevêque de Paris en burinant son nom, soit à l'angle d'une rue voisine de la basilique de Notre-Dame, soit dans une des voies du faubourg Ssint-Antoine, témoin de son martyre ?

Et *Vitruve*, dans le 20ᵉ, comme il doit se plaire avec

des marchands de vieilles ferrailles et de mottes à brûler !

Il nous faudrait un volume pour énumérer tous les contre-sens que renferme la nouvelle nomenclature des rues de Paris. En cette circonstance encore, répétons-le, si l'on avait consulté l'opinion publique par une enquête, on eût imprimé à ces nouvelles dénominations le caractère qu'elles devaient avoir, le caractère de récompenses nationales.

L'Administration Municipale a simplifié cette besogne, en inscrivant tous les grands noms de l'Europe sur de petits bulletins pour les déposer ensuite dans un chapeau. Maintenant, elle les tire au hasard comme pour une tombola.

CHAPITRE V

LE POINT DE MIRE — CONCLUSION

Le 23 mars 1594, le Roi Henri IV adressait à l'Échevin Langlois la question suivante :

« — Quelle est, maître Langlois, la qualité la plus
» précieuse dans un Administrateur ?

» — Sire, c'est la courtoisie, répondit l'Échevin.

» — Pourquoi ?

» — Parce qu'elle profite au Souverain.

» — De quelle manière, continua Sa Majesté, les
» Échevins doivent-ils traiter les Parisiens ?

» — Avec convenance, avec respect, en gentils-
» hommes. »

M. le baron Haussmann a-t-il mis en pratique ces sages maximes professées par l'Échevin Langlois?

Lors de la discussion engagée au Sénat pour l'ouverture de la rue qui a rogné le jardin du Luxembourg, à l'est, en déplaçant la charmante fontaine de Médicis, M. le Préfet n'a-t-il pas eu à regretter quelques-unes de ces phrases toujours fâcheuses dans la bouche d'un Administrateur?

Au sujet des dernières élections, M. Haussmann, dans son intervention, a-t-il été constamment heureux dans le choix de ses expressions?

Dans son discours du 28 novembre 1864, M. le Préfet s'exprime ainsi relativement aux Parisiens :

« Au milieu de cet océan, aux flots toujours agités
» et renouvelés, il y a une minorité, considérable sans
» doute, de véritables Parisiens qui formeraient, si
» l'on pouvait les discerner et les saisir, l'élément
» constitutif d'une commune; mais, isolés les uns des
» autres, changeant avec une extrême facilité de loge-
» ments et de quartiers, ayant leurs familles disper-
» sées sur tous les points de Paris, ils ne s'attachent
» guère à la mairie d'un arrondissement déterminé,
» au clocher d'une paroisse particulière. Quels moyens
» auraient-ils, d'ailleurs, de se reconnaître et de s'en-
» tendre sur les véritables intérêts communaux? etc. »

Quelle phrase malheureuse dans la bouche d'un Administrateur !

Que l'Autorité souveraine, à des époques solennelles expose ses idées, son action sur la politique extérieure et l'administration de la France, c'est son droit, et l'on sait comme elle l'exerce avec convenance, avec tact, avec mesure. Mais qu'un Préfet de la Seine, c'est-à-dire le grand voyer de Paris, vienne, sans aucune espèce de nécessité, dans une réunion de Magistrats, infliger à plus de huit cent mille de ses Administrés cette espèce de déchéance, c'est froisser sans raison des sentiments respectables, et raviver les passions au lieu de les calmer.

Le silence du Préfet eût profité au Magistrat ; les discussions qu'il soulève créent des adversaires à l'Administrateur.

Les institutions humaines ne sont-elles pas, d'ailleurs, essentiellement perfectibles.

S'il était nécessaire, au lendemain de nos discordes civiles, et pour raison d'apaisement de suspendre l'exercice de nos libertés municipales, M. le Préfet de la Seine a-t-il le droit d'engager l'avenir et de frapper la Ville dont l'administration lui est confiée d'une espèce d'interdit perpétuel ?

Ainsi, le dernier paysan de l'Alsace ou de la Champagne pouilleuse, dont toute l'intelligence se mesure aux mouvements de sa charrue traçant toujours les mêmes sillons, jouirait de certaines prérogatives, exercerait des droits refusés à tout jamais au peuple de Paris, d'où part le premier rayonnement qui éclaire le monde !

L'un des prédécesseurs de M. le baron Haussmann, M. le comte de Rambuteau, dont le cœur se dévoilait par la sagesse de l'administrateur et la courtoisie du gentilhomme, montrait plus de déférence envers les Parisiens lorsqu'il disait :

« J'ai toujours regardé mes Administrés comme mes
» enfants dont les pauvres étaient les aînés. Le devoir
» du premier Magistrat de la Ville de Paris est d'ex-
» clure la politique de ses discours, et d'administrer
» cette ville en vue d'être utile au Pouvoir, de se faire
» aimer des Parisiens, et surtout de plaire à Dieu. »

Ceci vous explique, Monsieur de Girardin, pourquoi le comte de Rambuteau était sympathique aux enfants de Paris, et comment il s'est fait que M. le baron Haussmann en est malheureusement le point de mire.

Louis LAZARE.

DE

L'EXÉCUTION DU PLAN DE PARIS

DANS

LES ARRONDISSEMENTS EXCENTRIQUES

L'Administration Municipale va poursuivre avec une certaine activité les grands travaux au profit des anciennes Communes qui forment nos arrondissements excentriques.

On sait que chaque Commune avait autrefois son administration particulière, et qu'il en résultait un isolement fâcheux pour la circulation générale et nuisible à ces localités.

Les études de l'Administration actuelle en faveur des Communes annexées devaient surtout avoir pour objet de fusionner ces groupes de population en faisant rayonner librement la circulation au moyen de nouvelles voies.

En général, les tracés sont heureusement combinés.

Mais, quant à l'exécution de ces voies, le mode administratif laisse singulièrement à désirer.

Pourquoi l'Autorité Municipale n'a-t-elle exproprié presque toujours dans ces localités que les terrains rigoureusement nécessaires aux percements?

Il en est résulté des inconvénients très-graves.

Le premier est d'avoir improvisé, au profit des détenteurs des terrains restants, une plus-value sans compensation pour l'intérêt général.

En effet, presque tous les détenteurs de ces terrains restants ne bâtiront pas. Ils spéculeront sur ces fractions d'immeubles et ne les livreront aux véritables constructeurs qu'après leur avoir fait suer tout le renchérissement possible.

D'autres, parmi ces propriétaires, sont des cultivateurs aisés qui tirent de l'exploitation de leurs terrains un revenu assez considérable et qui les met en position d'attendre. Puis ces cultivateurs ont pour abris des masures dont ils se contentent; ensuite ils savent fort bien que le prix des matériaux est tout aussi élevé dans le 20ᵉ arrondissement, par exemple, que dans le boulevard Haussman, et que ce prix s'augmente encore à leur détriment par les frais rendus plus onéreux lorsqu'il faut transporter les pierres à Belleville, Ménilmontant ou Charonne au lieu de les amener facilement dans le quartier le plus riche de Paris.

Il eût donc été rationnel d'étendre autant que possible dans ces localités excentriques l'expropriation sur une surface de terrain plus considérable et de chercher à s'emparer d'une zone en bordure des nouvelles voies qui s'exécutent dans l'ancienne banlieue.

Si l'on nous objectait que la législation en matière d'expropriation pour cause d'utilité publique ne permettrait pas à l'Administration Municipale de se rendre maîtresse des terrains à sa convenance, nous répondrions : **M.** le Préfet de la Seine ne s'en est guère privé dans les quartiers riches.

La Compagnie Petit n'a-t-elle pas obtenu des terrains souvent d'une superficie considérable pour les revendre après l'ouverture d'une partie du boulevard Haussmann. La plus-value de ces terrains, outre la subvention de la ville, a été le principe des bénéfices réalisés par cette Compagnie.

La Compagnie Berlancourt s'est-elle contentée de parcelles insignifiantes de terrains, lorsqu'elle a réalisé l'achèvement du boulevard de Magenta?

Et la Compagnie Blondel, pour l'exécution de la rue dite du Pont-Neuf, lui a-t-on imposé la réserve de ne prendre tout juste que les maisons à démolir pour pratiquer cette trouée?

Lorsque l'Administration Municipale a réalisé l'exécution du boulevard du Prince-Eugène, ne lui est-il pas resté des terrains d'une superficie de 57,782 mètres, et ces terrains n'ont-ils pas été vendus en bloc à la Compagnie Immobilière?

On voit clairement que la législation n'a pas lié les mains à M. le Préfet alors qu'il s'est agi de concéder, sans concurrence aucune, l'exécution des voies nouvelles à des Compagnies, et précisément ce sont ces terrains restants dont la revente a constitué le bénéfice de ces sociétés financières.

Ces vérités bien comprises, comment fallait-il opérer pour l'exécution des voies composant autrefois l'ancienne banlieue de Paris formant aujourd'hui nos arrondissements excentriques si dignes, par leur pau-

vreté, de toute la sollicitude de l'Administration Municipale?

Il fallait, au lieu de se borner à n'exproprier que le
sol nécessaire aux nouvelles voies, donner à l'expropriation toute l'extension possible, non pour constituer
le bénéfice de telle ou telle Compagnie, mais pour en
faire un noble et saint usage, pour sanctifier en quelque
sorte toute cette opération.

Ici nous appelons toute la sérieuse attention de nos
lecteurs.

Le fardeau qui pèse le plus lourdement sur la classe
ouvrière est, sans contredit, la cherté persistante des
petites locations.

Comment cette cherté s'est-elle produite et pourquoi
se continue-t-elle?

Elle s'est produite le jour où l'on a commencé le dégagement du centre de Paris.

C'était là, sans doute, une amélioration manifestement utile, mais entreprise et poursuivie sans que nos
Édiles se soient bien rendu compte des conséquences
qu'elle devait entraîner, par une précipitation irré-
fléchie.

Qu'est-il arrivé?

Pour créer de larges voies, il a fallu démolir un grand
nombre de ruelles qui sillonnaient les quartiers du
centre. Mais ces ruelles renfermaient des maisons
étroites et serrées presque toutes habitées par nos
classes laborieuses. Ces maisons démolies et ces larges
trouées pratiquées, il a fallu rebâtir sur des terrains
achetés très-cher, avec des matériaux dont le prix

augmentait chaque jour. Il en devait résulter des constructions coûteuses ne pouvant plus renfermer de petits logements accessibles à la classe ouvrière. — De là leur émigration forcée vers les extrémités de la ville.

En cette circonstance, quel était le devoir de l'Administration Municipale? En faisant le vide dans le centre, il fallait bâtir en même temps aux extrémités.

Il est évident, certain, que si l'on avait créé des rues et des boulevards dans les quartiers excentriques, si l'on avait imprimé une vive impulsion, coûte que coûte, aux constructions dans ces localités où le terrain était encore à bon marché, la cherté des petits logements ne se fût jamais accusée comme un reproche fondé, sans réplique comme sans atténuation. L'Administration Municipale a répondu souvent par l'organe de M. le Préfet de la Seine : J'ai plus reconstruit de petits logements que je n'en ai démoli depuis 1854 jusqu'à ce jour.

Le bon sens public réplique au magistrat : En principe, quand une marchandise est abondante, au delà des besoins, son prix ne saurait se maintenir élevé ; immanquablement il redescend. Vous avez bien reconstruit pour les ouvriers, que vos démolitions précipitées chassaient tout à coup du centre de Paris, mais vous n'avez pas pressenti que l'exécution de vos immenses travaux, poussés jusqu'à l'exagération, deviendrait la pompe refoulante qui chasserait dans la Capitale les classes pauvres de la province.

Maintenant, est-il possible de faire cesser le mal et

peut-on espérer avoir raison un jour de cette cherté locative si onéreuse?

On ne saurait guérir en peu de temps une maladie dont on a développé tous les germes.

L'émigration des classes pauvres de la province au préjudice de Paris, au grand détriment de l'Autorité souveraine, émigration redoutable que l'exagération des grands travaux a précipitée dans la Capitale ne saurait s'arrêter. Le flot suivra son cours, et ne le remontera pas.

Toutefois l'Administration Municipale, dont les actes ont provoqué cette cherté locative, pourrait certainement, par des mesures contraires aux anciennes et plus sagement combinées, arriver à diminuer le prix des petites locations.

Pour rendre notre argumentation facile à saisir, prenons pour exemple la continuation de la rue de Puébla sur les territoires de Belleville, Ménilmontant et Charonne.

Pour réaliser ce prolongement, la Ville n'a exproprié d'ordinaire que les terrains absolument nécessaires à la voie.

Supposons pour un instant qu'elle ait procédé en cette circonstance comme nous l'avons vue faire lorsqu'il s'est agi des boulevards de Strasbourg, de Malesherbes, de Magenta, du Prince-Eugène, des rues de Turbigo, du Pont-Neuf, etc... Admettons pour un moment que l'Administration Municipale possède en bordure de la rue de Puébla des terrains d'une superficie importante, comment devrait-elle agir pour faciliter la construction de maisons à usage d'ouvriers?

Elle pourrait dire :

— « J'ai la ferme intention de favoriser les classes laborieuses et d'avoir raison, aussitôt que faire se pourra, de la cherté des petites locations. Je possède des terrains d'une superficie considérable et en bordure de cette rue de Puébla. Ces terrains m'ont coûté l'un dans l'autre 25 francs le mètre : la voie ouverte, ils en valent 40.

» Comme une grande Administration ne descend jamais à spéculer, je ferai profiter les acquéreurs de cette plus-value, mais à la condition de bâtir dans un délai déterminé, en deux années ou dix-huit mois, par exemple. »

Si l'Administration Municipale avait opéré de cette façon pour la rue de Puébla et les autres voies excentriques, il est certain qu'elle eût infailliblement amené la construction d'un grand nombre de maisons à usage d'artisans et d'ouvriers et produit conséquemment une diminution relative dans le prix des petites locations.

Il est probable également que la construction rapide dans ces grandes artères aurait exercé une influence des plus heureuses sur les voies secondaires qui se seraient transformées au contact de l'activité, du mouvement, du bien-être imprimés aux voies de grande circulation.

En supposant pour un moment que l'Administration Municipale n'eût pas trouvé des acquéreurs en nombre suffisant pour border les grandes voies de maisons dans

un espace de deux années, peut-on admettre que les
Compagnies auraient fait défaut d'acquérir en bloc ces
terrains en bordure, alors qu'on les leur eût livrés à
des prix exceptionnels en les faisant profiter d'une
plus-value certaine?

Sans doute, et en fin de compte, l'Administration
Municipale, en procédant comme nous venons de l'indiquer, eût été forcée de s'imposer des sacrifices.

Mais quand on l'a vue, à tant de reprises différentes,
donner aux quartiers riches jusqu'au superflu qu'ils
ne demandaient même pas, cette nouvelle manière de
procéder eût fait pardonner bien des fautes, et certainement l'opinion publique approuverait aujourd'hui
comme toujours des dépenses faites au profit de localités où manque le nécessaire.

Louis Lazare.

DES

MARCHÉS SECONDAIRES

SYSTÈME ARTICULÉ

Par Émile CORDONNIER, Ingénieur Civil.

Un de nos Administrateurs les plus habiles, le Comte
Frochot, Préfet de la Seine de **1800** à **1812**, avait contracté l'excellente habitude d'inscrire, sur un petit
carnet, tous les faits intéressant l'Administration

Municipale de Paris, et notamment les recommandations que lui faisait l'Empereur Napoléon Iᵉʳ.

Sur un de ces petits carnets portant le nᵒ 4, on lit la mention suivante, à la date du 19 mai 1811 :

— « Parti à 7 heures du matin pour Rambouillet, à l'effet de soumettre à Sa Majesté les plans concernant l'agrandissement des Halles Centrales. Parmi ces projets, il s'en trouvait un qui consistait à établir le grand Marché parisien sur le quai de la Mégisserie, en bordure du fleuve. L'Empereur, après l'avoir examiné quelques instants, haussa les épaules, et dit : »

— « Des choux et des carottes sur les quais ! allons donc ! Savez-vous ce que je veux faire des quais de Paris, monsieur le Préfet ? Des voies romaines, avec les statues des grands hommes de l'Europe, de distance en distance ! »

Puis Sa Majesté s'approcha d'une table sur laquelle était déroulé un plan de Paris.

— « Un Marché, monsieur le Préfet, continua l'Empereur, n'est pas un monument qui puisse ajouter à la splendeur d'une grande Capitale, mais un établissement d'utilité publique ; aussi ne saurait-il se montrer, se pavaner. Il faut qu'on le trouve facilement, voilà tout...

— » Dans ma pensée, les Halles Centrales doivent être un vaste dépôt pour l'approvisionnement de la Capitale, un grand Marché régulateur. Mais ce qu'il faut à Paris surtout, ce sont des marchés d'arrondissements. — Mettez-en un ici, là, partout où l'ouvrier le demande, où la bonne ménagère le réclame. »

Napoléon se leva, marcha quelques minutes, pensif et recueilli.

« Le centre de la Capitale est sillonné de ruelles étroites, humides et malsaines, ajouta tout à coup Sa Majesté. Jamais les doux rayons du soleil ne viennent les égayer en les purifiant... Paris souffre d'un anévrisme du cœur. Il faut pratiquer au plus tôt de grandes trouées dans cet entassement de pierres noircies, de vieux moellons et de chair humaine, à cette fin que la circulation, partant du centre de la Ville, dégagé, transformé, rayonne partout et librement jusqu'aux extrémités de Paris.....

» ..... Cette agglomération ouvrière, au centre de Paris, est aussi nuisible à sa population laborieuse, étouffant dans une atmosphère putride, qu'elle est dangereuse pour l'autorité... Il faut, à tout prix dégager l'Hôtel de Ville, le Louvre et les Tuileries — l'Hôtel de Ville surtout ! »

Telles étaient les recommandations si justes et si vraies que l'Empereur adressait à son Préfet de la Seine en 1811. On sait que le comte Frochot, bien que animé d'excellentes intentions et jaloux de plaire au Souverain, se trouva dans l'impossibilité d'y faire droit, par suite des guerres successives qui vinrent paralyser l'exécution des grands travaux dans Paris.

L'Édilité actuelle a été plus heureuse, et l'on peut dire qu'elle a su donner aux idées émises par Napoléon Ier la plus intelligente comme la plus utile application.

Le centre de Paris est complétement dégagé et partout assaini. Les ruelles étroites et sombres, qui s'enchevêtraient au milieu de la Capitale et formaient autant de barrages à la circulation de jour en jour plus obstruée, ont disparu en grande partie pour faire place à de larges voies, à de précieux ventilateurs.

Cette transformation, si manifestement humaine et généreuse, devait amener forcément le déplacement de la population ouvrière dont l'entassement séculaire, dans les quartiers de la Cité, des Arcis, de l'Hôtel de Ville était le complice ordinaire des épidémies.

On comprend aisément aussi que la reconstruction instantanée d'habitations vastes, aérées, remplaçant des masures étroites, serrées et malsaines, devait être nécessairement une reconstruction coûteuse, en raison d'abord de la cherté du terrain, ensuite par le fait de l'augmentation progressive du prix des matériaux.

Il en résulta que ces nouvelles habitations élevées à grands frais ne purent renfermer de logements accessibles aux classes ouvrières.

De là, naturellement, leur émigration successive vers nos quartiers excentriques.

L'extension des limites de Paris jusqu'aux fortifications était devenue de plus en plus nécessaire. Lorsque cette grande mesure se réalisa, dès l'année 1860, l'Autorité Municipale se mit à l'œuvre pour assimiler, autant que possible par d'utiles améliorations, les communes annexées à l'ancien Paris.

Des boulevards, des rues s'ouvrent en ce moment pour relier entre elles les anciennes communes autrefois isolées, et destinées aujourd'hui à former les nouveaux arrondissements excentriques.

L'instruction primaire manquait à la moitié des enfants habitant ces localités, pourtant si voisines de la Capitale, ce foyer de lumières.

De nombreuses écoles ont été construites, et bientôt la banlieue annexée n'aura plus rien à envier sous ce rapport à l'ancien Paris.

Des édifices religieux faisaient défaut également dans plusieurs de ces communes, où cependant la pauvreté avait le plus besoin de ces consolations que donne la prière.

D'ailleurs les quelques églises qui s'élevaient çà et là devenaient inabordables lors des pluies et des neiges de l'hiver, par suite du mauvais état des ruelles, des chemins et des sentiers presque tous privés de pavage, et pour la plupart défoncés et sillonnés d'ornières.

De nouvelles églises se terminent ou se construisent en ce moment, et toutes en bordure de grandes voies, qui rendent les abords de ces édifices religieux faciles et commodes.

Les Marchés manquaient surtout dans la zone annexée. L'Administration Municipale vient de s'entendre avec une Compagnie ; bientôt des marchés seront construits dans les arrondissements qui en avaient le plus pressant besoin.

Mais ici, qu'il nous soit permis d'appeler toute la sérieuse attention de nos Édiles, et de soumettre à leur appréciation éclairée quelques idées se rattachant à l'approvisionnement de Paris.

Nous avons rappelé les causes qui ont déterminé le déplacement de la classe ouvrière dans Paris.

Cette émigration du centre aux extrémités de la Ville, loin de se ralentir, doit se généraliser de plus en plus chaque jour.

Ce déplacement, s'il est habilement favorisé, doit profiter à tous, et principalement à nos ouvriers, surtout si, par d'utiles améliorations, on leur fait adopter nos quartiers excentriques où l'air et le soleil leur assureront une salubrité toujours compromise autrefois dans les ruelles situées dans le voisinage de l'Hôtel de Ville et dans la Cité.

Mais il ne faut pas oublier que ces agglomérations ouvrières dans le centre de Paris bénéficiaient autrefois du voisinage des grandes Halles. Sous ce rapport, l'émigration des classes laborieuses a été pour elles un déplacement nuisible, parce que la vie leur est devenue plus chère et plus difficile.

Faute de marchés, il a fallu que la femme de l'ouvrier, la bonne ménagère, s'approvisionnant autrefois aux Halles Centrales, subît les exigences coûteuses des fruitières.

Il n'est pas de détails oiseux et inutiles en administration. Toutes les études ont une importance relative, mais concourant sans cesse au bien-être général ; ce sont des semences assurées d'une terre qui les féconde.

Nous avons voulu connaître exactement les écarts de prix entre des denrées de première nécessité, payés aux Halles Centrales, et ceux que les fruitières imposent.

Dix francs de légumes achetés, par nous, en bloc, aux Halles Centrales, nous ont coûté cinquante francs en détail et pris chez les fruitières.

Ces légumes se composaient de choux, carottes, pommes de terre, enfin de denrées de première nécessité que consomment habituellement nos classes laborieuses.

Loin de nous la pensée de signaler cette différence énorme pour en faire le sujet d'une critique à l'adresse de l'Administration Municipale.

C'est un sentiment de reconnaissance, au contraire, qui nous guide.

En effet, nous avons dit que nos Édiles s'étaient constamment préoccupés, depuis l'extension des limites de Paris, de la question si intéressante de l'approvisionnement de cette Ville.

En ce moment même, elle a décidé l'établissement, par une Compagnie, de marchés qui vont s'élever dans les 13e, 15e, 16e, 17e, 18e, 19e et 20e arrondissements.

Sous le rapport de l'approvisionnement, on va réaliser d'utiles créations, mais il restera certainement beaucoup à faire encore.

Qu'il nous soit permis d'exprimer à ce sujet toute notre pensée avec cette bonne et honnête intention de bien servir l'Autorité.

Comme nous l'avons dit, il s'opère un grand mouvement dans la population parisienne. Voyez comme le flot se déplace : hier il était ici, il sera là demain, où sera-t-il après ?

Dans cette incertitude que le génie, même d'un grand

administrateur ne saurait faire cesser tout à coup, est-il bien prudent, complétement sage, d'établir des marchés *fixes* pendant que ce déplacement s'opère, avant que le flot ne s'arrête?

Mieux eût valu, selon nous, se borner à des marchés *mobiles*, mais en les établissant partout où la nécessité s'en faisait sentir.

L'art de la mécanique a fait de nos jours des progrès immenses, et, comme on va le voir tout à l'heure, un marché peut s'improviser en quelques minutes, s'utiliser pendant plusieurs heures, et disparaître instantanément.

Le problème à résoudre est d'abriter les marchands et les acheteurs, en donnant à ces petits pavillons une forme agréable.

Quand donc verra-t-on disparaître complétement ces ignobles parapluies dont l'aspect est si repoussant et qui forment, lorsqu'il pleut, de petites rigoles versant l'eau dans le cou des acheteurs ?

Vers la fin du siècle dernier, on voyait encore de ces affreux parapluies se pavaner devant le Louvre.

Mercier, l'auteur du *Tableau de Paris*, s'exprime en ces termes (édition de 1788) :

« ..... Des parasols chinois, de dix pieds de haut, » mais grossièrement travaillés, servent d'abris aux » fripiers, en face de la superbe colonnade du Louvre. » Lorsque ces parasols sont baissés la nuit, ils forment » dans l'obscurité comme des géants immobiles rangés » sur deux files qu'on dirait garder le Louvre. »

Ces parapluies devraient être absolument proscrits

aujourd'hui par deux raisons : la première en ce que leur hauteur atteint presque toujours le visage de nos femmes qui courent le risque d'être éborgnées, ensuite parce qu'ils donnent à ces marchés en plein vent une physionomie repoussante et misérable.

Les marchés *fixes* entraînent aussi avec eux de graves inconvénients.

D'abord, ils forment des barrages perpétuels qui entravent la circulation ; ensuite, leur établissement est pour tout un quartier la cause d'une infection permanente.

Quels que soient les matériaux qu'on emploie, pierre, fer ou brique, toujours les matériaux sont imprégnés d'une odeur qu'on ne saurait neutraliser.

Au contraire, plus elle vieillit, plus son âcreté augmente, plus elle s'attache et devient pénétrante et subtile.

Promenez-vous pendant quelques minutes dans un marché aux poissons ; ensuite allez rendre visite à une petite-maîtresse, et vous verrez comme elle vous recevra.

Croyez-vous, lorsque l'Administration donne aux abords d'un marché des rues de 10 à 12 mètres de largeur, croyez-vous que la salubrité soit parfaitement sauvegardée et que les habitations voisines se trouvent à l'abri des mauvaises odeurs ?

Parcourez un de ces établissements pendant les grandes chaleurs, visitez ensuite les maisons qui l'entourent, et vous vous apercevrez bien vite que l'odorat est toujours offensé par des miasmes dont le caractère est plus ou moins putride.

Cela s'explique aisément.

Pour qu'un marché cessât d'être insalubre, il faudrait qu'il fût ventilé chaque jour. Comme sa toiture est fixe et permanente, elle fait obstacle aux courants d'air qui, seuls, peuvent balayer les mauvaises odeurs et les éparpiller au loin pour les rendre inoffensives.

La toiture est bien coupée de carreaux mobiles qui s'ouvrent et se ferment à volonté; mais l'air, au lieu de remplir sa bienfaisante mission de salubrité, l'air s'introduit furtivement, en sournois, pour donner des rhumatismes aux femmes.

Telles étaient nos convictions sur les marchés *fixes*, lorsqu'un ingénieur-géomètre, M. Cordonnier, proposait, en 1863, au maire de Vincennes, l'application d'un système de *tentes-abris* destinées à remplacer les ignobles parapluies ou les grossières cabanes en toile sous lesquels stationnent les détaillants.

La proposition de l'ingénieur fut adoptée par le Magistrat; aujourd'hui l'application du système articulé, inventé par M. Cordonnier, pour les marchés mobiles, tend à se généraliser. Le marché de Vincennes n'est pas le seul spécimen à étudier, ce système fonctionne au profit du Marché aux fleurs de la Madeleine, sur le boulevard de Ménilmontant, etc...

Ces tentes-abris, dont la charpente est en fer pudlé et la couverture en toile goudronnée, occupent chacune et recouvrent une surface de 4 mètres superficiels. Elles sont juxtaposées et se composent de pièces articulées se rattachant les unes aux autres à leur partie supérieure et fixées à leur partie inférieure par des pitons à redon. On les monte en quelques minutes, et le marché est improvisé. Lorsque la cloche sonne la fin de la vente, tout l'appareil est démonté instantanément pour être enfermé dans une longue et mince boîte en fonte scellée dans le sol, et de manière à ne jamais gêner.

Ainsi partout où la nécessité d'un marché *mobile* se fait sentir, partout il est facile de l'établir, de réaliser les vœux des populations, et lorsque la voie publique a besoin d'être dégagée, en moins de temps que ne s'opère dans nos théâtres un changement de décoration, la place est libre, la place est nette, et le vent balaye toutes les émanations.

Les marchés *fixes*, au contraire, absorbent à perpétuité un sol souvent précieux, coûtent des sommes relativement considérables, entravent la circulation, deviennent des foyers permanents d'infection et déprécient les propriétés situées dans leur voisinage.

Voilà des vérités que l'Administration Municipale appréciera ; bientôt vraisemblablement l'Édilité Parisienne suivra la population dans ses migrations, et les établissements appelés à servir d'abris aux denrées de première nécessité, se déplaceront comme cette population elle-même.

Ce qui se comprend facilement pour Paris s'explique encore mieux en ce qui concerne nos villes de provinces, et même nos communes ordinaires et jusqu'aux moins importantes.

Lyon, Marseille, Bordeaux, Rouen ont encore plus

besoin de marchés mobiles que Paris. Ces villes, si florissantes quelles soient, n'ont pas, comme Paris, un budget qui leur permette la construction de nombreux marchés, ou bien l'aliénation au profit d'une compagnie pour un demi-siècle des droits de place, qui leur sont si précieux.

D'abord il est douteux que ces compagnies se présentent et consacrent trois ou quatre millions à des marchés dont la perception pourrait ne pas être suffisamment lucrative.

Si ces compagnies, pour avoir la certitude d'un bénéfice plus rémunérateur, s'arrogent le privilége de choisir et d'imposer aux Administrations Municipales les emplacements sur lesquels doivent s'élever les nouveaux marchés, n'est-il pas à craindre que leur désignation ne soit un jour en contradiction flagrante avec les intérêts du public ?

Par exemple, si la population devenait agglomérée à une certaine distance d'un de ces marchés, comment l'Administration Municipale desservirait-elle cette population, si, par un traité comme la Ville de Paris en a consenti, elle s'était liée les mains en s'imposant l'obligation de s'abstenir de la construction d'un nouveau marché dans un rayon de 1000 mètres autour de ces établissements concédés ?

Partout où l'on voit, dans nos villes secondaires, de ces établissements en plein vent dont l'aspect est si repoussant, où ces ignobles parapluies, qui, sans sauvegarder les vendeurs, menaçent les acheteurs, combien il serait avantageux de voir s'improviser de ces mar-

chés mobiles avec tentes-abris offrant un coup d'œil
agréable et protégeant vendeurs, acheteurs et marchandises!

Ces créations, bien comprises, seraient accueillies
comme des bienfaits, non-seulement par le public qui
en profiterait largement, mais encore par les Admini-
trations Municipales elles-mêmes, parce que ces Administrations pourraient se faire restituer, en échange
d'une autorisation, le revenu qu'elles tiraient de chaque marché banal et à ciel ouvert.

Voyons les petites communes elles-mêmes : c'est trop
souvent au centre d'un bourg, d'un village que le seul
et unique marché en plein vent est établi. Quelle gêne
pour la circulation, c'est un pêle-mêle, un véritable
tohu-bohu! Là où l'on ne peut se permettre le luxe d'un
marché fixe, toujours fâcheux en pleine agglomération
de population, ne serait-ce pas une excellente création
qu'un marché mobile? Ce marché mobile, qui n'emprunterait la voie publique que pour quelques heures,
desservirait la localité en exonérant son Administration de toute dépense.

Lorsque le système articulé de M. Cordonnier sera
bien connu de nos départements, nul doute que son
application si manifestement utile ne se réalise au
mieux des intérêts de nos classes laborieuses.

Louis Lazare.

SOUVENIR A CONSERVER

Chacun sait que le mot *tamisier*, ou par corruption *talmelier*, imposé à ceux qui fabriquaient le pain pour le vendre aux consommateurs, fut remplacé, dès le commencement du treizième siècle, par celui de *boulanger*, en raison de l'habitude adoptée déjà depuis plusieurs années, d'arrondir le pain en boule, habitude conservée à Paris jusqu'à la fin du dix-septième siècle.

Mais ce que beaucoup de personnes ignorent, c'est l'emploi du mot boulanger, comme titre de noblesse accordé par le peuple à ceux qui vinrent généreusement à son secours dans les circonstances les plus difficiles de la vie.

Je n'en citerai qu'un seul exemple, parcequ'il est pur de toute ambition, de toute vue secrète d'imposture, et je le prendrai dans ce quinzième siècle, si grand par ses immortelles inventions et découvertes, dans ce siècle si longtemps et si cruellement travaillé par les plus désastreuses famines.

Durant celle de 1473 et 1474, Jean de Montigny, premier Président du Parlement de Paris, fit entrer à ses frais une très-grande quantité de blé qu'il distribua, selon leurs besoins dans les contrées de la France les plus maltraitées par le terrible fléau.

La Ville de Paris en reçut une si large part, que vingt-cinq à trente mille pauvres furent, par ses soins, préservés des horreurs de la faim ; aussi par reconnaissance, le peuple surnomma-t-il le *boulanger* cet excellent magistrat.

De Montigny, le cœur profondément ému, accepta ce nom avec autant d'émotion que de plaisir, j'allais dire que de juste orgueil. Ses enfants se firent une gloire de ce titre auguste et le conservèrent pieusement jusqu'en 1594, que d'indignes neveux l'abandonnèrent pour reprendre un nom sur lequel l'histoire garde depuis le silence.

ROBERT MYRON.

DE

L'ORGANISATION MUNICIPALE

DES CLASSES LABORIEUSES DANS PARIS

DU

SALAIRE DES OUVRIERS ET ARTISANS DE PARIS

A différentes époques.

Nous avons démontré dans notre travail en réponse aux articles publiés par M. de Girardin dans le journal *la Presse* sous le titre : *le Point de Mire*, que l'augmentation foudroyante des classes laborieuses dans la Capitale provient surtout de l'exagération des grands travaux exécutés dans Paris, depuis une dizaine d'années.

Résumant notre opinion, nous avons dit :

« — Cette agglomération provinciale dans Paris, qui menace d'être monstrueuse, doit être un jour

> *Dangereuse pour le Souverain,*
> *Onéreuse à l'État,*
> *Funeste à Paris,*
> *Mortelle aux ouvriers parisiens.*

Dangereuse pour le Souverain. — « Quand Paris » comptera ses habitants par plusieurs millions, écri- » vait M. le comte Chabrol de Volvic, Préfet de la Seine, » au roi Charles X, le 27 janvier 1830, un jour il ad- » viendra, Sire, que les masses populaires, incessam- » ment troublées par l'écume de vos provinces, impro- » viseront dans Paris des républiques comme les armées » romaines de la décadence improvisaient des Empe- » reurs. »

« *Onéreuse à l'État.* — Il sera contraint de maintenir toujours et quand même la France sur le pied de guerre pour contenir la Capitale.

« *Funeste à la Ville de Paris.* — Parce qu'elle cessera d'être la reine des beaux-arts, du luxe et de la richesse, pour devenir une formidable cité ouvrière, un Paris Vulcain, un Paris forgeron.

« *Mortelle aux ouvriers parisiens.* — Parce que la concurrence fiévreuse, désordonnée, que continueront de leur faire, toujours en plus grand nombre, les ouvriers provinciaux, doit amener infailliblement l'avilissement des salaires (1). »

Notre argumentation que nous avait, en quelque sorte, dictée nos trente années d'études incessantes sur Paris ne pouvait être contredite en ce qu'elle s'appuyait sur des vérités que l'histoire a consacrées.

M. de Girardin n'a pas répliqué et ne répliquera pas.

Il est un fait qui n'a sans doute pas échappé à l'attention de nos lecteurs. Ils ont vu que l'extension de Paris et l'accroissement de sa population pauvre que surveillaient nos anciens Échevins, se sont produits naturellement sans secousses et sans dangers pour la royauté jusqu'en 1789.

Pourquoi cette harmonie si précieuse pour l'autorité s'est-elle maintenue si longtemps? parce qu'elle provenait de l'excellente organisation administrative de la Ville de Paris, organisation qui n'était pas alors écourtée, sans influence, comme on l'a vue plus tard, mais essentiellement, sincèrement municipale, commerciale et industrielle.

L'Échevinage de Paris, qui se retrempait fréquemment dans l'élection, se mettait en contact perpétuel avec la population et ne se bornait pas, comme elle se limite aujourd'hui, à créer de nouvelles voies plus ou moins nécessaires, à bâtir des monuments plus ou moins

(1) *Bibliothèque Municipale* (Publications Administratives), même volume, 13° livraison, pages 72, 73 et suiv.).

heureux au point de vue de l'art ; l'échevinage exerçait son action tutélaire sur le commerce, sur l'industrie, sur les métiers, sur les salaires des ouvriers et artisans parisiens.

Tous les projets, toutes les idées, toutes les combinaisons découlaient de ce principe : Faire de la Capitale une ville de luxe pour sauvegarder l'autorité royale.

Ce grand principe de conservation du Pouvoir a donné naissance à l'organisation des corporations marchandes et des métiers parisiens.

Sans doute, cette organisation, ainsi que les plus belles institutions humaines auxquelles est accordé le privilége d'une longévité plusieurs fois séculaire, cette organisation, disons-nous, n'était pas exempt d'imperfections qui l'ont décomposée en entraînant sa ruine.

Toutefois, il est d'un grand intérêt de l'étudier, de la creuser aujourd'hui.

Loin de nous l'idée de chercher à recomposer un passé désormais impossible. Lorsqu'une époque est finie, le moule est brisé et ne se refait plus. Mais parmi les débris qui jonchent notre sol labouré par tant de révolutions, l'organisation des corporations marchandes et des métiers parisiens est un des meilleurs enseignements.

Nous allons donc la faire revivre pour quelques instants.

L'usage de classer par profession ceux qui se livrent au commerce, aux arts et métiers, remonte à la plus haute antiquité. Les Romains l'adoptèrent dès les premiers temps de la fondation de Rome.

Ce système, qui subsista pendant la durée de la République, s'étendit sous l'Empire à toutes les villes soumises à la domination romaine.

L'empereur Alexandre Sévère organisa les arts et métiers en corps ou colléges particuliers. Il leur octroya le droit de se choisir des chefs. Ces colléges d'artisans et ces corps de marchands se donnaient des statuts, s'imposaient des taxes auxquelles chaque membre de l'association était obligé de se soumettre.

Les Francs n'apportèrent aucun changement aux lois et institutions qui fonctionnaient dans les Gaules, et nous voyons sous la première race de nos Rois les marchands et les artisans classés par profession.

Sous la seconde race, les grands officiers de la couronne, tels que le connétable, le grand chambellan, le grand panetier, le grand échanson, s'attribuèrent le droit de disposer des maîtrises des arts et métiers, ainsi qu'une sorte de juridiction sur les marchands et artisans pour tout ce qui avait rapport à leurs offices. Ils avaient sous leurs ordres un officier public qui prenait le titre de *roi des merciers*, et dont les fonctions consistaient à visiter les marchandises, à contrôler les poids et aunages. C'était lui qui délivrait aux artisans leur brevet d'apprentissage, aux marchands leurs lettres de maîtrise.

Des désordres nombreux furent les résultats de l'intervention de ces grands officiers, qui, dans l'ignorance où ils se trouvaient des besoins du commerce, des nécessités de l'industrie, n'exerçaient leurs fonctions que pour en percevoir des profits considérables et presque toujours illicites.

Ces abus, qui tendaient chaque jour à s'accroître, appelèrent l'attention de Louis IX, qui résolut d'y mettre un terme. Ce roi mit à la tête de la Prévôté un Magistrat nommé *Étienne Boileau*, dont le talent et l'intégrité méritent d'être glorifiés.

Le Prévôt de Paris établit au Châtelet des registres, à l'effet d'y inscrire les règles suivies d'ordinaire pour les maîtrises des artisans, puis les tarifs des droits prélevés au nom du Roi sur l'entrée des denrées et marchandises dans la ville.

Les corporations de marchands et d'artisans comparurent successivement devant le Magistrat pour déclarer les us et coutumes pratiqués de temps immémorial dans leur communauté. Après avoir réuni tous ces éléments, Étienne Boileau fut bientôt en état d'établir une sage réglementation.

Saint-Louis approuva en ces termes l'œuvre de patience et de droiture de l'illustre Prévôt de Paris :

« Cy avons-nous fait pour le profit de tous, et mêmement pour les povres et les étrangiers qui viennent à Paris acheter aucune marchandise, que ly marchandises soient sy loyaux qu'il ne soit déçu par vice de ly, et mêmement pour châtier ceux qui, par convoitise et vilaing gain, et par non sens, les demandent et prendent, contre Dieu, contre droit et contre reson, quant à ce fut fait conseil, donné et assemblé, nous le fîmes lire devant grand Conseil planté des plus sages et plus anciens hommes de Paris et de ceux qui plus devoient savoir de ces choses, lesquels tous ensemble louèrent moult cet œuvre. »

Les édits et ordonnances de nos Rois en ce qui concernait l'organisation des corporations marchandes produisirent les meilleurs résultats.

Leur application au profit de la ville de Paris donna naissance à ce proverbe, qui complimentait ainsi l'honnêteté des marchands de la capitale : *Commerce parisien, commerce d'honnêtes gens !*

Aussi, l'organisation parisienne ne tarda pas à s'étendre dans les villes de province. Celles qui n'étaient pas réglementées laissaient l'industrie et le commerce livrés à une anarchie, à une mauvaise foi si funestes, qu'elles nécessitèrent, vers la fin du seizième siècle, l'intervention du gouvernement. — Voici à ce sujet le préambule de l'édit de décembre 1581 :

« Les Rois nos prédécesseurs et nous avons ci-devant fait plusieurs statuts et règlements sur le fait et police des arts et métiers... au préjudice desquels, comme il n'est chose si bonne et si saintement ordonnée ou coutume vertueuse, que l'avarice ne corrompe, la plupart des artisans de notre royaume, *nommément des villes, bourgs et lieux où il n'y a maîtrises instituées ni jurés* pour visiter les manufactures, se sont tellement émancipez, que la plupart d'icelles ne sont à moitié prix de la bonté et intégrité qu'elles doivent être, au grand dommage de nos sujets de tous états...»

Sully était un des partisans les plus dévoués de l'organisation forte et unitaire des corporations marchandes. Ce ministre disait, au sujet des lettres de maîtrise : *Il faut que le droit en soit modéré, mais il est très-nécessaire qu'il existe.*

Voici maintenant le témoignage de Colbert sur l'utilité de propager en France cette grande institution : « Il faut, disait l'illustre ministre, réunir en communautés toutes les classes d'artistes, de marchands et de manufacturiers. Cette réunion doit les forcer à s'observer les uns les autres ; bientôt s'établira entre eux une noble émulation de mœurs et de probité. En attachant à tous les corps des maîtrises du royaume des prérogatives et des distinctions, vous ferez que chacun des membres qui les composent seront jaloux de les mériter. On parviendra sans aucun doute à leur inspirer des sentiments d'honneur, de vertu et de patriotisme qui rompront le cours de la cupidité, et bientôt ces principes deviendront, au sein de la nation, ce que sont au milieu des mers ces digues qui mettent à l'abri de l'inondation les rivages qu'elles affermissent (1). »

Cette dernière phrase est étincelante de beauté, de grandeur et de vérité.

A partir du règne de saint Louis, la constitution des marchands parisiens peut être considérée comme régulière et définitive. Six principales professions se partagèrent bientôt tout le haut commerce de Paris, c'étaient : 1° *les drapiers* ; 2° *les épiciers et apothi-*

____

(1) Tableau du ministère de Colbert.

*caires ; 3° les merciers ; 4° les pelletiers ; 5° les bonne-
tiers ; 6° les orfévres.*

Chaque corporation avait à sa tête six maîtres et
gardes choisis parmi les plus intelligents et les plus
dignes. Leur administration durait d'ordinaire deux
années, comme celle des Prévôts des marchands, qui
pouvaient être réélus. Les maîtres ou gardes des corporations étaient chargés de faire observer les statuts,
d'entretenir la discipline et de veiller à la conservation
des priviléges.

Les *drapiers* composaient le premier corps marchand. En 1183, Philippe-Auguste leur avait donné,
à la charge de cent livres parisis de cens, vingt-quatre
maisons confisquées sur les juifs.

Le bureau de la draperie était situé dans la rue des
Déchargeurs, dans une maison appelée les *Carneaux* (1). La draperie avait pour armoiries un navire
d'argent à la bannière de France, en champ d'azur,
un œil en chef avec cette légende : *Ut cæteros dirigat*,
pour faire entendre que cette corporation, la première
des six, donnait l'impulsion aux autres. Pour être admis
dans le corps des drapiers, il fallait, entre autres obligations, avoir fait un apprentissage de trois ans, et
servi chez les maîtres pendant deux autres années

(1) Cette maison des Carneaux, dont l'enseigne était
une couronne d'or, avait anciennement son entrée dans
la rue des Bourdonnais ; c'était une des dépendances de
l'hôtel de la Trémouille, qui fut successivement habité
par le chancelier Dubourg et le président de Bellièvre.

comme garçon. Le brevet coûtait trois cents livres et la maîtrise deux mille cinq cents.

Les *épiciers et apothicaires* formaient le second corps des marchands. Dans les actes antérieurs au quinzième siècle, les épiciers sont désignés seuls. Le plus ancien document officiel qui mentionne les apothicaires, avec le titre de corporation, est de l'année 1484.

Le corps de l'épicerie jouissait d'une prérogative qui lui était particulière. Les gardes de cette corporation avaient droit de vérifier les poids et balances dans les maisons, boutiques et magasins de tous les marchands et artisans de Paris, vendant leurs marchandises et denrées au poids. Cette prérogative était fondée sur ce que, de temps immémorial, les marchands épiciers de Paris avaient eu la garde de l'étalon royal des poids.

Les armoiries données à l'épicerie étaient : coupé d'azur et d'or; sur l'azur, la main d'argent tenant des balances d'or, et sur l'or, deux nefs de gueules flottantes aux bannnières de France, accompagnées de deux étoiles de gueules avec ces mots : *Lances et pondera servant*, qui marquent le dépôt des poids et balances confiés à cette corporation. — L'apprentissage était de trois années, le brevet de cent livres et la maîtrise de huit cent cinquante livres. Le bureau de l'épicerie était au cloître Sainte-Opportune.

Les *merciers*. Bien que le corps de la mercerie n'occupât que le troisième rang, c'était cependant le plus considérable de tous. La signification primitive du nom de *mercier* est synonyme de *marchand*, en ce qu'il est tiré du mot latin *merx*, qui désigne toute marchandise, toute denrée dont on peut faire commerce. Charles VI avait été le fondateur de cette corporation, dont les statuts remontaient à 1407 et 1412. Les gardes merciers avaient droit de porter la robe consulaire dans toutes les cérémonies publiques.

Leurs armoiries étaient, un champ d'argent chargé de trois vaisseaux, dont deux en chef et un en pointe. Ces vaisseaux étaient construits et mâtés d'or avec cette devise : *Te toto orbe sequemur* (nous te suivrons par toute la terre). Plus anciennement, les merciers avaient pour armoiries *l'image de saint Louis* en champ d'azur, tenant une main de justice semée de fleurs de lis d'or.

Pour être reçu marchand mercier, il fallait être né Français, avoir fait apprentissage pendant trois ans et servi les maîtres pendant trois autres années, en qualité de garçon. La maîtrise coûtait mille livres. Le bureau était situé rue Quincampoix.

Les *pelletiers* ou marchands de fourrures formaient le quatrième des six corps de marchands, leur origine était des plus anciennes. En 1183, Philippe-Auguste, après l'expulsion des juifs, donna dix-huit de leurs maisons aux pelletiers de Paris. Ces maisons étaient situées dans une rue de la Cité, qui prit à cette occasion le nom de la Pelleterie.

Les pelletiers avaient leur confrérie dans l'église des Carmes-Billettes. Leurs armoiries étaient un agneau pascal d'argent en champ d'azur, à la bannière de

France, de gueules, ornée d'une croix d'or, pour supports leurs hermines, et sur l'écu une couronne ducale. — Pour être admis dans la corporation des pelletiers, il fallait avoir fait un apprentissage de quatre années et autant de compagnonnage. Le brevet coûtait soixante livres et la maîtrise six cents. Leur bureau était situé rue Bertin-Poirée.

Les *bonnetiers*. Cette communauté était la cinquième. Dans les ordonnances des métiers de Paris, dressées en 1390, les bonnetiers sont appelés *aulmussiers, bonnetiers, mitainiers* et *chapeliers de Paris*. Cette communauté prit une telle importance, qu'en 1514, à l'occasion du mariage de Louis XII avec Marie d'Angleterre, lorsque les *changeurs* appauvris refusèrent de porter le dais, on offrit cet honneur aux bonnetiers comme à la plus riche confrérie des métiers. Ils s'empressèrent d'accepter l'insigne privilége que leur abandonnaient les changeurs, et portèrent le dais sur la reine avant les orfévres. Par ce moyen, de simples *artisans* qu'ils avaient toujours été, ils devinrent *marchands* et formèrent le cinquième des six corps de la ville (1). Les bonnetiers avaient choisi pour patron saint Fiacre, parce qu'il était, disaient-ils, fils d'un roi d'Écosse, et que c'est de ce pays que sont venus les premiers ouvrages de bonneterie faits au tricot (2). Pour être reçu dans le corps de la bonneterie, il fallait être âgé de vingt-cinq ans et avoir servi chez les maî-

(1) Sauval, t. II, p. 469.
(2) Félibien, t. II, p. 924 et 929.

tres cinq ans comme apprenti, puis cinq autres années comme garçon. Le brevet coûtait soixante-quinze livres et la maîtrise dix-sept cents.

Le bureau de la bonneterie était situé dans le cloître Saint-Jacques-la-Boucherie, leur confrérie avait été établie dans l'église de ce nom. La chapelle qu'ils avaient choisie était la mieux ornée. Sur la frise des lambris qui l'entouraient, ils avaient fait sculpter des bonnets de différentes formes, et sur les verrières on avait peint *des ciseaux ouverts avec quatre chardons au-dessus*.

C'étaient là, en effet, les premières armoiries de la corporation ; mais les bonnetiers enrichis rejetèrent bientôt ces armoiries trop modestes, pour prendre, en 1629, celles que leur désignait le Prévôt des marchands, qui avait nom Christophe Sanguin. Elles étaient d'azur à cinq navires d'argent, à la bannière de France, et en chef une étoile d'or. Plus tard, les bonnetiers changèrent encore ces armes, en ôtant l'étoile pour mettre en abîme une toison d'argent accompagnée de trois navires en chef et deux en pointe (1).

Les orfévres. Quoique les orfévres fussent placés au dernier rang, ils étaient considérés néanmoins comme

(1) Cette inconstance en matière d'armoiries qu'on reprochait aux bonnetiers était proverbiale. En 1838, un de leurs confrères de la rue de Richelieu les a rappelés au respect des traditions, en faisant peindre sur la porte de son magasin les ciseaux et les chardons primitifs, avec cette inscription : *C'est li blazon des chauciers de Paris.*

les plus distingués, soit par leur ancienneté, soit par la nature élevée de leur riche profession.

L'orfévrerie est un art en quelque sorte indépendant de la spéculation.

Leur origine remonte à l'enfance de la monarchie.

Saint Éloi, devenu leur patron vénéré, exerça le premier l'orfévrerie dans la ville de Paris.

Cette industrie avait déjà ses attributions et priviléges sous la seconde race ; l'édit donné sur le fait des monnaies et du titre des matières d'or et d'argent, sous Charles le Chauve, en 864, nous en fournit la preuve. Une ordonnance de Philippe de Valois, de 1330, confirme les anciens statuts qui avaient été donnés aux orfévres par Étienne Boileau.

Ils devaient également leurs armoiries à Philippe de Valois, « elles étaient de gueules à croix d'or dentelée, accompagnées aux premier et quatrième quartiers d'une coupe d'or, et aux deuxième et troisième d'une couronne de même métal, au chef d'azur semé de fleurs de lis sans nombre, avec cette légende : *In sacra inque coronas*, pour faire entendre que l'orfévrerie était principalement consacrée à la pompe du culte divin et à l'ornement de la majesté royale. » Ces armoiries leur avaient été données par Philippe de Valois en récompense de leur probité à garder les joyaux de la couronne que ce prince leur avait confiés. En effet, la bannière de France qu'on voyait dans leurs armes indiquait une concession royale. Ce qui démontrait aussi l'antiquité de leurs armoiries, c'est qu'on les voyait sculptées en style gothique sur le pignon de la maison qui leur appartenait, au coin des rues Jean-Lantier et des Orfévres (1).

Le bureau des orfévres était dans la rue du même nom.

« Dans ces bureaux, dit Félibien, le poinçon de Paris est déposé sous plusieurs clefs et confié à la surveillance des gardes en charge; tous les ouvrages d'or et d'argent fabriqués à Paris et dans l'étendue de la prévôté doivent y être apportés pour être marqués, après avoir été essayés à la *coupelle* et à l'eau forte, avec cette exactitude qui garantit la sûreté publique, et qui donne tant de réputation aux ouvrages d'orfévrerie de cette ville. »

Le commerce des diamants et des perles fines avait été réuni à la fabrication et à la vente des ouvrages d'or et d'argent, de sorte que chaque commerçant qui faisait partie du corps de l'orfévrerie portait officiellement le titre *d'orfévre, joaillier, metteur en œuvre.*

Le nombre des maîtres orfévres était fixé à trois cents.

L'apprentissage était de huit ans, sans qu'aucun réglement déterminât la durée du compagnonnage. Le brevet était de cent trente livres, la maîtrise de douze cents.

Ces renseigements donnés, il nous faut entrer plus profondément dans la question. Il s'agit de faire connaître exactement l'organisation forte et unitaire de

(1) Cette maison touchait à l'hôpital des orfévres, qui, supprimé en 1790, devint propriété nationale.

ces corporations marchandes, afin de montrer le but que l'Autorité voulait atteindre.

Prenons pour exemple de notre démonstration le corps des orfévres.

On connaît son origine; nous venons de rappeler ses droits, de constater ses priviléges. Maintenant, quels étaient ses devoirs?

Pour obtenir la maîtrise, il fallait avoir subi, non-seulement les conditions d'apprentissage, de compagnonnage que nous avons rappelées; mais le candidat était encore obligé de fournir des preuves d'une honnêteté sans tache, éclatante. Cette nécessité remplie, il s'agissait de constater le savoir, en faisant ce que l'on appelait un *chef-d'œuvre*, c'est-à-dire *un premier œuvre de maistre postulant*, sur le mérite duquel chaque membre de la corporation avait à se prononcer. Les deux tiers des voix étaient nécessaires pour valider l'admission.

Ces conditions consenties, il fallait que le candidat adoptât *sans réserve aucune* les statuts de la communauté.

Parmi les articles de ces statuts, il y en avait un qui obligeait le membre élu à fournir, chaque année, un état indiquant le chiffre de ses affaires, ses dépenses, ses bénéfices ou ses pertes; — c'était enfin un bilan à montrer.

Pourquoi cette obligation, qui peut paraître de nos jours une exigence? — Pourquoi? nous allons le dire.

Dès qu'un orfévre, par malheur, par incapacité ou par fraude, venait à cesser ses payements, la corporation s'emparait de la direction des affaires du commerçant qui avait failli. Un comité élu dépouillait ses livres, vérifiait ses comptes. Si la fâcheuse position de cet orfévre s'expliquait par un accident, se prouvait par un malheur, la corporation lui ouvrait sa caisse et comblait le déficit.

Ainsi, *maistre Simon Lescalopier*, orfévre au pont aux Changeurs, eut sa boutique pillée dans la nuit du 2 décembre 1587. Les voleurs, poursuivis, abandonnèrent une partie de leur butin, qui fut trouvé sur la voie publique, entre autres une coupe d'or et un plateau d'argent ciselé.

Instruite de ce fait, la corporation fit une enquête qui prouva le malheur du marchand ; les pertes qu'il avait subies furent estimées à quarante mille livres, et le 8 décembre, c'est-à-dire six jours après l'événement, le syndicat remboursait à Simon Lescalopier le montant intégral de sa perte. — Voilà comment la corporation réparait un malheur.

Maintenant, si la déconfiture de l'orfévre provenait d'incapacité, de faiblesse, la corporation comblait encore le déficit, mais imposait au commerçant qui trébuchait un gérant payé par le syndicat, *afin de ne pas augmenter les charges de l'orfévre moins favorisé que ses confrères, sous le rapport de l'entendement.*

Jehan Courtépée, maître orfévre, demeurant rue de la *Croix-du-Trahoir* (1), cessa ses payements le

(1) C'était le nom donné à la partie de la rue Saint-Honoré voisine de celle de l'Arbre-Sec. Là, on voyait une croix au pied de laquelle on exposait, pour les exécuter

12 juillet 1598. La corporation fut saisie de l'affaire.
Elle reconnut que ce malheur provenait du grand âge
du commerçant, de ses infirmités, triste cortége de la
vieillesse, et en raison de *cette défaillance*, le syndicat
répara la perte, qui était de trente mille livres, et
nomma *Pierre Asselin*, premier compagnon inscrit
pour passer maître, *gérant* de la maison de Jehan
Courtépée. Les appointements du gérant, fixés à six
cents livres, furent payés mensuellement par la corporation jusqu'au décès du titulaire, c'est-à-dire jusqu'au
12 janvier 1606. — Voilà ce qui arrivait dans les cas
d'incapacité résultant de la vieillesse ou d'un défaut
d'entendement.

Enfin, ce qui était excessivement rare, si la décadence
de l'établissement accusait la fraude et prouvait l'indé-
licatesse, la corporation s'assemblait et mettait le coupable *hors la marchandise*.

En 1338, un orfévre de la rue au Quens-de-Pontis
(rue Béthisy), nommé Jacques Arundel, cessa tout à
coup ses payements. La corporation fit une enquête.
On sut qu'il fréquentait les tavernes, festoyait avec les
ribaudes, enfin qu'il avait fait passer des sommes
importantes en Flandre. Par décision du syndicat, à la
date du 3 janvier 1389, il fut destitué par ses collègues.

ensuite, les condamnés habitant le ressort de la juridiction de Saint-Germain-l'Auxerrois. — Le nom de *trahoir*
dérive du mot latin *trahere*, tirer. En effet, l'un des supplices infligés consistait à tirer les membres, à écarteler
les coupables.

par ses pairs, avec injonction de quitter Paris au plus tôt.

Jacques Arundel appela de cette sentence ; mais le Châtelet le condamna à trois heures de pilori aux Halles, et *à la marque infamante* sur l'épaule par le bourreau.

D'un rapport dressé le 2 juillet 1729 par maître Philippe Brémard, président ou syndic de la corporation des orfévres, il résulte que dans l'espace de près de trois siècles et demi, ce Jacques Arundel est le seul orfévre *qui ait failli à l'honneur.*

Ce qui se faisait au profit de la communauté des orfévres était également pratiqué dans l'intérêt des autres corporations ; les principes se trouvaient les mêmes, les avantages égaux et les devoirs semblables.

La corporation devenait une véritable famille, aussi bien pour l'apprenti que pour le compagnon. Avec de l'intelligence, une bonne conduite surtout, le dernier des apprentis était certain de passer compagnon d'abord, maître ensuite. On a prétendu que l'obligation de payer la maîtrise devenait une exclusion qui frappait un grand nombre de compagnons et garçons orfévres, cette assertion est inexacte.

D'après les documents qui émanent de cette association, la journée des bons ouvriers orfévres s'élevait, en 1720, 1750 et 1765, à six, huit et dix livres par jour.

Or, l'obtention de la maîtrise coûtant douze cents livres, il n'était pas difficile, avec de l'ordre et un peu d'économie, d'arriver en quelques années à se procurer la somme nécessaire.

Ajoutons que la durée du compagnonnage n'étant pas limitée dans cette profession, celui qui arrivait le plus vite était donc celui qui avait travaillé davantage; car on n'acceptait pas le prêt d'un étranger pour l'acquit de la maîtrise.

La difficulté de parvenir à cette suprême élévation résultait seule de l'épreuve qu'il fallait subir.

Ainsi, en 1750, le nombre des maîtres orfévres était fixé à trois cents, et cette année même on ne comptait que trois vacances, c'est-à-dire que trois maîtrises à donner. Dix-sept compagnons se présentèrent et soumirent ce qu'on appelait leur chef-d'œuvre ; c'était donc une lutte entre dix-sept concurrents pour trois maîtrises, les deux cent quatre-vingt-dix-sept maîtres s'assemblèrent et accordèrent la préférence aux trois candidats qui, dans le sujet de leur composition, qui était un vase antique, avaient déployé le plus de talent.

On s'est élevé constamment, pour glorifier la suppression des corporations marchandes, contre cette espèce d'impôt qu'il fallait payer pour obtenir la maîtrise ; mais cette taxe, indispensable à la corporation, profitait d'ailleurs à tous les membres qui la composaient, et plus utilement encore aux apprentis et aux compagnons qu'aux maîtres.

Un seul fait que nous allons rappeler suffira pour démontrer l'utilité de cette perception.

En 1399, la corporation des orfévres acheta de Roger de la Poterne et de Jehanne sa femme une maison située dans la rue des Deux-Portes (aujourd'hui des Orfévres). Sur cet emplacement, ces commerçants firent bâtir un vaste hôpital. D'après l'acte de fondation, cet hôpital était destiné à recevoir les pauvres orfévres âgés ou infirmes; leurs veuves avaient droit également d'admission, ainsi que *tous les apprentis et compagnons bien méritants*.

Cet établissement, comme tant d'utiles et pieuses fondations, fut supprimé en 1790 et devint propriété nationale. Une partie de ses bâtiments et la chapelle, construite sur les dessins de Philibert Delorme, furent vendus le 11 brumaire an VI; la chapelle est représentée aujourd'hui par la maison portant, sur la rue des Orfévres, le n° 8. Ce qui restait de l'ancien hôpital servit quelque temps de *grenier à sel*, puis fut vendu comme propriété de l'État le 6 janvier 1818.

Telle était l'organisation des corporations marchandes. Chacune d'elles devait être considérée comme une véritable association, comme une grande famille dans laquelle le plus faible était protégé par le plus fort ; le travail, l'économie, l'ordre étaient récompensés d'abord par un gain légitime, suffisant, ensuite par des droits loyalement conquis, enfin par une fortune honorablement gagnée.

Sans doute, dans l'application de ces principes empreints de sagesse, d'honnêteté, et qui devraient être de tous les temps, des abus se glissèrent comme ils s'infiltrent dans toutes les institutions. Les corporations marchandes devinrent trop exclusives, et la limitation du nombre des maîtres trop rigoureuse.

La révolution ne voulut voir que l'abus et non le bienfait, elle brisa le cadre : il fallait l'élargir.

Voyons maintenant *les Métiers Parisiens.*

Chaque corporation avait son syndicat ou bureau toujours composé de patrons et d'ouvriers.

Parmi les ouvriers de bâtiment, citons les maçons, dont le bureau était situé rue de la Mortellerie, aujourd'hui de l'Hôtel-de-Ville.

Une heureuse harmonie régnait d'ordinaire entre les patrons et les ouvriers. Si les premiers se faisaient un devoir d'assurer une vie facile aux hommes placés sous leurs ordres, les seconds s'imposaient l'obligation de contribuer à la fortune des maîtres. C'est ainsi que patrons et ouvriers parisiens formaient une grande famille.

Au-dessus des patrons et des ouvriers, pour réglementer les tarifs, c'est-à-dire les élever lors de la cherté des denrées, ou les modérer quand le pain était à bon marché, une administration vraiment municipale toujours composée d'hommes éminents, n'arrivant jamais à tout coup, d'emblée, comme on le voit de nos jours, mais ayant monté lentement, échelon par échelon, depuis les modestes et utiles fonctions de Quartinier jusqu'à la dignité suprême de Prévôt des marchands.

Faisons comprendre combien l'action municipale était profitable à l'autorité souveraine, tutélaire à l'égard des patrons, humaine et bienfaisante pour les ouvriers.

Nous venons de parler des maçons ou morteliers : eh bien, les travaux de bâtiment ordonnés dans Paris, soit par le Souverain, soit par l'Administration municipale, étaient toujours proportionnés au nombre des bras, de manière à n'occuper autant que possible que les ouvriers parisiens.

En agissant ainsi, quelle garantie pour la royauté, pour l'ordre dans Paris, quelle certitude du maintien élevé et toujours rénumérateur, des salaires des ouvriers, quelle assurance pour les patrons d'arriver à la fortune par le travail !

Aussi nos braves et dignes aïeux, les bourgeois et ouvriers parisiens, répugnaient-ils aux révolutions, qui eussent non-seulement fait périller le trône de France, mais encore diminué les salaires par la concurrence provinciale à laquelle les commotions politiques ouvrent toutes les écluses.

Sans doute, à différentes époques le nombre des ouvriers de bâtiment s'est trouvé insuffisant dans la capitale : de là, pour les Parisiens, la nécessité d'appeler les provinciaux à leur aide.

Mais rappelons comment ces derniers étaient embauchés.

Les bureaux ou syndicats de la maçonnerie, si besoin était de maçons, par exemple, demandaient aux villes du Limousin tant d'ouvriers pour une époque déterminée; les salaires étaient fixés, et les frais d'aller et de retour payés d'avance.

C'étaient là de part et d'autre de véritables engagements proposés par les syndicats de Paris et consentis par ceux de la province.

Cet excédant d'ouvriers provinciaux n'était que temporaire, les Limousins, la besogne terminée retournaient dans leur pays emportant un petit pécule à leurs familles.

Sans doute, pour quelques-uns le séjour de Paris avait tant de charme qu'ils cherchaient à se soustraire à l'obligation de quitter cette ville. Mais en restant à Paris, il fallait vivre et pour vivre travailler. La besogne manquant, l'oisiveté, cette conseillère de tous les vices, en faisait des vagabonds que la police ramassait et rejetait loin de Paris.

Voilà comment la population ouvrière de la Capitale se maintenait, dans une proportion calculée, d'après la somme de travail, sans crainte du chômage ou de l'avilissement des salaires.

Louis Lazare.

(La suite dans une de nos prochaines livraisons.)

FAITS DIVERS

Les deux grands Égouts collecteurs

On sait que l'Administration Municipale termine en ce moment les deux grands égouts collecteurs de Paris, l'un sur la rive droite, l'autre sur la rive gauche pour se réunir dans la Seine à Asnières.

Le premier est terminé, le second est lui-même presque achevé, sauf une lacune de 300 mètres environ.

Il serait complétement achevé depuis plusieurs mois sans l'indécision dans laquelle se sont trouvés les ingénieurs, de savoir si le drainage de la butte du Panthéon serait continué par la rue Saint-Victor, ainsi qu'il avait été tracé dans le principe? La question est résolue maintenant, le drainage se poursuivra par la rue des Écoles, et sera complet lorsque le raccordement des 300 mètres sera fini, c'est-à-dire avant le mois d'août prochain.

Les riverains se plaignent avec quelque raison des émanations produites à la bouche des égouts d'Asnières. Cès plaintes cesseront d'être fondées lorsque la seconde partie du projet de l'Administration Municipale aura reçu son entière exécution. On doit, en effet, exécuter en aval de Paris un barrage qui aura pour résultat immédiat de relever dans l'intérieur de la ville le niveau des eaux de la Seine de 1 mètre 50 centimètres au-dessus de l'étiage, et de s'opposer de la sorte aux émanations putrides qui se dégagent des rives pendant les grandes sécheresses de l'été.

A l'aide de ce barrage, qui diminuera le nombre des jours de chômage de la navigation, sera créée une force de 1,000 chevaux; cette force, employée pour reprendre les eaux de l'égout collecteur d'Asnières, et les relever à un certain niveau, répandra convenablement un engrais liquide jusqu'alors entièrement perdu, ou permettra l'application des eaux en question à des opérations de colmatage.

Une question de même ordre était étudiée en 1862 pour la ville de Londres, qui dépensera 75 millions pour ne plus écouler dans la Tamise les eaux ménagères et les eaux pluviales.

Les rues de Paris; leur nombre à différentes époques

Vers l'an 1300 Paris ne comptait que 310 rues. Sous Charles VI, en 1415, le nombre des rues de Paris était de 392.

Sous François Ier, le rôle de taxes de l'année 1545, les porte à 429.

En 1608, sous Henri IV, le Prévôt des Marchands, Jacques Sanguin, en fixe le nombre à 510.

En 1700, sous Louis XIV, Paris comptait 635 rues. En 1785, après la construction du mur d'enceinte par les fermiers généraux, le nombre des rues de Paris est fixé à 997.

En 1859, Paris comprenait 1433 voies publiques.

Depuis 1860, par le fait de l'annexion à Paris d'une partie des Communes suburbaines, le nombre des rues, boulevards, passages, places, quais, etc..., s'élève à 2663.

Prolongement de la rue Beaubourg jusqu'à la place de l'Hôtel de Ville (côté Nord)

Sur le plan officiel du prolongement de la rue de Réaumur, figure comme amorce la continuation de la rue Beaubourg, destinée à former une grande communication entre le côté nord de la place de l'Hôtel de

Ville, par le prolongement de la rue de la Poterie-des-Arcis, et la place formée par la rencontre des rues de Réaumur et de Turbigo.

Le tracé de cette voie perpendiculaire à la Seine traverserait, en continuant la rue de la Poterie, les voies ci-après : Rues de la Verrerie — Neuve-Saint-Merri — Pierre-au-Lard — Simon-le-Franc — Geoffroy l'Angevin — de Rambuteau — des Petits-Champs — du Maure — l'Impasse des Anglais — Les rues Grenier-Saint-Lazare — Montmorency et Chapon — en élargissant, ou mieux en transformant la rue Beaubourg jusqu'au carrefour où viendront se croiser, comme nous l'avons dit, les rues de Réaumur et de Turbigo.

L'exécution du prolongement de la rue Beaubourg aura pour résultat de dégager la rue du Temple, si étroite, si encombrée en certains endroits et dont les courbes ne sauraient être rectifiées sans dépenses considérables.

Il y a lieu d'espérer que le prolongement de la rue Beaubourg ne s'arrêtera pas à la place formée à la rencontre des rues de Réaumur et de Turbigo ; ce serait une amélioration complémentaire que de le continuer jusqu'au boulevard Saint-Martin, lequel, dans une longueur de plus de 600 mètres, ne possède aucune voie du côté des n°ˢ impairs.

Parmi les voies publiques dont nous venons de parler à propos du prolongement de la rue Beaubourg, il en est trois qui rappellent des souvenirs historiques. — Ce sont les rues de la Poterie — de la Verrerie et Grenier-Saint-Lazare.

La rue de la Poterie.

Cette voie était construite en 1120. Des comédiens de province obtinrent en 1600 la permission d'ouvrir un théâtre à l'Hôtel d'Argent, situé dans cette rue, du côté de la Grève.

En juillet 1609, le Prévôt de Paris, à l'occasion de quelques désordres survenus à l'Hôtel d'Argent, rendit une ordonnance dont voici les principales dispositions :

« ..... Faisons très-expresses deffenses aux dits comé-
» diens, depuis le jour de la Saint-Martin jusqu'au quin-
» ziesme février, de jouer passé quatre heures et demie
» au plus tard ; auxquels pour cet effect, enjoignons de
» commencer précisément, avec telles personnes qu'il y
» aura, à deux heures après midi. ....
» Deffendons aux comédiens de prendre plus grande
» somme des habitants et autres personnes, que cinq sols
» au parterre et dix sols aux loges et galleryes. »

Rue de la Verrerie.

La construction de la rue de la Verrerie est antérieure à l'année 1150. La communauté des Peintres sur verre, émailleurs et patenôtriers, s'y établit en 1180. Tout apprenti verrier convaincu d'avoir abusé de la femme, de la fille ou même de la servante de son maître, était déchu du droit d'obtenir la maîtrise. Lorsqu'un compagnon verrier épousait la fille de son maître, la corporation abaissait à 200 livres le prix de la maîtrise ordinairement fixé à 500.

Aussi disait-on d'une jeune personne qui ne manquait pas de prétendants :

> Elle est sûre de se marier
> Comme la fille d'un verrier.

L'émailleur Jacquemin Gringoneur, inventeur des cartes à jouer, sous Charles VI, et qui en peignait *à or et à diverses couleurs pour l'esbattement du Roy*, demeurait rue de la Verrerie, dans une maison qui porte de nos jours le n° 24.

La maison n° **2** appartenait à Fénelon, et celle du n° **18** actuel au père de Bossuet, fermier des gabelles du Lyonnais et du Languedoc.

La rue de la Verrerie était encore si étroite sous le règne de François Ier, que la voiture donnée par le Roi à sa belle maîtresse, Diane de Poitiers, duchesse de Valentinois, ne put s'engager dans cette rue, alors l'une des principales artères de Paris. Mais il est bon de rappeler que ce carrosse, le premier qui roula dans cette ville, était à vrai dire une petite maison ; elle avait huit pieds de haut sur sept de large. Heureusement que la reine Marguerite, sœur de François Ier, venait d'inventer l'usage des *chaises à porteurs.*

La rue de la Verrerie ne fut élargie que par un arrêt du 20 février 1672 qui mentionne ce qui suit :

« Sa Majesté... Considérant que la rue de la *Verrie* est
» le passage ordinaire pour aller de son chasteau du Lou-
» vre en celui de Vincennes et le chemin par lequel se
» font les entrées des ambassadeurs, des princes étran-
» gers..... Ordonne l'élargissement de la rue de la Verrie.

Rue Grenier-Saint-Lazare.

La rue Grenier-Saint-Lazare, qui devrait s'appeler rue Garnier-Saint-Lazare, était en dehors de l'enceinte de Philippe-Auguste.

Tels sont les renseignements historiques se rattachant au prolongement de la rue Beaubourg que nous regardons comme l'une des améliorations les plus utiles, dans l'intérêt de la circulation générale dans Paris.

Louis Lazare.

Nouveaux noms des rues de Paris.

Un décret du 2 octobre dernier a consacré les dénominations suivantes pour diverses rues de Paris :

1er Arrondissement.

Anciennes dénominations.	Dénominations nouvelles.
Rue dite des Halles-Centrales....	Rue Pierre-Lescot.
Rues de Varennes et des Vieilles-Étuves......................	Rue Sauval.

2e Arrondissement.

Rues de Bourbon-Villeneuve, N^{ve}-Saint-Eustache et des Fossés-Montmartre..................	Rue d'Aboukir.

3e Arrondissement.

Rues Neuve-Saint-François, de l'Échaudé,

Anciennes dénominations.	Dénominations nouvelles.
de Limoges et de Périgueux..	Rue Debelleyme.
Rues Saint-Louis et du Val-Sainte-Catherine....................	Rue Turenne.
Rues Neuve-Saint-Pierre et des Douze-Portes................	Rue Villehardouin.

4e Arrondissement.

Rue Saint-Antoine (de la rue de Fourcy à la rue des Barres et du Pourtour-Saint-Gervais)....	Rue François-Miron.

5e Arrondissement.

Rue de la Contrescarpe (de la rue Mouffetard à la rue Tournefort)	Rue Blainville.
Rues de Fourcy et des Fossés-Saint-Victor (de la rue de la Contrescarpe aux rues Descartes et Mouffetard)............	Rue Thouin.
Rues des Grès et Saint-Étienne-des-Grès......	Rue Cujas.
Rue Saint-Victor (des rues Lacépède et Cuvier à la place Saint-Victor)....................	Rue Linné.

7e Arrondissement.

Rue Saint-Guillaume (de la rue des Saints-Pères au passage de l'Université)................	Rue Perronet.

8e Arrondissement.

Rues des Champs-Élysées et de la Madeleine (de la rue du Faubourg Saint-Honoré au boulevard de Malesherbes)...........	Rue Boissy-d'Anglas.

Anciennes dénominations.   Dénominations nouvelles.

Rue de la Madeleine (du boulevard de Malesherbes à la rue de
la Pépinière)...............   Rue Pasquier.
Rue de la Ville-l'Évêque (de la
rue des Saussaies à la rue de la
Pépinière)..................   Rue Cambacérès.
Rue de la Ville-l'Évêque (de la
rue de la Pépinière au boule-
vard Haussmann)............   Rue d'Argenson.
Rue d'Angoulême-Saint-Honoré..   Rue de Morny.

10e *Arrondissement.*

Rues de La Chapelle et de Cha-
brol (18e arrondissement).....   Rue Phil.-de-Girard.
Rue la Fidélité (de la rue du Faubourg-Saint-Martin au boule-
vard de Strasbourg).........   Rue Sibour.

11e *Arrondissement.*

Rue des Murs-de-la-Roquette (partie comprise entre le boulevard
du Prince-Eugène et la rue de
la Muette)..................   Rue Mercœur.

12e *Arrondissement.*

Rue des Chemins-Verts et de la
Grange-aux-Merciers..........   Rue Nicolaï.

13e *Arrondissement.*

Rue du Marché-aux-Chevaux (du
boulevard de l'Hôpital au bou-
levard Saint-Marcel).........   Rue Duméril.
Boulevard de Vitry............   Rue de Patay.
Rue du Chemin-du-Bac (de la rue
du Chevaleret aux rues Natio-

Anciennes dénominations.	Dénominations nouvelles.
nale et du Château-des-Rentiers)....................	Rue Clisson.
Chemin du Bac (de la rue du Château-des-Rentiers à la route de Choisy)....................	Rue Baudricourt.

14e *Arrondissement.*

Rues de la Gaîté et du Théâtre..	Rue Vandamme.
Rue Neuve-Saint-Jacques et avenue de la Santé...............	Rue Hallé.

15e *Arrondissement.*

Rue de l'Église et place de l'Église (Vaugirard).................	Rue Gerbert.
Rue de Grenelle (de la rue Blomet à la grande rue de Vaugirard)......................	Rue Alain-Chartier.
Chemin de la Poterne, rue des Tournelles (de la rue d'Alleray au chemin de la Poterne).....	Rue Olivier de Serres
Rue des Tournelles (du chemin de la Poterne à la rue Lacretelle)......................	Rue Vaugelas.
Rues des Trois-Frères et de la Vierge......................	Rue Roussin.
Chemin des Vaches ou des Marais et rue de Grenelle...........	Rue Lourmel.
Rue de Sèvres (des boulevards de Grenelle et de Vaugirard au boulevard Victor)...........	Rue Lecourbe.

16e *Arrondissement.*

Rues de Bellevue (de l'avenue de l'Impératrice à la rue des Bouchers) et des Bouchers........	Rue Chalgrin.

Anciennes dénominations.	Dénominations nouvelles.
Rue de Bellevue (de la rue Lauriston à l'avenue de l'Impératrice)	Rue de Traktir.
Rue de la Fontaine (de l'avenue de la Tuilerie à la rue Donizetti) et de la Tuilerie	Rue La Fontaine.
Rue de la Fontaine (de la rue Boulainvilliers à la rue de la Tuilerie)	Rue Gros.
Rues du Roc et de Seine	Rue Berton.
Chaussée de la Muette (de l'avenue Raphaël au boulevard Suchet)	Avenue Prudhon.
Boulevard latéral au chemin de fer d'Auteuil	Boulevard Flandrin.
Rue Saint-Pierre et des Carrières (de la grande rue de Passy à la rue Vital)	Rue Nicolo.
Rue du Petit-Parc (de la rue de la Tour à l'avenue de l'Impératrice)	Rue Spontini.
Rue du Petit-Parc (de l'avenue de l'Impératrice à l'avenue de la Grande-Armée)	Rue Pergolèse.

17ᵉ *Arrondissement.*

Rue d'Orléans	Rue Legendre.

18ᵉ *Arrondissement.*

Rues Neuve-du-Bon-Puits, de Strasbourg, Neuve-de-Strasbourg	Rue Pajol.
Rues du Chemin-des-Dames, des Dames	Rue de Maistre.
Chaussée de Clignancourt (de la rue Muller à la rue du Manoir)	Rue Ramey.

Anciennes dénominations.	Dénominations nouvelles.
Rues de la Tournelle, de la Chapelle (19e arrondissement), du Havre (19e arrondissement)....	Rue Riquet.

19e Arrondissement.

Rues de Belleville et de la Villette.	Rue d'Hautpoult.
Rues de Pantin, de Vincennes (20e arrondissement).........	Rue Haxo.
Chemin du Pré-Saint-Gervais, rue du Dépotoir (partie faisant suite au chemin du Pré-Saint-Gervais).....................	Rue Petit.
Rue de Valenciennes, chemin de Valenciennes..............	Rue Curial.

Nous avons relevé, en plusieurs circonstances, les étranges contradictions que renferme le travail concernant la nouvelle nomenclature des rues de Paris.

On sait que ce travail avait pour but d'effacer un grand nombre de dénominations multiples dont la similitude entraînait une foule d'inconvénients préjudiciables surtout au commerce et à l'industrie.

Cette rectification, excellente en principe, n'a pas été complétement heureuse dans son application ainsi que nous l'avons déjà démontré, comme il sera facile de le prouver encore.

Il y a quelques jours, allant étudier Paris dans la rue, ainsi que nous en avons contracté l'habitude, c'était l'ancien quartier Saint-Marceau qui se trouvait être l'objet de nos investigations. Dieu sait que ce triste et pauvre quartier a besoin encore qu'on s'occupe de lui, qu'on s'intéresse à sa misère !

Nous étions sur le boulevard de l'Hôpital, et, voulant gagner la rue Mouffetard, à son extrémité sud, nous prîmes une petite rue qu'on appelait encore, il y quelques années : *rue des Vignes*. Cette ruelle étroite, sinueuse, se dirige en diagonale vers la rue du Banquier, et, tournant à gauche, elle se confond avec la rue Mouffetard. Cette ruelle des Vignes, bordée en partie de murs de clôture, compte aussi quelques nourrisseurs et plusieurs marchands de mottes à brûler.

Arrivé au débouché de cette ruelle, levant la tête, nous lûmes sur la plaque officielle et municipale cette inscription :

RUE RUBENS !

Quel emplacement, quelle rue pour une illustration si poétique ! comme l'ombre de Rubens doit se complaire dans le voisinage d'une halle aux cuirs, près du marché aux chevaux, à côté du boulevard de l'Hôpital, au milieu des mottes à brûler, en compagnie des ânes qui braient, à deux pas de la rue Mouffetard, cette terre classique des chiffonniers, dans le quartier Saint-Marceau enfin !

Si cette faute inqualifiable était une exception, on pourrait essayer de l'amoindrir en la faisant passer pour une erreur. Mais cette faute n'est-elle pas une profanation réfléchie, à froid, alors qu'elle se répète impunément dans le même arrondissement, dans le même quartier ?

La rue d'Ivry, une autre ruelle qui n'a que 52 mètres de longueur, où l'on cultivait encore, il y a quelques années, les concombres et les potirons, sait-on comment l'Administration l'a dénommée :

Rue Titien !...

Mais si la mémoire des grands peintres se trouve offensée par ceux-là même qui devraient avoir mission de l'honorer, celle des grands sculpteurs de l'Europe est-elle mieux traitée ?

Pourquoi *Germain-Pilon*, *Coustou* et *Houdon* près de l'abattoir Montmartre ?

D'où vient que l'on donne à la rue des Halles le nom de *Jean Goujon* ?

Comment se fait-il que le nom de *Bouchardon*, auquel la ville de Paris doit la charmante fontaine de la rue de Grenelle, soit accolé à une voie qui longe le marché de la Porte-Saint-Martin ?

Est-ce une manière bien digne d'honorer la mémoire des grands artistes de l'Europe que de mettre leurs noms glorieux en compagnie des choux, des navets et des carottes ?

Il semble d'autant plus étonnant que le préfet actuel n'ait accordé que des bouts de rues, des tronçons de ruelles à des illustrations aussi resplendissantes que celles de Rubens, Titien et Jean Goujon alors que le magistrat, forçant la main à la postérité, s'est empressé de buriner son nom aux angles d'une grande voie, d'un magnifique boulevard ouvert au beau milieu du Paris luxueux et riche.

Il pourrait bien se faire que l'histoire gardât rancune à l'Édile qui l'a traitée avec tant de désinvolture et qu'elle effeuillât cette couronne d'immortelles qu'il s'est posée si majestueusement sur la tête.

Jamais d'ailleurs, administration municipale n'a été plus chaleureusement controversée.

Les uns l'exaltent outre mesure et applaudissent des deux mains à ces immenses travaux qui vont transformer la ville de Paris. Ils soutiennent qu'on a bien fait de réaliser en quelques années l'œuvre d'un siècle.

Les autres y voient une exagération pleine de périls, en ce quelle est la cause réelle et fatale de l'augmentation foudroyante des classes ouvrières dans Paris, par l'attraction irrésistible que l'immensité de ces travaux exerce sur la province pauvre qui envahit la Capitale.

Lesquels ont raison ?

C'est le secret de l'avenir.

Mais rentrons dans notre sujet : la nouvelle nomenclature des rues de Paris.

Le nom de *Turenne* remplace heureusement dans le quartier du Marais le nom de Saint-Louis, déjà donné à une rue plus ancienne et mieux au centre de Paris. Il en résultait une confusion qu'il importait de faire cesser.

Mais d'où vient que l'Administration municipale s'est permis de raccourcir le nom de Turenne, en lui enlevant sa particule nobiliaire. Sa Majesté Louis XIV appelait le rival du grand Condé : M. DE Turenne, et le Roi disait bien.

Répétons en passant que cette glorieuse appellation

manquait encore il y a quelques mois au *dictionnaire des Rues de Paris*, tandis qu'on y voyait flam-
boyer les noms de huit marchands de peaux de lapin,
de charcutiers, de verres cassés et de vieux chiffons.

Inutile d'ajouter que la reconnaissance édilitaire a
conservé pieusement les noms de ces braves commerçants qui ont précédé Turenne dans la justice si intel-
ligemment distributive de nos magistrats.

Nous demandons ce que vient faire le nom de *Sauval*,
un des historiens de Paris, dans une rue qui aboutit
aux Halles Centrales ?

Ce qu'il fallait près de notre grand marché parisien,
c'étaient des noms d'agronomes célèbres, mais pas de
poëtes, pas d'historiens, de peintres et de sculpteurs
dans un endroit si peu fait pour de pareilles illustrations.

Nous demandons ce que signifie le nom de *Boissy-
d'Anglas* remplaçant la rue des Champs-Élysées ?

Le nom de *Pasquier* est placé tout aussi étrange-
ment dans le même quartier.

Il eût été bien plus naturel de buriner ce nom à
l'angle d'une rue voisine du Luxembourg.

Quant à d'*Argenson*, lieutenant général de police,
nous demandons ce qu'il vient faire dans la rue de la
Ville-l'Évêque ?

Il est vrai qu'il ne se trouvera pas éloigné du boulevard Haussmann.

Mais si le marquis d'Argenson, le lieutenant de police d'autrefois revenait au monde, il ne s'entendrait

guère avec M. le baron Haussmann, le préfet de la Seine d'aujourd'hui.

Le premier répéterait infailliblement ce qu'il disait au cardinal Dubois :

« C'est une administration hostile à la Royauté que celle qui appelle à son de trompe, par des travaux exagéréz dans Paris, les cultivateurs et ouvriers de la province.

« Si la besogne venoit à cesser, leurs outils inoccupéz se changeroient en mousquets, ayant tous pour point de mire la couronne de France ! »

Louis Lazare.

Achèvement de la rue des Halles (aujourd'hui rue Jean Goujon).

Voilà bien certainement une voie dont l'exécution, si l'on avait consulté l'utilité publique, eût dû précéder la création de ces innombrables boulevards improvisés à l'ouest de Paris.

La rue des Halles, décrétée le 21 juin 1854, s'arrête encore à l'heure où nous écrivons à la petite place Saint-Opportune.

Là, elle forme une espèce d'entonnoir dans lequel viennent s'engouffrer les piétons et les voitures.

La régularisation des abords des Halles centrales devait être commencée, poursuivie, achevée sans désemparer, parce que cette amélioration était une nécessité des plus urgentes.

L'Opéra et les voies si coûteuses qui l'environnent pouvaient attendre ; il n'y avait pas péril dans la conservation, pour une ou deux années encore, des beaux hôtels de la rue Basse-du-Rempart, qu'on a démolis de gaieté de cœur.

Nos Édiles eussent été mieux inspirés en faisant cesser au plus tôt cet encombrement si fâcheux aux abords de notre grand marché de Paris, encombrement qui a causé tant d'accidents dont plusieurs ont été mortels.

Après tant de réclamations persistantes dans leur justesse et leur honnêteté, l'Administration s'est enfin décidée à continuer cette rue des Halles, à laquelle on ne sait pourquoi l'on donne le nom de Jean Goujon.

Quel rapport peut-on raisonnablement trouver entre les choux et les carottes qui se débitent dans un marché, si vaste qu'on le suppose, et le gracieux talent du sculpteur auquel on doit tant de chefs-d'œuvre.

Si la rue des Halles avait abouti à la fontaine des Innocents dont les sculptures sont dues en partie au ciseau de Jean Gonjon, on eût compris l'application de ce nom glorieux et si sympathique aux artistes, mais la rue Jean Goujon va tourner précisément le dos à la fontaine des Innocents en se dirigeant sur les Halles centrales.

Le nom du sculpteur est donc mal placé, et c'est plutôt l'insulter que lui faire honneur de le mettre en pareil endroit.

Quoi qu'il en soit, voici les noms des rues et les numéros des maisons intéressées au prolongement de la rue des Halles, improprement nommée, pour l'artiste au moins, rue Jean Goujon.

Rue de la Tonnellerie, numéros 5, 7.

Rue de la Poterie, 13, 15, 17, 19, 21, 23.

Rue des Bourdonnais, 36, 38, 40, 45, 45 *bis*, 45 *ter*.

Rue Saint-Honoré, côté droit, de 2 à 32 inclusivement ; côté gauche, de 1 à 31 compris.

Rue au Lard, 5, 7.

Rue de la Lingerie, 1.

Rue de la Limace, 1, 2, 3, 4, 6, 7, 8, 9, 10, 12, 14, 16, 18, 20, 22, 24, 26.

Rue des Déchargeurs, partie du numéro 11, 13, 14, 15, 16, 17, 18, 19.

Rue des Fourreurs, 18, 20, 22.

Plusieurs de ces rues rappellent des souvenirs historiques utiles à rappeler.

1° La rue de la Tonnellerie.

Cette rue n'était au douzième siècle qu'une ruelle habitée par des Juifs.

En 1330, le Parisien Guillot, qui composait un poëme sur les rues de Paris, en parle ainsi :

> Ving à la Pointe Sainct Hintasse
> Droict et avant sui ma trace
> Jusques en la Tonnelerie.
> . . . .

En 1547, c'était la *rue des Toilières*, des marchandes de toiles.

Sous Henri II, elle prit le nom de *rue des Grands-Piliers-des-Halles.*

Les grandes Halles de Paris furent considérablement agrandies, et les derniers piliers qu'on démolit aujourd'hui datent de l'année 1549.

On lit dans le *Moniteur*, à la date du **13** brnmaire an VIII :

« Par les soins du citoyen Lenoir, conservateur du Musée Français, il a été placé au-dessus de la troisième boutique à gauche, sous les piliers des halles, en entrant par la rue Saint-Honoré, un marbre blanc avec cette inscription :

C'est dans cette maison

qu'est né

en **1 6 2 0**

Jean-Baptiste Poquelin de Molière. »

Cette inscription a été replacée sur la maison n° 3, reconstruite en 1830.

Du temps de Molière, cette propriété était beaucoup plus considérable, et son entrée principale était située rue Saint-Honoré. Cette maison, qui faisait retour d'équerre dans la rue de la Tonnellerie avait pour enseigne : *Au maillet d'or.* Le sieur Poquelin, père de Molière, figure sur le rôle de taxe de l'année 1617, sous le titre de maître tapissier, payant **35** livres **6** sols **3** deniers. Il se trouve imposé sur la rue Saint-Honoré, non sur celle de la Tonnellerie.

D'après un plan annexé à un contrat de vente à la date du 3 mai **1621**, la location du père de Molière, consistait en un magasin au rez-de-chaussée et six chambres au premier étage, donnant sur la rue Saint-Honoré, à l'exception d'une seule pièce ayant vue sur la *Tonnellerie* et servant aux apprentis et ouvriers. Il nous paraît certain que Molière est né dans la maison qui est devenue le n° 40 de la rue Saint-Honoré, et non dans celle de la rue de la Tonnellerie, n° 3.

C'est tout le contraire en ce qui concerne le poëte Regnard, qui naquit le 8 février 1655 dans la partie de cette propriété ayant vue sur la Tonnellerie. La maison n° 3 n'occupe que le quart de la superficie totale de l'ancien immeuble appartenant en 1620, l'année de la naissance de Molière, à un nommé Dubois.

2° Rue de la Poterie.

Avant l'agrandissement des Halles, sous le règne de Henri II, le sol de cette voie faisait encore partie de deux jeux de paume qui furent vendus, en 1553, à la condition d'y construire une voie nouvelle, qui devint la rue de la Poterie.

Rue des Bourdonnais.

L'idée de donner une seule et même dénomination à des voies différentes qui se poursuivent en droite ligne, peut être une excellente idée sous le rapport administratif, mais, au point de vue de l'histoire de Paris, le mode actuel est des plus fâcheux. Ainsi la rue des Bourdonnais d'aujourd'hui, qui n'est pas le moins du monde la rue des Bourdonnais d'autrefois, se compose aujourd'hui de quatre sections possédant chacune, il y a quelques années encore, sa dénomination distincte.

1ʳᵉ Section, *du quai de la Mégisserie à la rue Saint-Germain-l'Auxerrois.*

En 1300, elle portait le nom de rue de l'*Abreuvoir-Thibault-aux-Dez*. En 1442, c'était la rue des *Jardins*. A la fin du quinzième siècle, on l'appelait ruelle *qui fut Jean de la Poterne*, du nom d'un Barbier Étuviste qui avait établi des bains en cet endroit. En 1530, on l'appelait ruelle des *Étuves*. Enfin, on la trouve nommée, dans un titre de 1565, rue de l'*Arche-Marion* et de l'*Abreuvoir-Marion*, parce qu'une femme ainsi appelée y tenait alors ces étuves. Conformément à une décision ministérielle du 3 avril 1832, la rue de l'Arche-Marion a été réunie à la rue des Bourdonnais sous cette dernière dénomination.

2ᵐᵉ Section, *de la rue Saint-Germain-l'Auxerrois aux rues Boucher et de Rivoli.*

Le poëte Guillot l'appelle ainsi en 1330 :

> Parmi la rue a Bourdonnas
> Ving en la rue Thibaut à dez.

Cette citation réfute l'abbé Lebœuf, avançant l'opinion que cette voie tirait sa dénomination de *Thibault-Odet*, trésorier d'Auxerre en 1242, lequel possédait plusieurs maisons dans cette rue.

Il est certain, au contraire, qu'on voyait dans cette ruelle une taverne où l'on jouait aux dez, et que cet établissemment appartenait à un nommé Thibault. Un des descendants de ce tavernier est imposé dans le rôle de taxe de 1402, sous le nom de Thibault-aux-Dez.

Anciennement, dans nos familles parisiennes on jouait le soir aux dez, et les perdants payaient des *Oublies* ou autres menues pâtisseries.

Les marchands d'oublies s'appelaient *Oubliers*.

Portant des corbeilles recouvertes d'une serviette blanche et remplies de gaufres, d'oublies et de rissoles, ces marchands ambulants chantaient :

> Chaudes oublies renforcies,
> Galètes chaudes eschaudez,
> Roinsolles, ça denrées aux dez.

La rue Thibault-aux-Dez a pris, en 1852, le nom de rue des Bourdonnais; comme on le voit, ce changement est ridicule au point de vue de l'histoire de Paris. Mais nos Édiles n'en connaissent pas le premier mot —c'est leur seule excuse.

3me Section, *comprise entre la rue de Rivoli et la rue Saint-Honoré.*

Guillot l'appelle rue *a Bourdonnas;* en 1297 elle se nommait rue *Guillaume-Bourdon*, en l'honneur de Guillaume Bourdon, Prévôt des Marchands en 1280. Depuis cette époque, c'était la rue des Bourdonnais.

On a démoli, il y a quelques années, rue des Bourdonnais, la maison dite des *Carnaux*, qui avait pour enseigne une couronne d'or. Paris n'avait point de bâtiment plus remarquable par la grâce et la délicatesse des ornements. On ignore par qui cette propriété a été bâtie. Ce qui est certain, c'est qu'elle fut habitée, en 1380, par Philippe, duc de Touraine, et depuis duc d'Orléans, frère du roi Jean, qui en avait fait l'acquisition le 1er octobre 1363. Ce prince la vendit au fameux Guy de la Trémouille, qui l'occupait en 1398. Elle devint l'habitation seigneuriale de cette illustre famille. L'hôtel de la Trémouille s'étendait alors le long de la rue Béthisy jusqu'à celle Tirechape. Il fut ensuite possédé par le chancelier Dubourg, puis par le président de Bellièvre.

L'ancien hôtel des Carnaux a été démoli en 1841. D'honorables négociants auxquels ce domaine appartenait, MM. Cohin, ont fait hommage à l'École des beaux-arts d'une tourelle et d'un escalier fort remarquables qui faisaient partie de l'ancien manoir des la Trémouille.

Nous avons sous les yeux une gravure représentant l'hôtel des Carnaux ou plutôt l'hôtel de Bellièvre en 1660. Ce devait être une des plus splendides habitations seigneuriales. Pourquoi nos Édiles ne s'imposent-ils pas la noble et sainte obligation de préserver d'une ruine certaine ces glorieux spécimens de l'architecture aux différents âges de la ville de Paris. A notre époque, tant de constructions ne passent à vrai dire que pour des platitudes, que ce serait une consolation et un dédommagement de pouvoir admirer les œuvres de nos aïeux. Mais il arrive parfois que le présent a la conscience et le remords de son infériorité et qu'il s'en venge en détruisant ou en effaçant le passé dans les arts.

4me **Section**, *comprise entre la rue Saint-Honoré et celle de la Poterie.*

Elle a été ouverte en 1787. La partie qui s'étend de la rue au Lard à celle de la Poterie n'était anciennement qu'un petit passage qu'on nommait de l'*Échaudé*. Elle reçut au commencement de ce siècle la dénomination de rue *Lenoir*, en mémoire de Jean-Charles-Pierre Lenoir, né à Paris en 1732, mort en 1807, et qui fut successivement conseiller au Châtelet, lieutenant-criminel, maître des requêtes, lieutenant général de police, conseiller d'État, bibliothécaire du Roi et président de la commission des finances. En 1852, la rue Lenoir a pris le nom de rue des Bourdonnais.

RUE SAINT-HONORÉ.

La partie de la rue Saint-Honoré qu'on va démolir s'appelait au douzième siècle *rue de la Chausseterie*. La porte Saint-Honoré de l'enceinte de Philippe-Auguste était située à l'endroit où nous voyons aujourd'hui le Temple de l'Oratoire.

La rue de la Chausseterie, dans la partie située entre la rue de la Lingerie, prit le nom de Saint-Honoré, lors de la construction, en l'année 1205, de l'église et du cloître Saint-Honoré, qui ne furent compris dans l'enceinte de Paris que sous le règne de Charles VI.

De la rue Tirechape à celle de l'Arbre-Sec, on nommait cette section de la rue Saint-Honoré, *rue du Chastiau-Festu* (du château de chaume ou de paille),

Dans le manuscrit des Coutumes de la Marchandise,
il est fait mention, à l'année 1268, de Jehan Popin de
Chastiau-Festu, comme d'un notable bourgeois, depuis
Prévôt des Marchands de la Ville de Paris en 1289.

De la rue de l'Arbre-Sec à celle du Rempart, la rue
Saint-Honoré était dénommée aux treizième et qua-
torzième siècles, *rue de la Croix-du-Trahoir*.

La Croix du Trahoir s'élevait anciennement au
milieu de la rue de l'Arbre-Sec. François Myron,
Prévôt des Marchands sous Henri IV, la fit transporter
à l'endroit où nous voyons encore aujourd'hui une
fontaine, c'est-à-dire à l'angle gauche de la rue Saint-
Honoré, en arrivant par le quai. La Croix du Trahoir
était un pilori où l'on exposait, pour les mettre à mort
ensuite, les condamnés de la juridiction de Saint-Germain-l'Auxerrois. *Trahoir*, comme nous l'avons dit
dans un article précédent, dérive du verbe latin *trahere*,
tirer. En effet, l'un des supplices infligés aux patients
consistait à les élever dans l'espace au moyen de
cordes passées sous les aisselles; l'on faisait ensuite
retomber brusquement ces malheureux, et ces vio-
lentes secousses leur brisaient les articulations.

Rue au Lard.

Cette voie a été construite en 1549, et tire son nom
des marchands de salaisons qui vinrent s'y établir.
Dans l'impasse au Lard, faisant la continuation de cette
voie, était située l'ancienne boucherie de Beauvais.

La rue et l'impasse au Lard sont supprimées, conformément au décret du 21 juin 1854.

Rue de la Lingerie.

Construite au commencement du treizième siècle, cette rue doit son nom aux Lingères auxquelles saint Louis permit d'étaler leurs marchandises, le long du cimetière des Saints-Innocents jusqu'au marché aux Poirées. Les Gantiers étaient établis de l'autre côté de cette rue. La rue de la Lingerie sera complétement supprimée, par suite de l'exécution du décret du 21 juin 1854.

Rue de la Limace.

C'est la rue que le poëte Guillot appelle *la Mancherie*. Dès 1412, une taverne ayant pour enseigne une *Limace d'or* lui avait fait donner cette dénomination. Elle faisait partie d'un enclos qu'on appela successivement *place aux Chats* et *place aux Pourceaux*. Le décret du 21 juin 1854 approuve la suppression de cette rue.

Rue des Déchargeurs.

Cette rue s'appelait dès 1330 le siége aux déchargeurs. Elle faisait partie d'une place où les marchands des halles *déchargeaient* leurs marchandises apportées par des voitures qui ne pouvaient entrer dans le grand marché parisien.

Le corps de la Draperie avait son bureau ou syndicat dans cette rue, au n° 11. C'était un monument remarquable par la richesse de son frontispice. Il avait été construit vers le milieu du dix-septième siècle, sur les dessins de Libéral **Bruant**, architecte.

RUE DES FOURREURS.

Bordée de constructions en 1250, on la nommait *rue de la Cordouannerie*. Les cuirs qu'on employait autrefois pour la chaussure s'appelaient du Cordouan parce qu'ils venaient de la ville de Cordoue, en Espagne. Vers 1295, les cordonniers, pour aller s'établir plus près des Halles, cédèrent leur place aux fourreurs.

Toutes les maisons de la rue des Fourreurs vont êtres démolies, en exécution du décret du 21 juin 1854.

RUE DE LA FERRONNERIE.

La rue de la Ferronnerie ne livre à la rue des Halles qu'une maison, et encore cette propriété a-t-elle son entrée par la rue des Déchargeurs. Cependant l'exécution de la rue des Halles amènera tôt ou tard la transformation de la rue de la Ferronnerie, dont il importe de rappeler ici l'origine.

Avant saint Louis, c'était la rue de la *Charonnerie* (*vicus Karonnorum*). Ce roi ayant permis à de pauvres *ferrons* (marchands de fers) d'occuper les places qui régnaient le long des charniers, la rue prit à cette occasion le nom de la *Ferronnerie*. Un titre de l'abbaye Saint-Antoine des Champs, de 1229, constate cette dénomination. Ces ferrons bâtirent quelque temps après des boutiques en bois. En 1474, Louis XI accorda ce même emplacement aux marguilliers des Saints-Innocents, et leur permit d'y faire construire plusieurs petits bâtiments en bois, ayant la même largeur que les auvents qu'ils devaient remplacer. A ces constructions légères succédèrent bientôt de véritables maisons qui obstruèrent tellement cette rue, que le roi Henri II voulut y remédier par son édit du 14 mai 1554. La négligence du Prévôt des marchands et des échevins causa plus tard un grand malheur. Le vendredi 14 mai 1610, à quatre heures après midi, le roi Henri IV se rendait du Louvre à l'Arsenal, et passait par la rue de la-Ferronnerie ; un embarras de voitures ayant arrêté son carrosse, ses valets de pied quittèrent la rue et passèrent par une des galeries du charnier des Innocents. Dans ce moment, le roi se penchait pour causer avec le duc d'Épernon ; alors un homme s'avance, monte sur les roues de la voiture, porte au roi, à l'endroit du cœur, un coup de couteau qui lui arrache ces mots, les derniers qu'il ait prononcés : « Je suis « blessé! » Sans se déconcerter, l'assassin donne un second coup ; le premier était mortel, le second ne l'était pas ; un troisième est encore porté, mais le roi parvint à l'esquiver. — « Chose surprenante (dit l'Estoile), nul des seigneurs qui étaient dans le carrosse n'a vu frapper le roi, et si ce monstre d'enfer eût jeté son couteau, on n'aurait su à qui s'en prendre, mais il s'est tenu là pour se faire voir et pour se glorifier du plus grand des assassinats. »

Par une coïncidence étrange, l'édit de Henri II, qui prescrivait l'élargissement de la rue de la Ferronnerie, avait été rendu le 14 mai 1554 et c'est le 14 mai 1610 que Henri IV fut assassiné.

Cette perte cruelle ne servit pas encore de leçon, et la rue de la Ferronnerie ne fut élargie qu'en **1671**, conformément à un arrêt du Conseil d'État du roi, arrêt portant la date du **18 octobre 1669** et contre-signé par Séguier et Colbert.

Avant la première Révolution, dans la rue Saint-Honoré, un propriétaire plaça sur sa maison, qui porte le numéro 3, le buste du Béarnais, au bas duquel il fit graver l'inscription suivante :

Henrici Magni recreat presentia cives,
Quos illi æterno fœdere junxit amor.

Enlevée pendant la Révolution , elle fut replacée en **1816**.

Ce n'est pas en face de cette maison, mais plus près de la rue Saint-Denis, à l'endroit où l'on voyait encore, il y a quelques années, une enseigne de la Croix-Rouge, que le roi Henri IV fut frappé.

Terminons en citant un article de Mercier sur les piliers des Halles en **1780**.

«... Sous les piliers des Halles, règne une longue file de boutiques de fripiers, qui vendent de vieux habits dans des magasins mal éclairés, et où les taches et les couleurs disparaissent.

» Quand vous êtes au grand jour, vous croyez avoir acheté un habit noir ; il est vert ou violet, et votre habillement est marqueté comme la peau d'un léopard.

» Des courtauds de boutiques, désœuvrés, vous appellent assez incivilement ; et quand l'un d'eux vous a

invité, tous ces boutiquiers recommencent sur votre
route l'assommante invitation, la femme, la fille, la
servante, le chien tous aboient aux oreilles ; c'est un
piaillement qui vous assourdit jusqu'à ce que vous
soyez hors des piliers.

» Quelquefois ces drôles-là saisissent un honnête
homme par le bras ou par les épaules, et le forcent
d'entrer malgré lui ; ils se font un passe-temps de ce
jeu indécent : on est obligé de les punir, en leur ap-
pliquant quelques coups de canne, afin de châtier leur
insolence ; mais ils sont incorrigibles.

» Vous y trouvez aussi de quoi meubler une maison
de la cave au grenier, lits, armoires, chaises, tables,
secrétaires, etc. Cinquante mille hommes n'ont qu'à
débarquer à Paris, on leur fournira le lendemain cinquante mille couchettes.

«Les femmes de ces fripiers, ou leurs sœurs, ou leurs
tantes, ou leurs cousines vont tous les lundis à une
foire, dite du Saint-Esprit, et qui se tient à la place
de Grève ; il n'y a pas d'exécution ce jour-là, elles y
étalent tout ce qui concerne l'habillement des femmes
et des enfants.

» Les petites bourgeoises, les procureuses ou les
femmes excessivement économes, y vont acheter bonnets, robes, casaquins, draps, et jusqu'à des souliers
tout faits ; les mouchards y attendent les escrocs, qui
arrivent pour y vendre des mouchoirs, des serviettes
et autres effets volés. On les y pince, ainsi que ceux
qui s'avisent d'y filouter ; il paraît que le lieu ne leur
inspire pas de sages réflexions.

» On dirait que cette foire est la défroque féminine d'un province entière ou la dépouille d'un peuple d'amazones ; des jupes, des bouffantes, des deshabillés sont épars, et forment des tas, où l'on peut choisir. Ici, c'est la robe de la présidente défunte, que la procureuse achète : là, la grisette se coiffe du bonnet de la femme de chambre d'une marquise. On s'habille en place publique, et bientôt l'on y changera de chemise.

» L'acheteuse ne sait et ne s'embarrasse pas d'où vient le corset qu'elle marchande : la fille innocente et pauvre, sous l'œil même de sa mère, revêt celui avec lequel dansait la veille, une fille lubrique de l'Opéra ; tout semble purifié par la vente ou par l'inventaire après décès.

» Comme ce sont des femmes qui vendent ou qui achètent, l'astuce est à peu près égale des deux côtés. L'on entend de très-loin les voix aigres, fausses, discordantes, qui se débattent. De près, la scène est plus curieuse encore quand le sexe contemple des ajustements féminins, il y a dans la physionomie une expression toute particulière.

» Le soir tout cet amas de hardes est emporté comme par enchantement ; il ne reste pas un mantelet, et ce magasin inépuisable reparaîtra sans faute le lundi suivant. »

(Mercier), *Tableau de Paris,* chap. CLXXXII, pages 253 à 256.

Au moment où paraît cet article, le dernier pilier des Halles tombe sous la pioche des démolisseurs.

2 Mai 1866.

Louis Lazare.

**Édilité Parisienne. — De l'intervention des Compagnies
dans l'exécution des grands travaux.**

(1ᵉʳ article.)

Dans une certaine mesure, la coopération des Compagnies financières peut être utile à la Ville de Paris et profitable au public.

Cette coopération peut être utile à la Ville, en ce qu'elle lui donne les moyens d'exécuter rapidement un ensemble plus considérable de travaux urgents.

Elle doit être profitable au public, et surtout aux classes laborieuses, parce que l'Administration, n'ayant à rembourser que par annuités les Sociétés concessionnaires, peut disposer pour le présent de ressources plus abondantes à l'aide desquelles on doit transformer beaucoup plus promptement nos quartiers excentriques.

Mais nous n'admettons, disons-le tout de suite, l'intervention des compagnies qu'à deux conditions :

La première : que l'Administration municipale provoque la concurrence bien favorable d'ailleurs aux finances de la Ville ;

La seconde : que le public, qui alimente enfin de compte le budget municipal , ait connaissance du texte complet de tous les traités passés entre la Ville et les concessionnaires.

Pourquoi nos édiles actuels ne suivraient-ils pas l'exemple que leur ont donné leurs prédécesseurs, et cela pendant des siècles ?

Nous connaissons d'une manière exacte les traités passés entre la Ville et les entrepreneurs de grands travaux sous les règnes de Henri IV, Louis XIII et Louis XIV, notamment pour la rue Dauphine, le quartier de l'île Saint-Louis et celui de la Ville-Neuve.

Pourquoi cette obligation que s'imposait le Corps municipal de Paris, à toutes les époques, cesserait-elle d'être la règle de conduite de nos Administrateurs actuels?

Cette obligation, selon nous, devrait être encore plus religieusement observée de nos jours, et cela parce que le Corps municipal se trouvait autrefois soumis à l'élection, et que le public parisien ne possède plus maintenant cette précieuse garantie.

Louis LAZARE.

Jurisprudence Administrative.

Le Conseil de Préfecture de la Seine, statuant par arrêté du 14 avril, sur la demande d'indemnité formée par le sieur Bouillotte contre la Ville de Paris, a décidé, au rapport de M. Sylvain-Marie, et sur les conclusions de M. Genteur, commissaire du gouvernement, que, quoique la maison occupée par un locataire n'ait pas été atteinte directement par les travaux pour l'ouverture d'une rue, si le passage privé sur lequel elle avait issue pour communiquer avec la voie publique a été intercepté et remplacé par un escalier, il y a lieu d'ordonner l'expertise à l'effet d'apprécier le dommage qu'un tel changement dans les moyens d'accès à la voie publique a pu causer à l'industrie du locataire.

ACTES OFFICIELS

-∞-

Circulation des voitures de place ou de remise dans la Ville de Paris.

RAPPORT A L'EMPEREUR.

Sire,

La mise en circulation des voitures de place marchant à l'heure et à la course, d'après un tarif fixé par l'autorité compétente, a, pendant de longues années, constitué un privilége; et, sous ce régime, la propriété d'un numéro de voiture concédé par la Préfecture de Police représentait une valeur vénale.

Dans le but de donner à ce service une plus grande régularité et de doter la circulation de voitures et de chevaux plus convenables, la Compagnie impériale des petites voitures fut investie d'un véritable monopole par suite des traités intervenus entre elle et l'Administration de la Ville de Paris, les 16 août 1855 et 29 décembre 1862.

Parmi les conditions imposées à cette Compagnie figurait l'obligation de se conformer aux tarifs établis par le Conseil Municipal de la Ville de Paris pour le transport des voyageurs à la course ou à l'heure.

L'application de ces tarifs a donné lieu à de nombreuses réclamations de la part de la Compagnie; ils ont été modifiés à plusieurs reprises et sont devenus, l'année dernière, le prétexte d'une grève assez prolongée de la part des cochers.

Depuis cette époque, la Compagnie s'était mise en instance pour obtenir l'augmentation de ses tarifs, en soutenant que, dans l'état actuel, ils n'étaient pas suffisamment rémunérateurs, et ne permettaient pas d'élever le salaire des cochers qu'elle employait.

L'Administration a cherché à se rendre compte de la légitimité de ces plaintes, et elle a reconnu qu'elles n'étaient pas complétement sans fondement. Mais, en présence d'une situation qui rendait imminente une certaine aggravation des tarifs, il lui a semblé que le maintien du monopole serait plus nuisible qu'utile aux intérêts du public. La libre concurrence peut seule, en effet, soit préparer l'abaissement dans l'avenir des tarifs qui seront autorisés, soit prévenir au moins la nécessité d'augmentations ultérieures.

M. le Préfet de la Seine a, en conséquence, provoqué la résiliation des traités intervenus avec la Compagnie des petites voitures, et cette résiliation, acceptée par celle-ci, a été ratifiée par une délibération du Conseil Municipal en date du 9 avril dernier.

En présence de cette situation, l'expérience du passé conseille d'abandonner le système de concession de numéros pratiqué jusqu'alors.

J'ai donc l'honneur de proposer à Votre Majesté de décider que l'industrie des voitures de place, comme celle des voitures de remise, constitue une profession libre assujettie seulement aux règlements nécessaires pour garantir la sécurité publique.

A l'avenir, il suffira, pour avoir le droit de mettre en exploitation et en circulation une voiture marchant à l'heure et à la course, de faire à l'autorité compétente une déclaration préalable, et de remplir les conditions de sécurité exigées par les règlements de police.

Quant aux prix à percevoir, il y avait à examiner la question de savoir si l'on devait abandonner aux intéressés le soin de les débattre. Divers motifs ont paru démontrer la nécessité d'une tarification. En effet, en présence de l'organisation actuelle de la Société des petites voitures, l'initiative privée sera peut-être lente à affronter la lutte de la libre concurrence. D'un autre côté, les rapports entre le voyageur et le cocher sont déterminés et dominés par des causes souvent si urgentes que le temps manquerait pour débattre un prix ou que le voyageur serait à la merci du cocher et exposé à un refus ou à des exigences déraisonnables.

En Angleterre on en a jugé ainsi : les voitures qui se louent à la course ou à l'heure y sont tarifées, aussi bien dans l'intérêt des particuliers que dans l'intérêt de l'ordre public.

Il est entendu d'ailleurs que le tarif établi par l'autorité compétente ne constituera qu'un maximum du prix, et que les transports pourront être effectués de gré à gré au-dessous de ce maximum.

Le régime des voitures placées sous remise, c'est-à-dire ne stationnant pas et ne chargeant pas sur la voie publique, a été toujours différent de celui des voitures dites de place. Assujettie jusqu'à ce jour à l'unique formalité de la déclaration, l'industrie des voitures sous remise ne payait pas la redevance municipale de stationnement, mais elle n'avait pas non plus les bénéfices qui résultent du droit de charger en marche et d'attendre le voyageur sur les places, aux abords des théâtres, des gares et lieux de fête.

L'article 2 du décret proposé à la signature de l'Empereur permet désormais aux voitures de remise de profiter des mêmes avantages que les voitures de place, à condition de se soumettre aux mêmes charges.

Telles sont, Sire, les diverses considérations qui m'ont paru justifier le projet de décret que je prie Votre Majesté, si elle daigne l'approuver, de revêtir de sa signature.

J'ai l'honneur d'être,

Sire,

Avec un profond respect,

De Votre Majesté,

Le très-humble, très-obéissant

Et très-dévoué serviteur et fidèle sujet,

Le ministre de l'intérieur,

La Vallette.

DÉCRET.

Art. 1er. Tout individu a la faculté de mettre en circulation, dans Paris, des voitures de places ou de remise, destinées au transport des personnes et se louant à l'heure ou à la course, sous la condition d'en faire la déclaration devant qui de droit, d'exécuter les dispositions prescrites par les règlements de police, et de se conformer au tarif des prix de transport arrêté par l'autorité compétente.

Art. 2. Les voitures de remise qui payent le droit de stationner peuvent, comme les voitures de place, charger sur la voie publique et y stationner sur les emplacements et aux conditions déterminées par l'autorité compétente.

Art. 3. La délibération du Conseil Municipal de Paris, en date du 9 avril dernier, relative à la résiliation du traité conclu entre la Ville de Paris et la Compagnie des petites voitures est approuvée.

Fait au Palais des Tuileries, le 23 mai 1866.

Signé : Napoléon.

Nous avons publié successivement, dans la *Revue Municipale* et dans la *Bibliothèque* qui la continue, les différents tarifs appliqués aux voitures de place et de remise.

Tous ces tarifs révèlent des défauts semblables, celui, entre autres, de provoquer des discussions interminables entre le public et les cochers.

Dans ces discussions, c'est presque toujours le public qui est dupe ou victime ; le nouveau tarif accuse les mêmes défauts. — Nous reproduisons ce document pour le discuter ensuite.

PRÉFECTURE DE LA SEINE
VOITURES PUBLIQUES DE PLACE & DE REMISE — TARIF MAXIMUM

	DANS L'INTÉRIEUR DE PARIS				AU DELA DES FORTIFICATIONS		INDEMNITÉS pour LE TRANSPORT DES COLIS confiés au Cocher		
	De 6 heures du matin, en été (du 31 Mars au 1er Octobre), et de 7 heures du matin, en hiver (du 1er Octobre au 31 Mars), à minuit 30 minutes.		De minuit 30 minutes à 6 heures du matin, en été, et à 7 h. du matin, en hiver.		Bois de Boulogne, Bois de Vincennes et Communes contiguës à Paris. — De 6 heures du matin à minuit, en été, et à 10 heures du soir, en hiver.				
					Quand les Voyageurs rentreront avec la voiture à Paris.	Quand les Voyageurs quitteront la voiture hors des Fortifications.	1 COLIS	2 COLIS	3 COLIS et au-dessus
	La course	L'heure	La course	L'heure	La course et l'heure	Indemnité de retour			
Voitures de place et Voitures de remise chargeant sur la voie publique :									
A 2 et 3 places.....	1 fr. 50	2 fr. »	2 fr. 25	2 fr. 50	2 fr. 50	1 fr. »			
A 4 et 5 places.....	1 70	2 25	2 50	2 75	2 75				
Voitures de remise prises dans les lieux de remisage :							0 fr. 25	0 fr. 50	0 fr. 75
A 2 et 3 places.....	1 80	2 25	3 »	3 »	» »	2 »			
A 4 et 5 places.....	2 »	2 50							

Dispositions réglementaires inhérentes au Tarif.

§ 1er. Les cochers sont tenus de se rendre au domicile du voyageur pour y charger. Lorsque le temps employé pour leur déplacement et l'attente du voyageur excède quinze minutes, le tarif à l'heure est appliqué à partir du moment où la voiture a été louée.

§ 2. Lorsqu'un cocher s'est rendu à domicile et n'est pas employé, il lui est payé la moitié du prix d'une course ordinaire, si le temps employé pour le déplacement et l'attente ne dépasse pas un quart d'heure; le prix entier d'une course, si le temps excède un quart d'heure.

§ 3. Les cochers loués à la course ont le droit de suivre la voie la plus courte ou la plus facile; ils ne peuvent prétendre qu'au prix de la course, lorsque, sans s'écarter de l'itinéraire, ils sont requis de déposer pendant le trajet un ou plusieurs voyageurs. Ils ont droit au prix de l'heure lorsque, ayant été loués pour une course, ils sont requis de changer l'itinéraire le plus direct pour se rendre à destination, ou lorsque les voyageurs font décharger des colis placés à l'extérieur de la voiture.

§ 4. Les cochers loués à l'heure doivent suivre l'itinéraire indiqué par le voyageur.

§ 5. Les cochers loués à la course et les cochers loués à l'heure (sauf les cas où ces derniers soient requis par les voyageurs d'aller au pas) doivent faire marcher les chevaux de manière à parcourir 8 kilo-

mètres à l'heure pour les voitures de place et 10 kilo-
mètres pour les voitures de remise.

§ 6. La première heure est due intégralement, lors
même qu'elle ne serait pas entièrement écoulée. Le
temps excédant la première heure est payé propor-
tionnellement à sa durée.

§ 7. Les cochers pris à la course ou à l'heure avant
minuit trente minutes, qui arrivent à destination
après cette heure, n'ont droit qu'au prix fixé pour le
jour, pour la course ou pour la première heure.

Les cochers pris à la course ou à l'heure, avant six
heures du matin en été et sept heures en hiver, ont
droit au tarif de nuit pour la course et la première
heure, quand bien même ils arriveraient à destination
après ces heures.

§ 8. De six heures du matin à 10 heures du soir en
hiver et minuit en été, les cochers ne seront tenus de
franchir les fortifications, pour conduire des voyageurs dans les bois de Boulogne et de Vincennes ou
dans les communes contiguës à Paris, qu'autant qu'ils
auront été pris à l'heure.

Ils ne seront tenus de franchir les fortifications
après dix heures du soir en hiver et minuit en été,
ni de conduire en aucun temps des voyageurs dans
les communes dont le territoire n'est pas contigu à
Paris.

Le transport dans ces communes, de même que le
transport dans les autres après dix heures du soir en
hiver et minuit en été, est réglé de gré à gré.

Les communes dont le territoire est contigu à Paris

sont : Charenton, les Prés-Saint-Gervais, Saint-Mandé, Montreuil, Bagnolet, Romainville, Pantin, Aubervilliers, Saint-Ouen, Saint-Denis, Clichy, Neuilly, Boulogne, Issy, Vanves, Montrouge, Arcueil, Gentilly, Ivry et Vincennes.

Tout cocher qui sera pris avant dix heures du soir en hiver et minuit en été, pour se rendre soit dans les bois de Vincennes ou de Boulogne, soit dans les communes dont le territoire est contigu à Paris, ne pourra exiger, lors même qu'il arriverait à destination après dix heures ou minuit, suivant la saison, un salaire plus élevé que celui qui résulte du tarif de jour.

§ 9. Lorsque les chevaux ont été employés par le même voyageur, à l'extérieur, pendant deux heures sans aucun repos, le cocher peut les faire reposer pendant vingt minutes ; ce temps de repos est à la charge du voyageur.

§ 10. Lorsqu'un cocher est loué en dehors des fortifications à destination de Paris, il n'a droit qu'au prix du tarif de l'heure dans l'intérieur de Paris.

§ 11. Lorsqu'un cocher est loué dans l'intérieur de Paris pour conduire directement dans l'une des communes dont le territoire est contigu aux fortifications, le tarif de l'extérieur lui est dû à partir de la location.

Lorsqu'un voyageur, après avoir employé une voiture à l'heure ou à la course dans l'intérieur de Paris, se fait conduire hors des fortifications, le temps employé dans Paris est compté suivant le tarif de l'intérieur ; le temps employé au delà des fortifications est payé suivant le tarif de l'extérieur.

§ 12. Tous les colis que le voyageur fait placer sur l'impériale des voitures ou le siége des cochers, quels que soient leur nature ou leur volume, seront assujettis à la taxe fixée ci-dessus.

Les cochers sont tenus d'en effectuer le chargement et le déchargement.

Ne sont pas regardés comme colis, et doivent être dès lors transportés gratuitement, les cartons, sacs de voyage, valises, parapluies, cannes, épées, et généralement tous les objets que les voyageurs peuvent porter à la main ou tenir dans l'intérieur de la voiture sans la détériorer.

§ 13. Les droits de péage pour le passage des ponts ou bacs ne seront à la charge des voyageurs que lorsque ceux-ci auront demandé à y passer.

§ 14. Dans aucun cas, les cochers ne pourront exiger de pour boire.

Comme on vient de le voir, le Préfet de la Seine a rendu, le 24 mai dernier, un arrêté qui fixe le nouveau tarif des voitures de place et de remise, et nous avons publié ce tarif et le texte de l'arrêté.

De son côté, le Préfet de Police a fait placarder ensuite dans Paris et les communes du ressort de son administration, deux ordonnances concernant, l'une les voitures de place, l'autre les voitures de remise, et dont les dispositions suivantes intéressent particulièrement le public :

VOITURES DE PLACE.

« Art. 5. Il est expressément défendu aux cochers dont les voitures ne seront pas louées de les faire stationner sur les points non affectés au stationnement, de racoler les passants, de parcourir la voie publique au pas ou en faisant exécuter aux voitures, sur la même ligne, un va-et-vient, tous actes constituant la maraude, qui leur est formellement interdite.

» Cependant, lorsque le cocher, ayant sa voiture libre, sera rencontré sur un point quelconque de la voie publique, par des personnes qui voudront faire usage de cette voiture, il devra marcher à leur réquisition et aux prix des tarifs.

» Art. 6. Il leur est défendu de débrider entièrement leurs chevaux lorsqu'ils leur donneront à boire ou à manger.

» Ils leur enlèveront seulement le mors de la bouche. Après l'abreuvement des chevaux, l'eau qui pourrait rester au fond des seaux devra être versée dans le ruisseau avec précaution, de manière à ne pas atteindre les passants.

» Art. 8. Sera conduite à la fourrière, sans préjudice, s'il y a lieu, de telles autres poursuites qu'il appartiendra :

» 1° Toute voiture qui serait mise en circulation sans être numérotée et estampillée, ou à l'aide de faux numéros ou de fausses estampilles;

» 2° Toute voiture qui, même après avoir été numérotée et estampillée, ne serait pas en bon état de service ou de propreté, ou pourrait, par quelque cause que ce soit, compromettre la sûreté publique.

VOITURES DE REMISE.

» Art. 8. Il est formellement interdit aux cochers de faire boire et manger leurs chevaux sur aucun point de la voie publique.

» Cependant, lorsque la voiture sera louée, le cocher pourra faire manger l'avoine sur la voie publique, mais à la condition expresse qu'il se tiendra à la tête de ses chevaux pendant tout le temps qu'ils mangeront et que l'avoine sera renfermée dans une musette attachée à la tête du cheval.

» L'interdiction portée au premier alinéa du présent article ne s'applique pas aux voitures autorisées à stationner sur la voie publique, lorsqu'elles seront sur les emplacements à ce affectés.

» Art. 9. Il est expressément défendu aux cochers dont les voitures ne seront pas louées de les faire stationner, même momentanément, sur aucun point de la voie publique, si ce n'est sur les emplacements à ce affectés par l'administration et dans le cas prévu en l'artice 1er ci-dessus, où les voitures auront été autorisées à stationner et charger sur la voie publique.

» Hors ce cas, toute voiture libre devra être ramenée directement à sa remise. Il est formellement interdit au cocher de charger en route, sous quelque prétexte que ce soit.

» Le cocher d'une voiture autorisée à stationner et

charger sur la voie publique devra, au contraire, lorsqu'il sera rencontré, ayant sa voiture libre, par des
personnes qui voudront faire usage de cette voiture,
marcher à leur réquisition et aux prix des tarifs ; mais
il lui est expressément défendu de racoler les passants
et d'offrir sa voiture au public par paroles ou par gestes,
de parcourir les rues au pas ou en faisant exécuter à
sa voiture, sur la même ligne, un va-et-vient, tous
actes constituant la maraude, qui est formellement interdite. »

Les deux ordonnances qui précèdent recevront leur
exécution à partir du 15 juin prochain.

On connaît tous les inconvénients résultant du monopole des petites voitures et l'on sait qu'il en coûte à
la Ville de Paris bien des millions pour réparer la
lourde faute commise par son Administration.

Ce service est enfin rentré dans le droit commun
dont il n'eût dû jamais sortir.

Mais le régime de la liberté ne peut produire des
résultats heureux et durables qu'autant qu'une réglementation forte et habile protége cette liberté pour
l'empêcher de tomber dans une confusion qui aboutit
toujours à l'anarchie.

Tout le monde est libre désormais de tirer parti
d'une ou plusieurs voitures en les louant aux particuliers d'après le tarif déterminé ci-dessus.

Mais pour faire rouler ces véhicules il faut une permission ; à quelles conditions cette permission est-elle
accordée ?

Selon nous, l'Administration municipale ferait sagement de prescrire différents modèles de voitures habituellement en usage, de manière à donner satisfaction à toutes les exigences de sûreté, d'élégance et de bon goût.

Paris n'est pas une ville ordinaire : on la considère avec raison comme la cité-reine de l'Europe ; aussi ses Administrateurs doivent-ils augmenter l'attraction qu'elle exerce sur les étrangers et les riches.

Pourquoi ne prescrit-on pas aux cochers une tenue convenable, un costume propre et décent? Souvent il en est qui portent des chapeaux défoncés et des carricks vert pomme, en usage sous feu le directoire. Parfois ils sont sales et dégoûtants à rendre jaloux le compagnon de saint Antoine.

On devrait aussi leur défendre de fumer la pipe alors qu'ils conduisent des dames ; parfois le vent chasse la fumée du tabac sur des visages féminins fort peu sympathiques à ces parfums de l'estaminet.

Les étrangers sont bien étonnés quand les journaux leur apprennent que l'Administration décerne des récompenses aux cochers qui ne se sont pas approprié des effets oubliés dans leurs voitures.

En restituant ces objets, les cochers font-ils autre chose que leur devoir strictement et leur doit-on pour cela une récompense honnête?

Quelle opinion voulez-vous que les étrangers se fassent de la loyauté française alors qu'ils voient nos administrateurs exalter par des récompenses les cochers qui ne volent pas le public.

C'eût été, selon nous, une excellente idée de faire disparaître toute espèce de distinction, quant au prix du moins, entre les voitures de place et les voitures de remise ; les unes et les autres devraient stationner sur des voies déterminées par l'Administration, et jamais sous des portes cochères d'où ces véhicules sortent inopinément au risque d'écraser les passants qui les aperçoivent alors seulement qu'ils les sentent sur leur dos.

Certaines voitures de remise ne sont d'ailleurs ni plus propres ni mieux attelées que les voitures de place. Pourquoi donc leur accorder alors un prix plus élevé ? Il en résulte de nombreux abus dont souffre le public.

A la sortie d'un spectacle, d'un concert, est-il possible d'établir, la nuit, une distinction entre ces deux espèces de voitures. Arrivé à votre domicile vous croyez avoir à payer le prix d'une voiture de place, le cocher vous fait suer un excédant, en vous apprenant que vous avez eu l'honneur de monter dans un remise. On nous répond : Mais il est des gens dont la vanité n'admet pas l'usage des voitures de place et qui préfèrent, en payant une rétribution, se pavaner dans un remise dont le numéro, n'étant pas apparent, laisse supposer que le véhicule leur appartient.

Sans doute, la Ville de Paris ne doit contrarier aucune vanité de ce genre, car presque toutes lui profitent, mais alors, et en vue même de plaire davantage aux étrangers, elle devrait, en accordant aux voitures de remise un tarif plus avantageux, leur imposer l'obligation d'être plus propres, plus confortables, plus élégantes que les voitures de place.

On va voir renaître les cochers marrons qui font de l'œil aux promeneurs sur les boulevards.

Vous croirez monter dans une voiture ordinaire, et lorsqu'il s'agira de solder la course, le cocher racoleur vous apprendra ce que coûte un remise.

Les fêtes et les dimanches, les citadins qui dépassent les fortifications ne tardent pas à savoir à quoi ils se sont exposés. Après avoir été rançonnés par les Vatel de la banlieue, malheur à ces dignes bourgeois, s'il survient un orage. C'est le tour des cochers de harponner les promeneurs, surtout si le voisinage d'un chemin de fer n'est pas à craindre pour les premiers.

Comme la galanterie des Parisiens est proverbiale, les bourgeois offrent une voiture à leurs dignes moitiés. Mais les cochers n'ouvrent la portière de leurs véhicules qu'après avoir imposé leurs conditions, c'est-à-dire quinze, vingt francs la course, ce qu'ils veulent enfin. Comme la plupart de ces communes sont totalement privées des bienfaits de l'institution protectrice et virginale des sergents de ville et que la pluie redouble, au grand préjudice des toilettes Benoîton, les maris s'exécutent en se promettant de ne pas renouveler fréquemment ces promenades champêtres.

C'est un abus de permettre à des cochers de discuter avec son seigneur et maître : le public.

D'interminables débats auront lieu pour la fixation du temps employé, surtout pour les courses à l'heure.

Il y aurait un moyen bien simple d'épargner au pu-

blic ces sortes de débats toujours ennuyeux, mais surtout lorsqu'un homme accompagne une dame.

Ce moyen serait d'utiliser ces cadrans-compteurs
qui pourraient témoigner du temps écoulé et de l'espace parcouru.

Sans cela le public est condamné à se laisser duper
alors que le devoir de l'Administration serait qu'on le
traitât avec convenance, avec respect, en gentilhomme.

LOUIS LAZARE.

27 Mai 1866.

Grands travaux de viabilité.

Parmi les améliorations arrêtées en principe et dont
l'exécution est prochaine, on peut citer les projets ci-
après :

*Voie nouvelle du quai Henri IV à la place de la Bas-
tille.* — Cette voie, qui est la continuation du boulevard Saint-Germain, sur la rive droite, au nord-est
de Paris, au moyen de deux ponts franchissant les
deux bras de la Seine, établira une communication di-
recte, qui manque absolument aujourd'hui, entre le
quai Henri IV et le boulevard Morland, d'une part; la
place de la Bastille et les boulevards intérieurs, de
l'autre.

La voie nouvelle traversera les rues de Sully, de la
Cerisaie, Castex, de Lesdiguières, de l'Orme, pour venir déboucher sur la place de la Bastille, dans la direc-

tion de l'axe de la colonne. Sa largeur est fixée à trente mètres.

(Le plan de cette voie publique est à la disposition de nos lecteurs.)

Achèvement du boulevard Saint-Germain. — De la rue Hautefeuille, où il s'arrête présentement, le nouveau boulevard serait continué directement suivant la largeur de trente mètres. Après avoir supprimé les rues du Jardinet, Larrey et l'impasse du Paon, il irait couper la rue de l'Ancienne-Comédie, près du carrefour de l'Odéon. De ce point, la voie absorberait la rue de l'École-de-Médecine jusqu'à la place Gozlin (ancienne place Sainte-Marguerite), qui doit disparaître ainsi que la partie de la rue du même nom comprise entre cette place et la rue des Ciseaux. Le boulevard supprimerait les rues d'Erfurt, de Childebert et Sainte-Marthe. A la place Saint-Germain-des-Prés, il serait croisé par le prolongement de la rue de Rennes, passerait à l'extrémité de la rue Saint-Benoît, rectifierait la rue Taranne, dont il enlèverait le côté des numéros pairs, pour venir aboutir à la rue des Saints-Pères, à l'origine de la rue Saint-Dominique, point de délimitation des 6ᵉ et 7ᵉ arrondissements.

Dans le 6ᵉ arrondissement, diverses autres opérations se rattachent essentiellement à l'ouverture du boulevard Saint-Germain. Ces projets ont pour but, savoir :

1° L'élargissement à 20 mètres de la rue de l'École-de-Médecine, destinée à former le prolongement de la rue des Écoles entre le boulevard Saint-Michel et le nouveau boulevard Saint-Germain ;

2° La suppression de la rue Antoine-Dubois, et son remplacement par le prolongement direct de la rue Voltaire jusqu'à la rue de l'École-de-Médecine élargie ;

3° L'ouverture, sur l'emplacement actuel de la rue Dupuytren, d'une rue diagonale en continuation de la rue des Quatre-Vents ;

4° La suppression de la section de la rue de l'École-de-Médecine, entre la rue Larrey et le carrefour de l'Odéon, avec élargissement de ce carrefour ;

5° Enfin l'amorce, jusqu'à la rue de l'Éperon, d'une voie projetée entre le nouveau boulevard et la place Saint-André-des-Arts.

Dans le 7° arrondissement, le boulevard Saint-Germain partirait de la rue des Saints-Pères, emprunterait d'abord la rue Saint-Dominique, qu'il élargirait du côté des numéros impairs, jusqu'à la hauteur du ministère de l'agriculture, du commerce et des travaux publics ; de là il se dirigerait en ligne droite jusqu'au quai d'Orsay, au débouché du pont de la Concorde, en traversant les rues de Bellechasse, de l'Université et de Lille.

Dans le 7° arrondissement, le projet est complété par les opérations ci-après :

1° Agrandissement de la place Saint-Thomas-d'Aquin ;

2° Formation d'un large carrefour de raccordement à la rencontre de la rue du Bac ;

3° Ouverture d'une large voie entre ce carrefour et la rue des Dames-de-la-Visitation, avec prolongement de cette dernière rue jusqu'au boulevard Saint-Germain;

4° Modification de l'alignement de la partie de la rue Saint-Dominique comprise entre le boulevard Saint-Germain et la rue de Bellechasse;

5° Ouverture d'une rue dans l'axe du pont de Solférino, entre le quai d'Orsay et la rue Saint-Dominique;

6° Modification de l'alignement de la rue de Courty et élargissement de la rue de Bourgogne entre le quai d'Orsay et la rue de l'Université.

(Le plan du boulevard Saint-Germain est à la disposition de nos lecteurs.)

Prolongement de la rue de Rennes. — Ce nouveau percement, d'une largeur de 22 mètres, s'effectuerait tout entier dans le 6ᵉ arrondissement. La voie partirait du carrefour formé à la jonction des rues de Vaugirard, du Regard et de Notre-Dame-des-Champs, qu'elle élargirait; elle traverserait les rues d'Assas, Cassette et du Vieux-Colombier; supprimerait les rues Beurrière, Neuve-Guillemin; couperait la rue du Four, absorberait la rue de l'Égout, franchirait l'extrémité de la rue Gozlin, à la rencontre du carrefour Saint-Benoît; croiserait ensuite le prolongement du boulevard Saint-Germain, au point de rencontre des rues Bonaparte, Childebert et Sainte-Marthe, et arriverait à la place Saint-Germain-des-Prés, dont elle modifierait le périmètre. De ce point et à partir de la rue de l'Abbaye, la rue s'infléchirait sensiblement vers le nord-est, pour aboutir sur le quai de Conti, entre l'Institut et la Monnaie. Elle traverserait dans ce parcours les rues Jacob, Visconti, de Seine et Mazarine.

Voici les opérations qui se rattachent à ce projet :

1° Transformation de la rue d'Assas en une rue de 12 mètres de largeur ;

2° Rectification de l'alignement de la rue du Gindre et prolongement de cette rue jusqu'à la rue de Rennes ;

3° Rectification de l'alignement de la rue du Four entre le carrefour de la Croix-Rouge et la rue Bonaparte ;

4° Alignement du côté gauche du carrefour de la Croix-Rouge ;

5° Prolongement de la rue de l'Abbaye jusqu'à la rue Saint-Benoît ;

6° Ouverture d'une nouvelle voie entre la place Saint-Germain-des-Prés et la rue Saint-Benoît ;

7° Isolement et rectification du périmètre de l'Institut au moyen de l'ouverture d'une rue de 22 mètres de largeur, remplaçant la rue de Seine dans la partie comprise entre le quai Malaquais et la rue Jacob ;

8° Suppression de l'impasse de Conti.

EXPROPRIATION

POUR CAUSE D'UTILITÉ PUBLIQUE.

LES OFFRES DE LA VILLE AUX EXPROPRIÉS, PRINCIPALEMENT AUX LOCATAIRES COMMERÇANTS ET INDUSTRIELS.

Nous espérons publier prochainement un travail d'ensemble sur les expropriations dans Paris. Cette question touche à tant d'intérêts sérieux et respectables, que nous n'hésiterons pas à lui consacrer une livraison tout entière. Pour aujourd'hui, occupons-nous uniquement des offres faites par la Ville aux locataires commerçants ou industriels, ayant des baux à termes plus ou moins éloignés.

On sait que l'Administration Municipale confie d'ordinaire à des commissaires ou inspecteurs-voyers ces expertises, dont le nombre est de plus en plus considérable. Ces agents, parfaitement honorables, sont aussi des architectes habiles, mais seulement en ce qui concerne leur profession, qui a dû leur imposer des études spéciales.

Mais pour ce qui a rapport à l'estimation des fonds de commerce ou des industries que l'expropriation déplace, c'est tout autre chose ; leur insuffisance est notoire.

En effet, des études sur l'architecture, sur la coupe des pierres, etc., ont-elles le moindre rapport avec l'achalandage d'un fonds de boucherie ou de boulangerie?

Peut-on supposer qu'un architecte, même du plus grand mérite, expertise en parfaite connaissance de cause un commerce de nouveautés, un magasin de soieries ou de châles.

Évidemment, il ne connaît pas le premier mot des questions qu'il est appelé à traiter.

Ajoutez à cette inexpérience la précipitation qu'on impose à ces agents, en ne leur accordant d'ordinaire qu'une quinzaine de jours pour procéder à l'estimation d'une centaine de fonds de commerce, parfois considérables, ou d'industries souvent importantes, et vous aurez une idée des contradictions et des erreurs sans nombre que renferment les rapports des agents-voyers de la Ville de Paris.

Ces rapports constituent cependant les seuls éléments soumis à l'appréciation des membres composant la Commission des indemnités. Cette Commission se compose de deux ou trois Conseillers Municipaux, de chefs de service de la Préfecture de la Seine et de l'avoué de la Ville. Disons-le tout de suite : sous le rapport de l'honorabilité, cette commission présente les meilleures garanties.

Mais elle ne se transporte que très-rarement chez les expropriés ; elle n'a sous les yeux, pour s'éclairer, que des documents incomplets, toujours rédigés à la hâte par des agents étrangers au commerce et à l'industrie.

Qu'arrive-t-il?

Sur cent convocations adressées aux expropriés par cette Commission, sept ou huit, tout au plus, sont suivies, d'arrangements amiables. Les autres convoqués défilent devant la Commission comme à la parade.

Comment procède ensuite l'Administration municipale ou la Compagnie qui la représente? Elle fait signifier ses offres judiciairement; comme ces offres sont constamment insuffisantes, les expropriés les refusent toutes, et sans exception.

Alors, le jury est convoqué pour statuer sur les indemnités.

Dans quelle position ce jury, toujours animé des meilleures intentions, se trouve-t-il placé?

Entre les offres ridicules de l'Administration et les exagérations outrecuidantes des expropriés.

En effet, sur 100 expropriations récentes, le Jury a doublé pour 37 les offres de la Ville ; 30 ont été triplées, 18 quadruplées, et 15 quintuplées.

Dernièrement, en ce qui concernait la rue de Turbigo, la Ville offrait 10,000 fr. à un commerçant, auquel le jury en accordait 100,000.

Quant aux expropriés, leurs demandes dépassent le ridicule des offres de la Ville. C'est l'excès parcimonieux, d'un côté, qui excite l'appétit, ou mieux la gloutonnerie, de l'autre. Les expropriés auxquels on offre si peu craignent toujours de n'avoir jamais assez.

Le système actuel est donc déplorable, et c'est précisément, comme on va le voir, l'ancienne Édilité parisienne qui va contredire en cette circonstance l'Administration actuelle.

Lorsque l'exécution d'une voie quelconque entraînait le déplacement d'un ou de plusieurs commerçants, nommait-on des architectes autrefois pour expertiser le préjudice ? Pas le moins du monde. C'étaient de notables commerçants, pris dans les différentes corporations. Aussi, leurs rapports rédigés en parfaite connaissance de cause éclairaient toujours l'Administration Municipale, tandis qu'aujourd'hui, elle procède au hasard, et marche en aveugle.

Louis Lazare.

Des congés donnés par la Ville en ce qui concerne le payement des contributions.

Voici une lettre qui explique parfaitement la question.

Paris le   Avril 1866.

Monsieur le Préfet, permettez-moi de vous soumettre la réclamation suivante :

J'étais locataire dans une maison située rue de la Tonnellerie, 19, où j'exerçais la profession de marchande d'objets d'art et de curiosités. Je payais 152 fr. 97 c. de contributions annuelles.

Le 25 septembre dernier, l'Administration Municipale, pour cause d'expropriation, me fit signifier congé pour le terme de *janvier* 1866.

Cependant, par suite d'un retard, qu'il ne m'appartient pas de discuter, je n'ai été l'expropriée qu'en *février suivant*, et j'ai quitté les lieux à la fin de mars dernier.

Quelques jours avant mon déménagement, l'on m'a fait sommation d'avoir à payer la *totalité* de mes contributions, pour l'année 1866.

A l'instant, je me suis exécutée, me réservant de réclamer ensuite.

Maintenant la question est celle-ci : Serait-il juste de me faire payer les contributions pour 1866, dans la rue de la Tonnellerie, alors que l'Administration me signifiait congé pour le 1er janvier de cette année.

Si j'ai continué d'habiter la rue de la Tonnellerie, pendant les mois de janvier, février et mars, c'est par le fait de la Ville, qui a manqué elle-même aux prescriptions qu'elle m'avait imposées, en retardant l'expropriation.

Un des agents de l'Administration m'a répondu : Mais si vous acquittez le montant de vos contributions de l'année 1866, pour la rue de la Tonnellerie, vous n'aurez rien à payer pour la nouvelle location que vous allez prendre.

J'ai répliqué : je payais 1,000 fr. de loyer dans la rue de la Tonnellerie, je n'en aurai que pour 400 fr. à Montrouge, où je me suis reléguée; j'étais commerçante autrefois, je ne le suis plus maintenant. Donc si la Ville m'avait expropriée avant le 1er janvier, comme elle le devait, j'eusse quitté la rue de la Tonnellerie, le 31 décembre 1865. — Puis, au lieu de payer 152 fr. 95 c., j'en eusse été quitte pour 20 ou 30 fr.

tout au plus à Montrouge, où je devais être installée au 1er janvier 1866.

C'est la différence entre 152 fr. 95 c. que j'ai soldés et les 20 ou 30 fr. que j'aurai à payer à Montrouge, que je réclame de la justice de votre Administration, en vous priant de me faire restituer ce que j'ai donné en trop pour mes contributions ; agréez monsieur le Préfet, l'expression de mon respect.

Veuve Moulin.

Voici la réponse de l'Administration :

Madame, vous exerciez encore au mois de mars la profession pour laquelle vous avez été imposée.

Aux termes de la loi, la taxe régulièrement établie au 1er janvier est due pour l'année entière.

Le Directeur des Contributions directes,

Delaunay.

Ceci est une raison, mais la raison du plus fort et non pas la meilleure.

Louis Lazare.

———

Expropriation. — Poursuite contre le mari et la femme. — Indemnité réglée au nom du mari. — Validité.

Lorsque la procédure d'expropriation a été poursuivie avec le mari et la femme, propriétaires de l'immeuble exproprié ; que la citation devant le jury a été donnée à tous deux, conjointement, il ne résulte aucune nullité contre la décision du jury de ce que le libellé de cette décision règle l'indemnité au nom du mari seul; alors surtout que l'ordonnance du magistrat directeur ne prononce l'envoi en possession de l'expropriant qu'à la charge du payement de l'indemnité à qui de droit. Rejet du pourvoi formé par le sieur Abraham dit Moïse contre une décision du jury d'expropriation de la Seine, en date du 22 juin 1865, rendue au profit de la Ville de Paris.

M. le conseiller Leroux de Bretagne, rapporteur, M. Blanche, avocat général, conclusions conformes; plaidant, M⁰ Mathieu Bodet, pour le demandeur, et et M⁰ Jager Schmidt, pour la Ville, défenderesse.

Le 17 Mai 1866.

Nécessité d'activer les travaux de la nouvelle Eglise de Ménilmontant.— Création d'un Marché dans le 20ᵉ Arrondissement.— Utilité de la voie devant partir de la place de Ménilmontant pour aboutir au rond-point derrière le Père-Lachaise et s'embranchant avec la rue de Puébla.

A monsieur le Sénateur, Préfet de la Seine.

Monsieur le Préfet.

Connaissant le bienveillant intérêt que vous portez surtout aux arrondissements les plus pauvres de Paris, permettez-nous d'appeler votre sérieuse attention sur les faits suivants.

La partie du **20ᵉ** arrondissement qui représente

aujourd'hui l'ancien Ménilmontant, renferme un groupe de population qui dépasse 40,000 âmes.

Pour satisfaire aux besoins du culte, une seule chapelle, une toute petite église existe sous le vocable de *Notre-Dame de la Croix*.

Établie depuis plus de trente ans, et à titre provisoire disait-on, dans une propriété particulière, cette église est tellement étroite, insuffisante, que, lors des grandes fêtes religieuses et même les dimanches ordinaires, la plus grande partie des fidèles, n'y pouvant être admise, est forcée de stationner sur la place de Ménilmontant.

Les samedis, les mariages et les enterrements s'y confondent, et les invités sont pêle-mêle. Parfois l'air manque, on y étouffe, il faut sortir, et il arrive trop souvent que le cabaret s'emplit de ceux que l'église ne peut contenir.

Pour faire cesser une situation si fâcheuse et si contraire à la religion, vous avez ordonné, monsieur le Préfet, il y a plusieurs années, la construction d'une nouvelle église plus vaste et mieux en rapport avec l'accroissement continu de la population dans cette partie du 20e arrondissement.

Mais, faute de crédits suffisants, l'édifice s'élève lentement, trop lentement alors surtout que les besoins s'accusent plus impérieux chaque jour. Nous croyons en votre haute sagesse pour imprimer à ces travaux si nécessaires une activité nouvelle. Vous exaucerez nos vœux, car vous savez qu'une population qui réclame avec respect en faveur du culte est toujours une population tranquille, honnête et dévouée à l'autorité.

Il est un autre établissement qui nous serait bien utile, et qui fait également défaut dans le quartier de Ménilmontant, nous voulons parler d'un *marché*, dont l'urgence se fait chaque jour sentir davantage.

Vous le savez mieux que nous, monsieur le Préfet, aujourd'hui, grâce à la transformation du centre de Paris, c'est une population commerçante, aisée, qui profite du bon marché des denrées que renferment les grandes halles, dont l'extension et l'achèvement constitueront une des gloires de votre administration.

Pour étendre, ou mieux pour généraliser les bienfaits d'un approvisionnement régulier, vous avez étudié un système d'ensemble au point de vue de l'établissement de marchés dans Paris, et déjà vos heureuses combinaisons reçoivent une bienfaisante application.

Le moment est donc utilement choisi pour solliciter de l'Administration Municipale la création d'un marché au milieu de notre population si agglomérée.

Un marché banal existe, il est vrai, sur le boulevard de Ménilmontant, autrefois boulevard extérieur, mais cet établissement se trouve à la limite extrême de notre arrondissement. Il sert au XI⁰ et ne profite guère au 20⁰, dont la population s'étend au nord comme une marée montante. Enfin, monsieur le Préfet, il est une troisième création, qui se combinerait heureusement avec celles que nous venons de réclamer de votre bienveillance, il s'agit de l'exécution de la voie sanctionnée par décret impérial du 11 août 1862, et désignée sous la lettre C. Cette voie, d'une largeur de 20 mètres, partirait de la place de Ménilmontant, pour aboutir au rond-point qui doit être établi derrière le Père-Lachaise.

Si cette voie se poursuivait en même temps que l'achèvement de l'église, elle desservirait le plateau de Ménilmontant, et alors notre population profiterait de l'édifice religieux, dont l'accès lui serait facile.

Le marché lui-même, s'il était établi dans le voisinage de la nouvelle église, à mi-côte de la rue Ménilmontant, qui est la grande voie perpendiculaire et coupe le 20ᵉ arrondissement par le milieu, ce marché, disons-nous, pourrait-être approvisionné par les communes de l'est. En effet, les arrivages seraient faciles par la rue de Puebla sur laquelle s'embrancherait la rue C, dont nous sollicitons la prompte exécution.

Telle est, monsieur le Préfet, la sincère expression de nos vœux et de nos besoins.

Nous vous les soumettons avec confiance et respect, et vous les accueillerez comme un père les reçoit de ses enfants.

(Suivent les signatures.)

Contre la fermeture de plusieurs théâtres pendant la saison d'été.

Que de fausses mesures, que d'erreurs souvent très-graves, nos enfants reprocheront un jour à l'Administration actuelle!

Parmi ces fausses mesures improvisées par l'inexpérience, la liberté des théâtres est une des moins excusables, parce qu'il ne fallait qu'un peu de réflexion pour l'épargner à la Ville de Paris.

Pour aujourd'hui, contentons-nous d'exprimer nos regrets sur cette erreur, dont nous ressentons déjà les funestes effets,

Occupons-nous seulement de la fermeture d'un certain nombre de théâtres pendant la saison d'été.

1° Cette tolérance en faveur de certains théâtres est une tolérance injuste, en ce qu'elle constitue un privilége sans imposer de devoirs.

2° Elle contrarie les plaisirs des étrangers qui sont privés d'un ou de plusieurs genres de spectacles qui peuvent avoir des attraits pour eux.

3° Elle est préjudiciable aux artistes, aux petits surtout, en ce qu'elle fournit aux directeurs l'occasion de diminuer des appointements qui ne sont déjà que trop faibles.

4° Enfin cette tolérance est nuisible à l'intérêt général de la population, à laquelle une administration vraiment intelligente ne devrait imposer ni privation ni diminution dans ses plaisirs.

Creusons cette question pour faire ressortir davantage l'inconvenance de cette mesure.

Nous avons dit que la fermeture de certains théâtres pendant la saison d'été était le résultat d'une préférence injuste ou d'un caprice ministériel.

Par exemple : l'Opéra-Comique et le Théâtre Lyrique sont maintenant deux scènes, deux exploitations subventionnées. L'Opéra-Comique reste ouvert toute l'année, le Théâtre-Lyrique prend ses vacances ; pourquoi ?

A défaut de bonnes raisons émanant de l'équité, l'on nous répondra : Ce sont deux théâtres d'opéra comique, qu'il en reste un en permanence pour contenter le goût du public, c'est tout ce qu'on peut demander.

Il va sans dire que cette réponse nous a été faite par un agent de l'Administration, c'est donc une réponse officielle, mais qui ne veut pas dire juste.

Nous avons répliqué :

Ceci n'est d'abord pas de l'équité, tant s'en faut, par rapport aux autres théâtres condamnés à ouvrir quand même pendant la canicule ; ensuite, en ce qui concerne rigoureusement l'Opéra-Comique et le Théâtre-Lyrique, mis en parallèle, la réponse n'est pas soutenable.

— Pourquoi venons-nous en foule à Paris ? vous diraient les étrangers.

Parce que cette ville exerce sur nous une attraction irrésistible par la beauté de ses monuments et surtout par la variété des plaisirs semés, pour ainsi dire, sur nos pas. Eh bien ! si votre Administration inintelligente ou capricieuse diminue la somme de nos plaisirs, l'attraction diminue et la satiété commence.

Sans doute, on entend de la bonne ou de la mauvaise musique à l'Opéra-Comique comme au Théâtre-Lyrique. Mais en supposant les pièces heureuses, le *Voyage en Chine* de l'Opéra-Comique ne saurait, par exemple, dispenser de voir le *Don Juan* du Théâtre-Lyrique. Les deux théâtres en question font de la musique, cela est vrai, mais la musique que l'un nous donne ne ressemble pas à celle de l'autre.

Comment! l'État vient d'accorder avec notre argent une subvention au Théâtre-Lyrique, et l'État lui laisserait le droit de couper un succès en deux?

Cette interruption subite peut être une tactique de la part d'un directeur, mais pour certaines familles de la province, en ce qui concerne les Anglais, les Russes et autres étrangers qui choisissent la saison d'été pour visiter Paris et s'y fixer pendant quelques mois, est-il juste de les priver d'une pièce dont la représentation leur serait agréable?

Voyez comme le caprice ministériel est aveugle :

Paris compte quatre théâtres de drame, nous ne dirons pas pur sang, savoir : la Porte-Saint-Martin, la Gaîté, l'Ambigu et le Châtelet; ils doivent rester ouverts toujours et quand même, tandis que Déjazet et les Bouffes-Parisiens peuvent se donner de l'air pendant deux ou trois mois de l'année.

Il n'existe à Paris que deux scènes qu'on puisse raisonnablement dénommer, ne fût-ce que de temps en temps et par exception, scènes littéraires, nous voulons parler du Théâtre-Français et de l'Odéon.

Pour les auteurs, le second est pour ainsi dire le vestibule du premier.

Eh bien! vous subventionnez l'Odéon et vous lui donnez le droit de fermer pendant l'été. Notez que la subvention est payée par tous, provinciaux comme Parisiens. Voici ce qui arrive : Quand une pièce fait sensation, à tort ou à raison, si vous donnez le droit d'en interrompre la représentation en juin, juillet et août, et que bon nombre de provinciaux ne viennent à Paris que pendant ces trois mois, ne les privez-vous pas à tout jamais d'un plaisir que vous leur devez et qu'ils ont payé en contribuant à la subvention accordée au théâtre que vous laissez fermer?

Cette tolérance dictatoriale a pour conséquence enfin de rogner le pain des artistes dont les appointements sont faibles; les directeurs, pour amoindrir les salaires des artistes, leur disent: Vous ne travaillerez que pendant neuf mois; c'est donc malheureusement le plus grand nombre qui souffre de cette iniquité.

Au contraire, pour les artistes princièrement rémunérés, c'est une prime que vous accordez à leur convoitise et à leur appétit désordonné. Ils vont en province ou à l'étranger pendant deux ou trois mois, même en dehors de leurs congés ordinaires, donner des représentations; ils reviennent à Paris fatigués, épuisés. Ils ont de l'argent en plus, mais du talent en moins. Qui en souffre? le public encore et toujours.

Louis Lazare.

TABLEAU HISTORIQUE

DES

CIMETIÈRES DE PARIS

PAR

LÉOPOLD LACHAUD

Avocat à la Cour Impériale de Paris.

Il vaut mieux ignorer que mal savoir, a dit un célèbre antiquaire en commençant son *Histoire de Paris*; aussi, n'est-ce qu'avec une certaine timidité que nous allons essayer de retracer, en quelques lignes l'origine de Paris.

Des chroniqueurs, dans leur culte pour la littérature grecque et les fictions qu'elle contient, n'hésitent pas à attribuer la fondation de cette ville à l'un des fils d'Hector, *Francus*, qui lui donna le nom du célèbre *Pâris*. Mais les historiens n'admettent pas cette généalogie, qui, pour être très-curieuse et par conséquent très-honorable, n'a de fondement que dans des imaginations poétiques.

Les Parisiens, selon eux, furent l'une de ces peuplades qui, chassées des territoires belges et germains, vinrent confusément se jeter sur les plaines maréca-

geuses et incultes comprises entre l'Océan britannique
au nord, le Rhin, les Alpes et l'Italie à l'est, la Méditerrannée, les Pyrénées et l'Espagne au sud, et le grand
Océan à l'ouest.

De toutes ces peuplades, celle des Parisiens, disons-
le, fut la moins importante ; leur alliance avec la tribu
voisine des *Senones* commença seule à leur donner une
personnalité.

Établis sur les rives de la Seine, dans une position
charmante si nous en croyons la prédilection que les
Romains devaient lui montrer plus tard, ils se bâtirent
une ville, s'il est permis de donner ce nom à quelques
cabanes de forme ronde, construites de bois et de terre,
et couvertes de roseaux ou de paille, et l'appelèrent
Lutèce, en souvenir du lieu marécageux où elle se
trouvait (*lutum*, boue). Pendant un demi-siècle, leur
modeste territoire ne suscitant aucune idée de conquête
à leurs voisins, ils purent, en paix, assainir et cultiver
les campagnes qui environnaient Lutèce, et fortifier
cette humble ville que d'illustres destinées attendaient
dans l'avenir.

Quant aux mœurs et aux coutumes, les Parisiens
apportaient celles des peuples du sein desquels ils sor-
taient ; aussi, en faisant connaître quel était le mode
de sépulture des Gaulois, aurons-nous fait connaître
celui des Parisiens.

Chez les Gaulois dominaient ces idées de luxe et de
magnificence que dix-huit siècles n'ont pu enlever aux
modernes Parisiens. Ils abandonnaient aux bûchers le
corps de leurs morts ; mais avant, ils les couvraient de

vêtements somptueux, de parfums, et brûlaient avec eux tout ce qui avait été cher aux défunts pendant leur vie.

Quant à leurs *tombeaux*, ils consistaient tantôt en caveaux, tantôt en cercueils creusés dans la pierre, et qui affectaient généralement la forme d'une *auge*. Ils les enfouissaient bien avant dans la terre, et pour rendre sacré le lieu qui les recevait, ils y dressaient des autels, en prohibaient l'approche et la culture par des inscriptions sépulcrales.

Tous leurs morts cependant ne recevaient pas ces honneurs. Voulant frapper de terreur leurs ennemis, ils abandonnaient souvent sur le champ de bataille les cadavres de leurs propres guerriers, laissant aux vautours, ces éternels fossoyeurs, le soin de s'en arracher les lambeaux (1).

Les Parisiens apportaient, comme nous le disions tout à l'heure, les coutumes gauloises ; aussi, à cette époque reculée de l'origine de la France, ne faut-il pas demander de notions sur les *cimetières*, ou tout au moins sur des lieux ayant avec eux quelque ressemblance.

Rome, que toute conquête nouvelle tentait, avait entrepris contre les Gaules une guerre qui devait aboutir à leur soumission.

Pour avoir été les derniers à s'émouvoir, les Parisiens n'en vinrent pas moins opposer aux envahisseurs leur résistance et leurs efforts ; mais, malgré le coura-

(1) Serpette, *Histoire de la Gaule*, t. III, p. 353.

geux exemple de leur gouverneur, Camulogène, les Parisiens furent obligés de céder, et Lutèce, comme les soixante-quatre autres cités qui composaient tout l'État des Gaules, tomba, 56 ans avant l'ère chrétienne, entre les mains de Jules-César.

César parti, les Parisiens secouèrent bientôt le joug étranger, mais cette seconde résistance ne fut pas plus heureuse que la première, et ils durent céder devant Labienus envoyé contre eux. Ils s'étaient du moins vengé en brûlant leur ville, et en ne laissant au vainqueur que des cendres et des ruines.

La domination romaine était désormais bien établie dans les Gaules, et elle devait subsister jusqu'en 452.

Le premier soin des Romains fut de rebâtir la petite cité de Lutèce, de lui donner une construction plus régulière, de l'entourer de murs, de tours et de châteaux à l'extrémité de chacun des ponts qui conduisaient dans le sein de la ville (1).

La domination romaine apportait à son tour ses mœurs, ses coutumes, ses usages; aussi est-ce sur le bord des grandes routes ou sur les hauteurs qui environnaient Lutèce, et principalement sur la montagne Sainte-Geneviève, que les fouilles pratiquées à diverses époques dans toutes les parties du territoire de Paris ont fait découvrir les tombeaux de ses premiers habitants.

(1) L'antiquité de la grosse tour du Châtelet, et le nom de chambre de César que la tradition décerna longtemps à l'une de ses chambres, fait croire qu'il fut l'un de ces châteaux. (Delamarre, *Traité de la Police de Paris*.)

Parmi les plus anciennes découvertes, Sauval (1) nous en rapporte quelques-unes qui donnent un caractère de vérité incontestable aux assertions de la science archéologique.

En 1538, onze caveaux furent mis à nu au pied de la tour de Nesle, sur la rive gauche du fleuve, et dans l'un fut trouvé un homme armé de toutes pièces.

Quinze ou seize ans plus tard, près du Marché aux chevaux de la Porte Saint-Victor, on exhumait plusieurs grands coffres de pierre, tous antiques, remplis de corps d'une taille extraordinaire et chargés d'inscriptions grecques.

Derrière l'église Saint-Étienne-des-Grès, rue de la Tixéranderie, en 1612, au couvent des Carmélites, on découvrait des corps, des armures, des médailles de Néron et de Maxence, qui ne laissent aucun doute, et qui permettent d'assigner à ces tombeaux une origine antérieure à l'établissement du christianisme en France.

Plus récemment, quand on construisait la rue de Constantine, on trouva des urnes, dont la nature et la forme permettent de les considérer comme des urnes funéraires des Romains.

Ce fut pendant cette période gallo-romaine qu'arriva, dans cette partie de l'Empire, la conversion des Gaulois, et plus particulièrement des Parisiens, à la religion chrétienne, qui dut avoir une si grande influence sur les sépultures et sur les lieux où elles devaient se faire.

(1) Sauval, *Antiquités de Paris*, t. I, p. 497.

La conquête des Gaules à Jésus-Christ que le pape Fabien avait si puissamment aidée en envoyant à Paris, en l'an 249, sept évêques pour prêcher et discipliner, fut victorieusement achevée par le glorieux martyre de saint Denis et de ses compagnons.

Dès que les premiers chrétiens eurent obtenu des empereurs le libre exercice de leur religion, ils convertirent en églises toutes les maisons particulières où ils avaient coutume de se retirer pour y faire en secret leurs exercices pendant la persécution, et c'est de là que sont venues toutes ces petites paroisses du quartier de la Cité dont l'origine s'est perdue (1).

Les cimetières existaient-ils à cette époque?

C'est généralement entre le quatrième et le cinquième siècle que les chroniqueurs et les historiens pensent que se place l'époque de l'établissement de ces lieux de sépultures.

Les travaux opérés depuis 1844 pour l'agrandissement et le nivellement de l'Hôtel de Ville ont donné lieu à un savant, M. Vascher (2), de donner sur ce sujet des renseignements que l'on peut considérer comme le mot le plus exact de l'archéologie.

Les découvertes faites dans les circonstances qui viennent d'être rappelées ont permis à M. Vascher de distinguer trois sortes de sépultures, qui correspondent aux trois époques de la domination de Paris.

L'époque *romaine* se reconnaît par ses sépultures

(1) Delamarre, *Traité de la Police de Paris*, p. 88.
(2) *Revue Archéologique*, t. IV, p. 348.

dans le sable, ou par ses caveaux construits en petits moellons carrés ou en briques;

L'époque *mérovingienne*, par ses cercueils de pierre;

Le *moyen âge*, par ses cercueils de plâtre.

Les nombreux ossements qui sont venus attester ainsi le passé permettent de supposer, ajoute M. Vascher, qu'à l'époque de la domination romaine il existait un vaste cimetière dans le quartier de l'Hôtel de Ville.

Selon lui, Paris possédait à la fin du quatrième siècle trois cimetières, hors des murs, et placés le long des routes, suivant l'usage de cette époque.

L'un, le plus considérable de tous, traversé par la voie allant à Orléans, et par celle conduisant au mont Cetardus, occupait la montagne Sainte-Geneviève (*mons Lucotitius*) et ses environs (1).

Un autre bordait, au nord, la voie qui se dirigeait vers Buvisaca (Pontoise).

Et le troisième, qui peut avoir été destiné aux morts peu opulents, était traversé par la voie conduisant dans les provinces de l'est.

Des vestiges nombreux de cette dernière voie ont été retrouvés dans la rue de la Tixéranderie ; nous en reparlerons en nous occupant des cimetières Saint-Jean et Saint-Gervais.

La domination romaine céda enfin. Pressées de toutes parts par les peuples qui les entouraient de leur cercle

(1) La tradition rapporte que l'abbaye de Sainte-Geneviève fut fondée, par Clovis Ier, sur une colline au sud-est de Paris, et dans un lieu qui servait de cimetière.

menaçant, les légions romaines, vaincues et décimées, se voyant fermé pour longtemps le chemin de leur patrie, durent composer avec leurs vainqueurs, et la conquête des Gaules sur Rome fut achevée par le troisième de nos rois, Mérovée, qui s'empara de Paris sur Aëtius, gouverneur romain, en l'an 451.

En 496, Clovis embrassait le christianisme, le jour de Noël ; enfin, Childebert abolissait à jamais les restes du paganisme par son édit célèbre de 554.

C'est à partir du moment où paraissent les rois, à partir de cette époque où le christianisme vint convertir par ses saines et pures doctrines tout le territoire de la Gaule, que l'on commença d'appliquer le grand principe d'égalité qu'il était venu apporter au monde, *l'égalité dans la mort.*

Dans les premiers temps, la coutume que Rome avait fait prévaloir, et par suite de laquelle les inhumations ne pouvaient être faites que hors des villes, fut ordinairement suivie. Dans le domaine des rois se trouvaient des campagnes, des marais compris entre les bourgs et la Ville de Paris, et que l'on dessécha, ensemença et convertit en jardins (1). Ce furent ces terrains, nommés CAMPELLI (les Champeaux, les petits Champs), que les rois abandonnèrent en partie pour faire les cimetières de Paris.

Sous Dagobert, saint Éloi avait fait bâtir, en 640, hors des murs de la ville, l'église Saint-Paul, et autour

(1) De là vient sans doute le nom de *cultures* donné à plusieurs des anciennes rues de Paris.

de cette église il avait fait établir un *cimetière* qui devait servir aux religieuses du monastère de Sainte-Anne, fondé par lui dans la Cité.

Dans les faubourgs et proche les murs de Paris, *in suburbio parisiaco, non procul a mœnsibus,* avait été aussi établi le cimetière de **La Chapelle Saint-Georges** (1).

Bientôt les rois furent obligés d'étendre le territoire de Paris, qui devenait de jour en jour insuffisant pour contenir ses nouveaux habitants, et, par suite de cette extension, les cimetières, d'extérieurs qu'ils avaient été jusqu'alors, devinrent intérieurs. Les églises même se trouvèrent converties en tombeaux ; mais, dans les premiers temps du christianisme, cette sépulture ne fut accordée qu'aux rois, aux princes, aux évêques et aux abbés.

C'est surtout à partir du règne de Philippe-Auguste, que les cimetières se trouvent envahir le domaine des vivants. Avec ce roi, commence la période des embellissements de Paris, et avec lui aussi, disons-le, une certitude historique sur les divers cimetières qui se disputaient, avec les églises, le territoire de cette ville, de telle sorte, que faire l'histoire des édifices religieux serait faire celle des lieux de sépulture.

Les ouvrages modernes qui ont consacré quelques rares pages aux anciens cimetières de Paris, se contentent, presque tous, de nous signaler qu'il y en avait 18

____

(1) Delamarre, *Police de Paris,* p. 88.

ou 20 lors de la Révolution, mais bien peu en font connaître la nomenclature et l'historique.

Aussi, est-ce en recueillant dans les ouvrages tant anciens que nouveaux sur Paris, tout ce qui a été dit sur ce sujet, que nous avons espéré donner un tableau qui peut manquer, par ces emprunts, d'une originalité personnelle, mais qui, du moins, peut être considéré comme à peu près complet.

CIMETIÈRE DES INNOCENTS

L'existence de ce cimetière est intimement liée à celle de l'église des Saints-Innocents, dont il suivit, du reste, toutes les destinées.

Une grande partie du territoire désigné sous le nom de *Champeaux*, que nous avons fait connaître, était occupée, lors de l'avénement de Philippe-Auguste, par les juifs, qui avaient fait des rues de la Lingerie, de la Tonnellerie et de la Cordonnerie, le centre de leur commerce. La nouvelle enceinte, dont ce prince avait entouré Paris, avait incorporé ce terrain à la Ville, dont il n'avait jusque-là formé qu'un faubourg.

C'est sur cet emplacement, que fut bâtie l'église des Saints-Innocents, selon les uns par Philippe-Auguste, ou qu'elle fut rebâtie par ce prince selon les autres. Le terrain vague qui resta autour de cette église fut transformé en cimetière.

Les chroniques anciennes n'hésitent pas à dire que ce fut à l'aide des biens confisqués sur les juifs, dont les richesses et les cruautés portèrent ombrage et courroux dans l'esprit de Philippe-Auguste, que ce roi, après avoir expulsé les juifs du lieu qu'ils occupaient, y fonda, en expiation de leurs torts, une église et un cimetière.

« L'église et le cimetière des Innocents, dit Jacques » de Breul (1), tirent leur nom de cette coutume bar- » bare que les juifs avaient exercée en tout temps, » d'immoler, au milieu des plus odieux supplices, un » enfant chrétien volé par eux. »

L'expulsion des juifs et le transport du corps de saint Richard dans l'église des Innocents semblent donner, dans une certaine limite, raison à cette chronique.

Mais d'autres historiens croient devoir la repousser, attendu qu'il est parlé de cette église au commencement du douzième siècle, bien avant l'an 1182, date de la persécution et de l'expulsion des juifs, et que c'est à Pontoise que se serait passée la scène horrible dont il est fait mention dans Jacques de Breul (2).

Le cimetière des Innocents servit d'abord aux paroissiens de Saint-Germain, mais bientôt, paroisses et hôpitaux voisins vinrent y déverser leur funèbre trop plein.

Ouvert de toutes parts, à peine protégé par la chapelle dédiée à saint Marcel (chapelle que, selon la coutume, on élevait dans tous les cimetières et où les fidèles allaient prier pour les morts), voisin des Halles

(1) *Antiquités de Paris*, p. 831.
(2) Saint-Victor, *Tableaux historiques de Paris*.

dont Philippe-Auguste avait doté Paris, ce cimetière ne tarda pas à devenir le théâtre de scandales de toutes sortes.

Si, pendant le jour, les cris des Halles, le passage incessant d'une population bruyante troublaient le silence que cet asile réclamait ; lorsque tombait la nuit, voleurs et filles publiques en faisaient le rendez-vous de leurs exploits et de leur honteux et lubrique métier :

> *Et quod pejus erat, meretricabatur in illo,*

dit Guillaume le Breton.

Bêtes et hommes rivalisaient pour insulter sur ce terrain consacré à la cendre des morts.

Ces désordres parvinrent enfin aux oreilles de Philippe, qui, en 1186, fit entourer ce cimetière d'une muraille continue dans laquelle furent pratiquées trois portes y donnant accès, et qui ne s'ouvraient que pour les cérémonies funéraires.

Mais si le nombre des habitants de Paris allait toujours croissant, celui des morts trouva bientôt insuffisant l'espace dont nous venons de parler. Une augmentation devenait urgente. Aussi, faisant droit aux nombreuses suppliques qui lui étaient chaque jour adressées, Pierre de Nemours, évêque de Paris, abandonna une étendue de terrain dont il était propriétaire du côté des Halles, et elle fut jointe à l'ancien emplacement. C'est, du reste, le seul agrandissement dont parle l'histoire (1).

(1) Saint-Victor, *Tableaux historiques de Paris.*

Autour de cette clôture, se trouvaient les *Charniers*. C'était une vaste galerie, humide et sombre, dont la construction, interrompue à diverses époques, était due à de notables bourgeois de Paris. C'était là que la richesse trouvait encore le moyen de braver cette égalité de la mort.

Là, l'homme important et riche trouvait une place séparée du commun des mortels. Le passant qui foulait le sol de ces dalles humides s'arrêtait devant un nom plus ou moins illustre, et les mânes de l'orgueilleux défunt jouissaient sans doute de cette sombre attention.

Les Charniers se trouvèrent trop étroits bientôt, et les vivants vinrent encore leur disputer le peu d'air et d'espace qu'ils contenaient. Écrivains publics, marchands drapiers, commerçants de toutes sortes vinrent s'établir sous ces voûtes et respirer sans souci l'atmosphère mortelle dont les historiens de 1786 nous ont rapporté les effets désastreux.

Nous avons raconté les scandales effroyables qui avaient souillé, à l'origine, le cimetière des Innocents, la barrière que leur avait opposée Philippe-Auguste ; il nous reste à signaler encore une de ces scènes honteuses dont les Anglais furent les tristes acteurs.

Pendant qu'indifférent à tout, excepté aux plaisirs, Charles VII, aux pieds de la belle Agnès Sorel, perdait joyeusement son royaume au milieu des fêtes, comme le lui reprochait amèrement le brave La Hire, les An-

(1) *Histoire de France*, t. XIV, p. 300.

glais, que la folie de Charles VI et la trahison avaient rendus maîtres de presque tout le royaume, entrèrent, quelque temps après la bataille de Verneuil, dans les murs de Paris.

Ce fut au cimetière des Innocents que ces vainqueurs vinrent célébrer notre défaite.

Des personnages des deux sexes, de tout âge et de toute condition, dit Villaret (1), y passèrent en revue et exécutèrent diverses danses ayant la mort pour coryphée. Cette triste et dégoûtante allégorie s'appelait : *la danse macabre.*

L'originalité anglaise s'exerçait déjà, et Shakspeare avait un type pour son fameux dialogue d'Hamlet.

Pour terminer cette courte notice, nous rappellerons un dernier souvenir historique. En 1365, on faisait au Louvre quelques réparations urgentes ; la pierre étant venu à manquer, l'architecte chargé des travaux dut acheter au marguillier de la paroisse des Innocents 10 pierres tumulaires au prix de 10 sous parisis.

CIMETIÈRE DE LA CHARITÉ

A l'hôpital que desservaient les frères de la congrégation à laquelle le Portugais Jean de Dieu, son fondateur, avait donné son nom, au seizième siècle, et situé rue des Saints-Pères, attenait un cimetière où étaient enterrés les malades qui mouraient dans l'établissement. Quelquefois aussi, les religieux, dans un

(1) *Histoire de France,* t. XIV, p. 300.

but d'humilité, demandaient à être ensevelis dans ce modeste lieu de sépulture (1).

CIMETIÈRE DE L'HOTEL-DIEU OU DE CLAMART

Dans le faubourg Saint-Victor, se trouvait une *croix* à laquelle le nom de Clamart avait été donné. Autour de cette croix fut établi un vaste cimetière où étaient enterrés les malades décédés à l'Hôtel-Dieu, quand les familles se trouvaient dans l'impossibilité pécuniaire de pouvoir les faire transporter et inhumer à celui des Innocents. Une des rues qui longeait ce cimetière portait, en 1713, le nom de *rue des Morts*. On aurait pu lui conserver, du reste, ce nom, car elle longe encore aujourd'hui un asile où la mort vient, dans un but d'une utilité indispensable, étaler sur des tables de pierre ses secrets et ses horreurs. Nous voulons parler des salles de dissection de la maison de Clamart, destinées aux étudiants de l'École de Médecine de Paris, et qui ont été élevées sur l'emplacement de ce même cimetière.

CIMETIÈRE DE LA PITIÉ

Avant de devenir une dépendance de l'Hôtel-Dieu, la Pitié, qui, sur l'ordre de Louis XIII, avait été fondée

(1) Hurtaut, *Dictionnaire de Paris*.
F. et L. Lazare, *Dictionnaire des Rues et Monuments de Paris*.

pour renfermer les mendiants et les pauvres (1), était
destinée aux enfants trouvés et aux orphelins. Cette
maison avait aussi, attenant à ses constructions, un
cimetière où étaient enterrés les enfants qu'on y élevait
et nourrissait, et les employés qui étaient attachés à ce
service (2).

CIMETIÈRE SAINT-ANDRÉ DES ARTS

Ce cimetière, sur lequel peu de notions nous sont
fournies par l'histoire, avait été fondé, en 1356, sur
l'emplacement du couvent des Sachettes, religieuses
ainsi appelées à cause de leurs vêtements qui affectaient
la forme d'un sac. Cette congrégation n'ayant pu obtenir
une existence légale, fut, en conséquence, supprimée (3).

CIMETIÈRE SAINT-BENOIT

Comme pour le précédent, il y a peu de choses à
dire sur ce lieu de sépulture. Cependant, selon Saint-
Victor (4), il aurait été ouvert au commencement du
dix-septième siècle, lors de la suppression d'un vaste
cimetière qui occupait la place Cambrai, et qui était

(1) F. et L. Lazare, *Dictionnaire des Rues et Monuments
de Paris*, p. 545.
(2) Heurtaut, *Dictionnaire de Paris*.
(3) F. et L. Lazare, *Dictionnaire des Rues et Monuments
de Paris*, p. 11.
(4) *Tableau historique de Paris*.

connu sous le nom de *cimetière de Cambrai, des Acacias* ou *du Corps de garde.*

A chacun de ces noms se rattachait, il paraît, un souvenir. L'un rappelait l'hôtel de l'évêque de Cambrai transformé depuis en collége ; l'autre, un acacia qui avait ombragé et embaumé les jardins de cette habitation ; le dernier enfin évoquait le souvenir d'un joyeux corps de garde situé dans le voisinage.

C'est là que fut enterré un homme cher à la science du droit, Jean Domat.

En 1832, le petit *Théâtre du Panthéon*, aujourd'hui supprimé, avait été élevé sur son emplacement.

CIMETIÈRE SAINT-ÉTIENNE-DU-MONT

Ce lieu de sépulture peut être considéré comme l'un des plus anciens de Paris, car, ainsi que nous le disions quelques pages plus haut, ce fut sur le coteau de Sainte-Geneviève que les premiers habitants de Paris ensevelirent leurs morts. L'église Saint-Étienne-du-Mont étant devenue, en 1221, une paroisse distincte de celle de Sainte-Geneviève, dont elle avait été primitivement une chapelle, un cimetière lui fut acquis.

CIMETIÈRES SAINT-EUSTACHE ET SAINT-JOSEPH

En 1625, la paroisse Saint-Eustache, dont les dames de la Halle devaient demander la survivance pour le neveu du curé Merlin, *attendu que de père en fils les Merlin avaient toujours été curés de Saint-Eustache* (1), possé-

(1) Les paroissiens de Saint-Eustache venaient de per-

dait, rue du Bouloi, un vaste cimetière. Le chancelier
Seguier, dont l'habitation était voisine, attristé, selon
les uns, par ce funèbre séjour, désireux, selon les autres, d'agrandir son hôtel, traita avec les marguilliers
de Saint-Eustache, et se fit céder par eux l'emplacement de leur cimetière. Il s'engagea à leur en fournir
un autre dans la rue Montmartre.

Bien que ratifiée par l'archevêque de Paris, moins
scrupuleux que ne l'a été, de nos jours, l'Administration de la Ville, cette convention ne reçut son exécution qu'en 1640. A cette époque, une chapelle fut élevée,
rue Montmartre, dédiée à saint Joseph, et le cimetière
Saint-Eustache fut transféré autour de cette chapelle.

Un marché s'élève aujourd'hui sur les cendres qu'il
recueillit, et parmi lesquelles nous pouvons citer celles
de Molière et de Lafontaine. Lors de l'établissement de
ce marché, les restes de ces deux grands écrivains furent précieusement retirés, et transportés d'abord au

dre leur curé, appelé Merlin. Ils proposèrent à l'archevêque son neveu comme son successeur, mais l'archevêque ne voulut pas accéder à leurs désirs.

Les dames de la Halle se firent les champions du neveu, et envoyèrent une députation à la reine. — La ha-
rangue que ces bonnes femmes adressèrent à la reine se
terminait ainsi :

« Le bon curé Merlin a reconnu son neveu pour suc-
» cesseur ; d'ailleurs les Merlin ont toujours été curés de
» *père en fils*, et les paroissiens n'en souffriront pas d'au-
» tres. »

Anne d'Autriche se montrait peu disposée à accueillir

Musée des monuments français, ensuite au Père-Lachaise (1).

CIMETIÈRES DE LA TRINITÉ ET SAINT-SAUVEUR

Les démolitions opérées pour l'établissement du vaste boulevard de Sébastopol, à l'entrée des rues Saint-Denis et Greneta, ont fait découvrir une grande quantité d'ossements qui indiquent qu'autrefois il exista un cimetière en cet endroit. En effet, ce fut au coin de ces rues que fut, en 1202, fondé l'hôpital de la Trinité.

Les religieux hospitaliers qui l'occupèrent jusqu'au milieu du seizième siècle, avaient converti l'une des salles de cet établissement en un théâtre où les *Confrères de la Passion* vinrent représenter leurs farces et leurs jeux. Ce fut la première salle de spectacle que posséda Paris.

Les ossements découverts lors des fouilles que nous avons rappelées, et principalement sur l'emplacement

cette naïve raison, lorsque Voiture, qui se trouvait à ses côtés, vint au secours des dames de la Halle :

« Voilà, madame, dit-il, une raison de généalogie, de
» paternité et d'hérédité légitime qui me semble triom-
» phante ; je ne doute pas d'ailleurs que l'abbé Merlin
» n'ait un fils prêt à le remplacer lui-même en cas de
» mort. Ces bonnes femmes paraissent sûres de leur fait. »

La Reine se laissa convaincre, et amena bientôt l'archevêque à consentir.

(1) Saint-Victor, *Tableau historique de Paris*. — F. et L. Lazare, *Dictionnaire des Rues et Monuments de Paris*.

du passage dit de la Trinité, provenaient du cimetière
qui entourait cet établissement, et qui a dû, sans doute,
se confondre avec celui qui, placé dans la rue Saint-
Spire, portait le nom de cimetière *Saint-Sauveur*.

CIMETIÈRE SAINT-NICOLAS-DES-CHAMPS

Vis-à-vis les Carmélites de la rue Chapon, et près
du monastère Saint-Martin, avait été élevée et dédiée à
saint Nicolas une chapelle qui devint bientôt assez importante pour devenir une église paroissiale. Dans
l'enclos qui l'environnait et qui portait le nom de *Cour
Saint-Martin*, on avait eu l'habitude d'ensevelir les
morts de cette paroisse. Mais, comme l'accès de ce
cimetière n'était interdit par aucune clôture, et comme
les religieux du monastère voisin se trouvaient troublés
da s leurs pieux exercices par le tumulte que de fré-
quents enterrements occasionnaient, les prêtres de
Saint-Nicolas, cédant à leurs sollicitations, demandè-
rent à l'archevêque de Paris, Guillaume de Seignelaie,
la translation de ce cimetière en un autre lieu. Cette
demande fut accueillie en 1220, et les moines de Saint-
Martin, dans leur reconnaissance, abandonnèrent un
terrain qui leur appartenait, et qui devint le nouveau
cimetière de Saint-Nicolas-des-Champs. Il y a tout lieu
de croire qu'il occupait la place où le *marché Saint-
Martin* a été établi.

CIMETIÈRE SAINT-NICOLAS-DU-CHARDONNET

Ce cimetière, situé rue des Bernardins, comme celui

de Saint-Étienne-du-Mont, dont il était voisin, a une origine fort ancienne; aussi, nous contenterons-nous d'imiter le silence que les historiens ont gardé à son égard.

CIMETIÈRE SAINT-ROCH

Comme Saint-Eustache, Saint-Roch avait possédé deux cimetières. Le premier se trouvait derrière l'église de la paroisse; mais la construction des chapelles de *la Communion* et du *Saint-Sépulcre* ayant absorbé une grande partie de son terrain, la paroisse Saint-Roch fut obligée, vers le milieu du dix-huitième siècle, d'en fonder un second sur le terrain vague qui séparait la porte Gaillon de la barrière des Porcherons (située rue Saint-Lazare et qu'on appela plus tard la *Chaussée-d'Antin*).

CIMETIÈRE DE LA MADELEINE DE LA VILLE-L'ÉVÊQUE

Ce cimetière, qui occupait l'emplacement actuel de quelques-unes des maisons de la rue d'Anjou-Saint-Honoré, évoque de grands et tristes souvenirs. C'est dans son enceinte que furent ensevelies les nombreuses victimes de la nuit du 31 mai 1770, de cette nuit où Paris, célébrant le mariage du jeune Dauphin Louis XVI avec Marie-Antoinette, avait vu le sang couler et les cris des mourants contraster avec l'allégresse générale, nuit funèbre qui semblait présager les jours sanglants de 1793.

Le vent de la Révolution jeta encore à ce cimetière les cendres des victimes de la journée du 10 août 1792.

Ce fut aussi dans ce lieu de sépulture que, le 21 janvier 1793, descendu de l'échafaud ennobli par son sang, le corps de Louis XVI, recueilli dans une boîte d'osier, fut, par les ordres de la Convention, transporté et déposé dans un lit de chaux vive, et que, le 16 octobre de la même année, Marie-Antoinette vint retrouver l'époux dont elle avait été si cruellement séparée. En 1815, Louis XVIII, ayant fait fouiller le sol de ce cimetière et recueillir les débris que n'avait point complétement rongés la chaux vive, les fit transporter à Saint-Denis. Une chapelle expiatoire indique aujourd'hui la place qu'occupèrent ces deux victimes.

CIMETIÈRE SAINT-SEVERIN

L'église Saint-Severin possède une origine trop ancienne pour qu'elle n'ait pas donné lieu, de la part des chroniqueurs, à des récits différents. Mais tous sont unanimes pour donner à son cimetière une célébrité incontestée.

Ce fut, en effet, dans ce lieu de sépulture que les médecins et chirurgiens de Paris obtinrent de Louis XI, en 1474, de faire publiquement, sur un archer condamné à la potence pour vol, la première opération de la *pierre*, maladie qui désolait plusieurs personnes de condition.

« Après qu'on eut examiné et travaillé, dit la chro-
» nique, on remit les entrailles dans le corps du dit
» franc-archer qui fut recousu et, par l'ordonnance du
» roi, très-bien pansé, et tellement qu'en quinze jours

» il fut guéri, et eut rémission de ses crimes sans dé-
» pens, et il lui fut donné de l'argent. »

Au milieu de ce cimetière, rapportent encore d'autres chroniques (1), on remarquait un tombeau fermé par une grille de fer, couvert, et sur lequel était une statue d'homme couché, ayant la tête appuyée sur une de ses mains, et le coude sur des livres. Ce monument avait été érigé pour conserver la mémoire d'un seigneur étranger (Ennon de Emda) qui, à l'exemple de plusieurs autres, était venu exprès à Paris pour faire ses études dans l'Université, ce qui marque dans quelle réputation elle était alors.

Sur la porte de ce cimetière, le fameux imprimeur Vitré (2), marguillier de Saint-Severin, avait tracé ces deux vers :

Tous ces morts ont vécu; toi qui vis, tu mourras !
L'instant fatal approche, et tu n'y penses pas!

CIMETIÈRE SAINT-SULPICE

La paroisse Saint-Sulpice, dont l'origine ne remonte qu'au dix-septième siècle, possédait deux cimetières : l'un, vis-à-vis l'une des petites portes de l'église, l'autre rue de Bagneux. Aucun souvenir historique ne s'y rattache.

CIMETIÈRES SAINT-GERVAIS ET SAINT-JEAN

Nous avons parlé des découvertes qui avaient amené

(1) Hurtaut, *Dictionnaire de Paris.*
(2) F. et L. Lazare, *Dictionnaire des Rues et Monuments de Paris.*

un savant antiquaire, M. Vascher, à placer dans les environs de l'Hôtel de Ville, rue des Tixerands, un cimetière qui, dès les premiers temps de la monarchie, aurait servi à presque toute la population de Paris habitant la rive droite de la Seine.

Vers les onzième et douzième siècles, ce quartier s'étant couvert de petites paroisses distinctes, il y a lieu de supposer que ce cimetière, contigu à l'église Saint-Gervais, fut bientôt délaissé, et qu'il ne servit plus qu'à cette paroisse.

Entièrement abandonné au treizième siècle, il fut converti en un *marché* que tous les récits appellent : *Platea de veteris cimetarii*.

A côté de l'église Saint-Gervais, s'était élevée une petite chapelle sous le nom de Saint-Jean, qui essaya bientôt de se séparer de celle de Saint-Gervais, dont elle n'était qu'une annexe.

Elle dut lutter contre les justes prétentions du curé de Saint-Gervais, et l'évêque de Paris, par acte de janvier 1212, ordonna que le curé de Saint-Jean viendrait, le jour des Morts, en procession au cimetière Saint-Gervais.

Vers 1392, sur l'emplacement de l'hôtel de Pierre de Craon, assassin du connétable de Clisson, hôtel situé rue de la Verrerie, fut établi le *cimetière neuf de Saint-Jean*.

En 1416, une boucherie fut prescrite autour des murs du cimetière Saint-Gervais, et l'établissement de ce marché prit une partie de celui de Saint-Jean.

Les deux casernes de la place de l'Hôtel de Ville occupent, à peu près, l'emplacement de ces deux cimetières.

CIMETIÈRE SAINT-PAUL

En fondant dans la Cité le monastère de Sainte-Anne, en 640, saint Éloi obtint de Dagobert la concession d'un terrain pour servir de cimetière aux religieuses. Il fit élever au milieu une chapelle dédiée à saint Paul.

Cette chapelle devint elle-même plus tard une église paroissiale.

C'est dans ce cimetière que furent enterrés : Rabelais, *l'Homme au masque de fer* (Marchiali), et qu'en 1790, peu de jours avant sa suppression, furent transportés les corps trouvés dans les cachots de la Bastille.

CIMETIÈRE SAINTE-MARGUERITE

Démembrement de la paroisse Saint-Paul, l'église Sainte-Marguerite avait aussi un cimetière contigu ; mais les agrandissements faits à diverses époques à cette église et à ses dépendances l'absorbèrent bientôt.

CIMETIÈRE SAINT-MARCEL

Sous les premiers rois de la race mérovingienne, il exista un cimetière, appelé *Saint-Marcel*, qui aurait pris son nom, selon quelques chroniqueurs, de ce qu'il avait été établi dans l'endroit où avait été enterré, en 436, saint Marcel, évêque de Paris.

CIMETIÈRE SAINT-YVES

Cédant aux sollicitations de quelques habitants de Tours et de particuliers venus du duché de Bretagne, qui avaient l'intention de former entre eux une confrérie en l'honneur de saint Yves, l'archevêque de Paris leur accorda, en 1348, le droit de fonder une église sous son nom et un cimetière contigu. En 1357, l'évêque de Tréguier vint le bénir (1).

CIMETIÈRE SAINT-ÉTIENNE-DES-GRÈS

L'église Saint-Étienne-des-Grès se trouve mentionnée dans l'acte de donation fait par Henri Ier, en 1031, à l'évêque de Paris, de plusieurs églises. Mais ce ne fut réellement qu'en 1220, que les dominicains, dont les prédications avaient été si salutaires à la cause de la religion, en ayant obtenu la concesssion, y établirent un cimetière contigu.

CIMETIÈRE DU SAINT-SÉPULCRE

L'insuccès des Croisades n'avait point éteint à jamais les espérances religieuses qui les avaient fait naître. En 1324, le pape Jean XXII était parvenu à réunir de nouveaux croisés. Ces pèlerins cherchèrent dans Paris un endroit où ils pussent se rassembler et prendre des mesures convenables pour leur voyage. Ils formèrent la *Confrérie du Saint-Sépulcre.*

(1) Saint-Victor, *Tableau historique de Paris.*

Grâce aux largesses de Louis de Bourbon, comte de Clermont, ils purent, en 1325, acheter un terrain, et y faire construire une église. Ils y joignirent un hôpital et un *cimetière*.

Les paroisses voisines, l'évêque, le chapitre de Notre-Dame, le curé de Saint-Merri, ne purent voir d'un œil indifférent l'établissement de ce cimetière, qui leur enlevait ainsi les revenus des sépultures des habitants de ce quartier, et par lequel l'église du Saint-Sépulcre manifestait l'intention de sortir de la dépendance dans laquelle les réclamants la prétendaient placée à leur égard.

Pour mettre fin à toutes ces difficultés, il fut convenu que le corps des personnes qui auraient manifesté, avant de mourir, l'intention d'être enterrées au Saint-Sépulcre, serait d'abord porté aux paroisses voisines qui pourraient ainsi toucher en partie leurs droits curiaux.

En 1791, des négociants hollandais ou bataves achetèrent l'emplacement de ce cimetière et y firent élever *la Cour Batave*, détruite depuis peu.

CIMETIÈRE SAINT-MÉDARD

Parler du cimetière Saint-Médard, c'est se reporter au temps du diacre Paris, des convulsionnaires et des jansénistes. Nous ne raconterons pas toutes les scènes étranges, sinon merveilleuses, dont ce lieu fut le théâtre, ni les mesures énergiques que dut prendre le gouver-

nement, le 21 janvier 1734, pour les faire cesser (1),
l'emprisonnement de plusieurs convulsionnaires, ni
les vers qu'une main spirituelle avait tracés sur ses
portes :

> De par le roi, défense à Dieu
> De faire miracle en ce lieu.

Depuis cette clôture, les convulsionnaires, atteints
plus encore par le ridicule que par l'ordonnance du
roi, allèrent demander à d'autres lieux, restés moins
célèbres, des théâtres pour leurs contorsions, et avaler
ailleurs des charbons ardents ou les livres reliés du
Nouveau Testament (2).

(1) *Ordonnance du Roi du 21 janvier 1734.* — « Sa Majesté étant informée de ce qui se passe journellement
dans la paroisse Saint-Médard, et notamment à l'occasion
des mouvements et convulsions prétendus involontaires,
de différents particuliers qui affectent de s'y donner en
spectacle, aurait ordonné l'arrestation de plusieurs
d'entre eux, et leur comparution devant un nombre considérable de médecins et de chirurgiens, chargés de
dresser leur rapport et porter leur jugement sur la cause
et sur la nature de ces mouvements et convulsions, et
que cet examen ayant été fait, lesdits chirurgiens et médecins ont attesté unanimement que lesdits mouvements
n'ont rien de convulsif et de surnaturel, et qu'ils sont
entièrement volontaires de la part desdits particuliers :
d'où il résulte qu'on a cherché manifestement à faire illu-
sion, à surprendre la crédulité des peuples. Sa Majesté a
jugé absolument nécessaire de faire cesser un tel scandale,
où le concours du peuple est une occasion perpétuelle
de discours licencieux, de vols et de libertinage. »
(2) Dulaure, *Histoire de Paris*, t. VI, p. 35.

CIMETIÈRE SAINT-JEAN-DU-HAUT-PAS

Aucun souvenir ne se rattache à ce lieu de sépulture.

Dans cette rapide énumération, nous n'avons pas parlé des lieux de sépulture que les *juifs* et les *protestants* possédèrent à Paris avant 89. Pour les *juifs*, les richesses dont leur esprit industrieux et mercantile les avaient rendus possesseurs, les avaient exposés, sous Philippe-Auguste, à une longue persécution qui, comme on se le rappelle, avait abouti à l'exil et à la confiscation de tous leurs biens. Sous ce roi, ils possédaient deux cimetières, rue Galande et rue de la Harpe.

Philippe le Bel, que son insatiable cupidité avait transformé en faux monnayeur, ne pouvait qu'adopter les procédés économiques de Philippe-Auguste. Aussi, en 1306, rendit-il les juifs victimes d'une nouvelle persécution, et confisqua-t-il leurs biens, et les deux cimetières qu'ils possédaient à Paris, malgré la probibition qui leur en avait été faite par saint Louis.

A son cocher Pruvin, il donna la synagogue de la rue de la Tâcherie ; aux religieuses de Chaillot, il vendit, moyennant mille livres tournois, le cimetière qui était situé rue Galande. Il fut ensuite acheté par un comte Forest, et cédé par lui à d'autres particuliers. Les ossements, les tombes et les épitaphes hébraïques, découverts dans ce quartier, ne laissent aucun doute sur l'existence de ce cimetière.

Aujourd'hui, un enclos est réservé dans chacun des

cimetières de l'Est et du Nord (le Père-Lachaise et Montmartre) aux personnes du culte israélite, décédées soit à Paris, soit dans l'étendue du consistoire de la circonscription de Paris (1).

Quant aux *Protestants*, ils possédaient encore sous Louis XIV trois cimetières dans le faubourg Saint-Germain. Les articles 18 et 19 de l'edit de Nantes leur ayant assuré des lieux de sépulture.

Mais, dès 1671, la population parisienne avait préludé, par des scènes de violences, à la révocation de l'édit de Nantes.

En effet, nous dit Felibien dans son *Histoire de Paris* (2), «dans la nuit du 20 août 1671, plusieurs sortes de personnes attroupées voulurent brûler le cimetière des protestants; les portes en avaient été poissées, et l'on était sur le point d'y mettre le feu, lorsque la garde établie dans la maison voisine étant accourue au bruit du peuple et à la lueur du feu, dissipa les incendiaires. »

Quelques jours plus tard, pareille tentative eut lieu contre le cimetière qu'ils avaient à Charenton, mais elle échoua de la même façon.

Aujourd'hui, les cimetières de Paris sont ouverts à tous les cultes qui s'y exercent librement, suivant la communion du décédé; le culte israélite seul, nous l'avons dit déjà, reste séparé.

---

(1) F. et L. Lazare, *Dictionnaire des Rues et Monuments de Paris*, p. 350.

(2) Tome II, page 1504.

A Paris, ce n'est plus le cimetière qui est consacré ; chaque tombe catholique est isolément bénie par le prêtre, au moment de la sépulture, ce qui permet à chaque religion d'y exercer librement son culte et ses rites.

LES CATACOMBES

Dans les dernières années du dix-huitième siècle, tous les cimetières que nous venons de faire connaître disparurent, et les ossements des catholiques, des juifs et des protestants, que tant de siècles avaient enfouis dans le sein de Paris, vinrent se réunir dans le vaste ossuaire des Catacombes, où, selon quelques chroniques, il avait existé, du temps des Romains, *un champ de sépultures.*

Cette mesure avait été réclamée depuis longtemps déjà. En 1554, deux médecins de la Faculté de Paris, Fernel et Houllier, s'étaient élevés contre l'insalubrité du cimetière des Innocents. A l'odeur fétide des ossements humides que rejetait la terre fouillée pour ouvrir de nouvelles fosses, venait se joindre celle d'une rigole très-étendue, où les maisons voisines jetaient chaque jour des immondices de toute espèce.

Au dix-huitième siècle, les réclamations, les suppliques prirent un caractère tellement pressant, que, par arrêt du 7 juin 1765, le Parlement ordonna la suppression des inhumations dans les cimetières de Paris.

Cette mesure était insuffisante ; ce qu'il était surtout indispensable de prescrire, c'était l'éloignement de ces foyers d'infection. Différents accidents, et notamment ceux survenus dans plusieurs caves de la rue de la Lingerie, par suite du voisinage d'une immense fosse commune, firent enfin cesser toute hésitation. La mesure tant désirée fut prescrite, et, chose étrange, les morts en cette circonstance devaient être utiles aux vivants.

Depuis trois siècles environ, on avait exploité pour la construction des églises et des autres édifices, les carrières découvertes sous le faubourg Saint-Jacques et les terrains voisins de Montsouris et de Gentilly. Le défaut de méthode dans ces fouilles devait amener et amena, au bout de quelques années, des accidents fâcheux, en laissant ainsi suspendu sur des abîmes un grand nombre d'édifices et de maisons particulières.

Les réclamations demandant la suppression du cimetière des Innocents, qui depuis sept siècles avait englouti 1 million 200,000 cadavres, et dont le sol se trouvait exhaussé de plus de huit pieds au-dessus des rues et habitations voisines, arrivaient à propos. M. Lenoir, lieutenant général de police, nous dit M. Héricart de Thury, provoqua la translation des ossements du cimetière des Innocents dans les terrains fouillés dont nous avons parlé, et qui prirent le nom de Catacombes en souvenir de celles de Rome.

La mesure était urgente des deux côtés, car si les émanations pestilentielles des Innocents et des autres cimetières menaçaient de changer tout Paris en un vaste tombeau, les Catacombes présentaient un danger aussi grand.

L'archevêque de Paris, comprenant que le sentiment

respectable qui jusqu'alors avait résisté à cette translation, devait céder devant le salut public, consentit,
en 1786, à la suppression tant désirée.

Le nouveau cimetière fut consacré et béni, et qu'il
nous soit permis d'emprunter à un savant rapport présenté à l'Académie de Médecine de Paris, par M. Thouret, qui avait assisté à cette translation, quelques
lignes à ce sujet :

« Le plus grand ordre, dit M. Thouret, ne cessa jamais de régner dans ces travaux, dont les dispositions
formaient souvent un ensemble pittoresque. Le grand
nombre de flambeaux et de cordons de feux allumés
de toutes parts et répandant une clarté funèbre ; ses
reflets sur les objets environnants ; l'aspect des croix,
des tombes, des épitaphes ; le silence de la mort, le
nuage épais de fumée qui environnait et couvrait le
lieu du travail, et au milieu de laquelle les ouvriers,
dont on ne pouvait distinguer les opérations, semblaient se mouvoir comme des ombres ; ces ruines va-
riées qu'offraient les démolitions des édifices ; le bou-
leversement du sol par ces exhumations ; tout donnait
au lieu de la scène un aspect à la fois imposant et lu-
gubre.

» Les cérémonies religieuses ajoutaient encore à ce
spectacle. Le transport des cercueils, la pompe, qui,
pour les sépultures les plus distinguées, accompagnait
ces déplacements, les chars funèbres et les catafalques ;
ces longues suites de chariots funéraires, chargé d'ossements, et s'acheminant, au déclin du jour, vers le
nouvel emplacement préparé hors des murs pour y

déposer ces tristes restes ; l'aspect de ce lieu souterrain,
ses voûtes épaisses qui semblent le séparer du séjour
des vivants ; le recueillement des assistants ; la sombre
clarté du lieu, son silence profond ; l'épouvantable
fracas des ossements précipités et roulant avec un bruit
que répétaient au loin les voûtes ; tout retraçait dans
ce moment l'image de la mort et semblait offrir aux
yeux le spectacle de la destruction. »

Depuis cette époque, 7 avril 1786, les différents cimetières de Paris, vinrent apporter leur dépôt sacré,
la cendre du passé, dans le grand ossuaire des Catacombes.

Il ne nous est pas possible de dépeindre par nous-
même l'état de ce triste séjour, que l'intelligence et le
goût, si de pareils mots sont permis dans un tel sujet,
de M. Frochot, Préfet de la Seine, a su rendre si intéressant ; aussi, laisserons-nous parler un visiteur dont
il nous suffira de citer le nom pour rappeler l'esprit,
M. de Jouy.

« Nous entrons dans ce Palais de la Mort ; ses hideux
attributs nous environnent, les murs en sont tapissés :
des monceaux d'ossements se courbent en arcs, s'élèvent en colonnes, et l'art a su former de ces derniers
débris de la nature humaine une espèce de mosaïque
dont l'aspect régulier ajoute au profond recueillement
que ces lieux inspirent. La mort, au sein des catacombes, a quelque chose de moins repoussant qu'ailleurs ; ses ravages sont finis, le ver du sépulcre a
dévoré sa proie, et les débris qui restent n'ont plus à

craindre que la lime du temps qui doit les réduire en poussière (1). »

Quant aux pensées que ce spectacle fait naître dans l'esprit, « l'âme entière, dit M. de Chateaubriand, frémit en contemplant tant de néant et de grandeur ; lorsqu'on cherche une expression assez magnifique pour peindre ce qu'il y a de plus élevé, l'autre moitié de l'objet sollicite le terme le plus bas pour exprimer ce qu'il y a de plus vil ; et, à je ne sais quelle odeur de poussière répandue sous ces arches funèbres, on croirait respirer les temps passés. »

De 1786 à 1811, les Catacombes virent apporter dans leurs profondeurs les cadavres des nombreuses victimes de la Révolution, et les ossements que les fouilles et démolitions incessantes pratiquées pour l'assainissement de Paris avaient fait retrouver.

L'Assemblée Constituante ne voulut pas s'arrêter dans cette voie de progrès qu'avait si heureusement inaugurée la suppression des 20 cimetières de Paris et la translation de leurs dépouilles aux Catacombes.

En 1790, elle défendit d'enterrer dans les églises, préludant ainsi aux dispositions de prairial an XII ; et la Préfecture de la Seine voulant compléter cette œuvre, ordonna, par arrêté du 12 mars 1801, l'établissement de trois cimetières en dehors de Paris.

En l'an XII (1804), en même temps que paraissait la loi de prairial, qui réglementait les sépultures pour toute la France, Napoléon ordonna la création immé-

____

(1) *L'Ermite de la Chaussée-d'Antin*, t. II, p. 361.

diate des 4 cimetières ; de Montmartre et du Père-Lachaise, au nord : et de Vaugirard et de Sainte-Catherine, au sud de la Ville.

Quelques lignes suffiront pour rappeler l'histoire de ces nouveaux cimetières.

CIMETIÈRE MONTMARTRE

Désigné d'abord sous le nom de *Champ du Repos*, qui convenait si bien à ce lieu, le cimetière Montmartre fut assis sur l'emplacement d'une ancienne carrière à plâtre.

A part les agrandissements dont il a été l'objet depuis 1819, et que l'inépuisable fécondité de la mort avait nécessités, ce lieu de sépulture présente aujourd'hui le même aspect qu'autrefois. Les effets pittoresques de son site semblent toujours appartenir plutôt à une ville de vivants qu'à une cité de morts.

PÈRE LACHAISE

Louis XIV voulant récompenser le zèle ardent de son confesseur, le père Lachaise, lui avait fait don d'un terrain assez étendu et dans une situation des plus heureuses. Le fameux jésuite y avait fait élever une maison de campagne, et le nom de Mont-Louis avait été donné à cette propriété, en souvenir de gratitude pour le grand roi.

Les chroniqueurs n'acceptent pas tous l'origine de ce nom de Mont-Louis, ainsi que nous venons de la faire connaître, et la plupart lui en assignent une différente et plus ancienne.

En 1626, les jésuites avaient fait l'acquisition d'une maison de campagne qui avait été bâtie par un épicier nommé Regnault, et à laquelle, soit par suite des dépenses qu'il avait été obligé d'y faire, et qui l'avaient ruiné, soit pour imiter les grands seigneurs, il avait donné le nom de *Folie-Regnault*.

Les jésuites, après avoir agrandi cette propriété, lui donnèrent le nom de Mont-Louis, nom qui se retrouve dans les actes postérieurs de quelques années seulement à cette acquisition (1).

Le Père Lachaise n'aurait donc pas eu le privilége d'une flatterie.

Cette divergence des chroniques, doit provenir, pense M. Saint-Victor qui la signale, de ce que le père Lachaise avait acheté et payé de ses propres deniers quelques portions de terrain qui étaient enclavées dans la maison des jésuites de Mont-Louis.

Quoi qu'il en soit, le nom et la personne de Louis XIV se rattachent encore à ce lieu par un souvenir de son enfance.

Ce serait, en effet, d'une petite terrasse existant à l'un des angles de la maison de Mont-Louis, et qui faisait partie du parc des seigneurs de Charonne, que le Cardinal Mazarin aurait fait assister Louis XIV, à la bataille qui ensanglanta le faubourg Saint-Antoine, le 2 juillet 1652.

Le recueillement et la prière n'avaient pas été, si nous en croyons les chroniques de l'époque, les seuls

(1) Saint-Victor, *Tableau de Paris.*

hôtes de cette maison donnée par le grand roi, et si pittoresquement située que l'on pouvait, de ses jardins, apercevoir tout Paris. Le luxe et le plaisir étaient venus régner souvent en souverains dans ce séjour que l'on devait, plus tard, assigner à la tristesse et à la piété.

La Révolution vint, et, avec elle, cette tendance à dénigrer tout ce qui avait appartenu à l'Église et à ses ministres, et surtout à s'en emparer.

Aussi est-ce de cette époque que date le nom de *Père-Lachaise*, que les Parisiens donnèrent, par dérision, à la propriété de Mont-Louis.

Mil-huit-cent-un et mil-huit-cent-quatre changèrent le lieu de fête en un cimetière; mais aujourd'hui encore, les vestiges de sa première destination viennent l'attester, et contrastent jusqu'à un certain point avec celle qu'on lui a imposée.

Ainsi trouve-t-on encore mêlés aux cyprès et aux saules pleureurs, les arbres d'agrément, les allées de poiriers, de pruniers, que le talent de Brongniart avait si savamment tracées, et dont les racines vont, pour ainsi dire, puiser leur suc et leur vie dans les entrailles de la mort.

En 1820 la maison délabrée du père Lachaise existait encore. Aujourd'hui il n'en reste plus trace que dans les souvenirs que nous venons d'évoquer.

Nous n'avons point à dépeindre les richesses que la sculpture a enfouies dans ce triste séjour, nous nous contenterons de signaler la grande leçon d'égalité que chacun de nous peut y recueillir en voyant couchés côte à côte le pauvre et le riche, l'ignorant et le savant, le catholique et le protestant. Que si Israël a cru devoir s'éloigner un peu de ce contact, c'est peut-être, comme le fait judicieusement remarquer un savant antiquaire, M. Dulaure, pour ne pas suivre le mauvais exemple de ceux qui veulent parer le néant d'une vaine splendeur.

CIMETIÈRE DE VAUGIRARD

A l'entrée du petit village de Vaugirard, fut assis le deuxième cimetière qui devait recevoir, ainsi que celui de Montmartre, les corps des habitants. L'exiguïté du lieu qui avait été affecté à cet usage fit bientôt songer l'Administration à le remplacer. Dès 1810 un terrain fut à cet effet choisi près de la barrière du Maine. Mais des réclamations nombreuses vinrent faire échouer et ajourner cette tentative, et l'on dut s'en tenir au cimetière de Vaugirard, que l'on agrandit de quelques portions de terrains environnants.

CIMETIÈRE SAINTE-CATHERINE

En 1773 avait été fermé le cimetière de Clamart attenant au riche hôtel de ce nom situé rue Saint-Marcel, dont nous avons parlé. C'est à côté de ses ruines que fut établi le cimetière Sainte-Catherine.

Il était destiné principalement à la sépulture des pauvres, des condamnés à mort. Le souvenir d'un grand nom historique se rattache cependant à ce lieu, car c'est lui qui reçut le corps de Pichegru, et, si l'on en croit quelques récits, les cendres de G. Cadoudal et des conjurés de 1804.

Les deux cimetières que nous venons de citer, *Vaugirard* et *Sainte-Catherine*, ont été, quelques années après leur création, fermés et remplacés par le cimetière Montparnasse.

C'est à ce cimetière que, depuis la suppression de celui qui le desservait, sont portés les décédés de l'hôtel des Invalides.

Avant de passer à l'état actuel des cimetières de Paris, nous mentionnerons comme lieux de sépultures ayant existé avant la révolution, ou comme existant encore :

1° Le *cimetière de Picpus*, acheté le 9 thermidor par quelques familles pour recevoir la dépouille des décapités de la barrière du Trône.

C'est là que reposent les Montmorency, les Noailles, et à côté d'eux le général Lafayette.

Les familles propriétaires de ce cimetière jouissent encore aujourd'hui du droit de sépulture qui leur a été concédé, sur l'exhibition de leur titre de propriété et sur l'autorisation du préfet de police.

2° Le *Cimetière des Hospices* qui aux termes de l'arrêté préfectoral du 14 septembre 1850, reçoit les corps des individus décédés dans les établissements hospitaliers, et dont les restes mortels n'ont pas été réclamés par les familles.

3° Enfin, le *Cimetière du Mont-Valérien*, supprimé par suite de la construction des fortifications de Paris.

État actuel des Cimetières de Paris.

L'extension de Paris jusqu'aux fortifications, objet de la loi du 16 juin 1859, est venue apporter encore des modifications à cet état bien des fois changé des cimetières de Paris.

Une légitime émotion devait s'emparer de la population parisienne et de celle de la banlieue, à la pensée qu'on allait toucher peut-être aux sépultures existantes.

Elle a été trop bien dépeinte et respectée par M. Riché, rapporteur au Corps Législatif de la loi d'extension, pour que nous ne nous empressions de substituer sa parole à la nôtre.

« Que l'on cesse, dit M. Riché, d'enterrer dans les cimetières actuels, qu'on les supprime pour l'avenir sous la réserve des conventions passées pour les monuments et caveaux qui attendent les membres encore vivants de la famille indivisible à la quelle ils sont consacrés, c'est là une mesure, qui, sans être exempte d'inconvénients, ne blesserait pas profondément le sentiment public.

» Seulement, il serait fâcheux pour les finances de la Ville, pour les mœurs funéraires actuelles qu'il ne faut pas altérer en décourageant les cortéges ou les visites pieuses par l'énormité des distances, que la suppression parût obligatoire d'après les lois et décrets.

» La perturbation qui froisserait la population dans ses fibres, ce serait que l'établissement de nouveaux cimetières pût entraîner la translation des sépultures actuelles. Exproprier les morts est un sacrilége, si l'on n'est excusé par l'intérêt le plus impérieux des vivants; on ne le serait pas par un changement de circonscription.

» Quant aux fosses communes, à défaut de l'égide des contrats, elles sont protégées par la piété publique, par le sentiment de l'égalité dans la mort; et si les décrets ont permis de superposer, sans attendre plus de cinq ans, des ossements à ceux qu'ont recueillis des tombes sans nom, si ces ossements sont enfouis dans la terre, ils le sont aussi dans notre respect, et ils ne doivent être exhumés qu'au nom de la nécessité la plus irrésistible et la plus éclatante. »

Aussi, pour calmer les inquiétudes de ces deux populations qu'une loi allait réunir et confondre, a-t-on introduit dans la loi d'annexion l'article suivant qui ajourne la solution de la question :

Art. 10. *Les dispositions des lois et décrets qui interdisent les inhumations dans l'enceinte des Villes, ne deviendront pas, par le seul fait de la présente loi, applicables aux cimetières actuellement existants dans l'intérieur de la nouvelle enceinte de Paris.*

L'annexion a, de plus, fait apporter quelques modifications aux *circonscriptions* qui avaient été assignées aux cimetières existants lors de la loi de juin 1859.

Le 20 décembre 1859, un arrêté du Préfet de la Seine a fait connaître les cimetières qui sont actuellement affectés au service de la ville de Paris, et fixé les arrondissements qu'ils doivent desservir.

Quelques lignes suffiront pour en donner un tableau exact :

CIMETIÈRE MONTMARTRE

Affecté aux inhumations des 1er, 2e, 8e, 9e, 10e et 18e arrondissements.

PÈRE LACHAISE

Affecté aux inhumations des 3e, 4e, 11e, 12e et 20e arrondissements.

MONTPARNASSE

Affecté aux inhumations des 5e, 6e, 7e, 13e et 14e arrondissements.

BATIGNOLLES (à Clichy, en dehors des fortifications)

Affecté aux inhumations du 17e arrondissement.

LA VILLETTE

Affecté aux inhumations du 19e arrondissement.

GRENELLE ET VAUGIRARD

Affectés, suivant les délimitations contenues dans l'arrêté, au 15e arrondissement.

AUTEUIL ET PASSY

Affectés, suivant les délimitations contenues dans l'arrêté, au 16e arrondissement.

Le 1er janvier 1860 ont été fermés et supprimés les

cimetières de la Chapelle, Belleville, Charonne et Bercy, tous droits réservés pendant cinq ans aux familles qui possèdent dans ces cimetières des caveaux dès à présent disposés à recevoir les nouveaux corps. Par un nouvel arrêté de M. le Sénateur, Préfet de la Seine, en date du 24 janvier 1865, une prorogation de délai de deux ans qui finira le 31 décembre 1866, a été accordée aux familles pour continuer de déposer des corps dans ces caveaux.

Nous ajouterons, pour rendre ce tableau plus complet encore, que, depuis 1861, l'Administration tend à donner pleine satisfaction aux dispositions de la loi de prairial an XII, et que deux cimetières déjà ont été établis, en dehors des fortifications, à Ivry et à Saint-Ouen ; et l'on applaudira sans peine à cette mesure qui tend à éloigner autant que possible de Paris, non pas les morts dont le culte est si profondément enraciné dans le cœur des Parisiens, mais les inconvénients qui peuvent résulter du voisinage des sépultures.

Cette idée, on sera peut-être surpris, de la retrouver émise en partie déjà par un homme que le fanatisme et la superstition ont peut-être seuls empêché d'être un grand roi. Charles IX, nous dit Sainte-Foix dans ses *Essais historiques sur Paris*, avait conçu le projet de faire du *Bois de Boulogne* le Champ de Repos de tous les grands hommes de la France. — On comprend combien il eût été facile de faire l'application de ce projet à toute la population de Paris (1).

(1) *Cimetières de Paris*, par M. P. Saint-A..., p. 78.

Qu'il nous soit permis en terminant ce tableau des cimetières de Paris, de dire quelques mots de l'église Sainte-Geneviève et des sépultures de Saint-Denis.

Le 4 avril 1791, l'Assemblée Nationale, enlevant au culte l'église *Sainte-Geneviève*, décréta, qu'elle serait désormais destinée, sous le nom de *Panthéon*, à recevoir les cendres des grands hommes, et Mirabeau fut le premier jugé digne de cet honneur. Quelque temps après, Voltaire et Descartes vinrent aussi le partager. Par décret du 20 février 1806, Sainte-Geneviève fut rendue au culte, tout en restant affectée à la sépulture des grands hommes, auxquels on ajouta les grands dignitaires et grands officiers de l'Empire.

L'ordonnance du 26 août 1830 rendit au Panthéon sa destination primitive et légale, ainsi que l'inscription qui surmontait son fronton.

Enfin le décret du 6 décembre 1851 est venu rétablir le culte dans l'ancienne église Sainte-Geneviève.

Quant à la cathédrale de *Saint-Denis*, c'est aux premiers temps de l'histoire de France qu'il faut remonter pour retrouver l'origine de la destination qu'elle a conservée jusqu'à nos jours.

Nous ne raconterons pas les diverses chroniques relatives à la construction de cette église; nous nous contenterons de dire que c'est dans le testament de Dagobert, qui l'avait comblée de ses bienfaits, que se trouve exprimée pour la première fois, cette volonté d'être enterré dans l'église de Saint-Denis.

Depuis cette époque, les diverses monarchies qui

occupèrent successivement le trône de France, contribuèrent à embellir cette basilique.

La Révolution vint détruire ou disperser ce que douze siècles avaient réuni d'illustrations et de gloire dans les caveaux de Saint-Denis ; aucune expiation n'a pu encore effacer les honteux souvenirs qu'elle nous a légués.

Depuis 1806, date du décret qui vint consacrer cette royale sépulture aux Empereurs, rien n'est venu troubler les ossements plus ou moins authentiques que de pieuses fouilles avaient fait retrouver, et que des mains royales y ont fait transporter.

TABLE DES MATIÈRES

SEPTIÈME VOLUME

Paris. — Typ. Morris et Comp., rue Amelot, 64.

www.ingramcontent.com/pod-product-compliance
Lightning Source LLC
LaVergne TN
LVHW021937030726
842523LV00001B/179